Günther Lachmann
Von Not nach Elend

Günther Lachmann

Von Not nach Elend

Eine Reise durch deutsche Landschaften
und Geisterstädte von morgen

Piper
München Zürich

Mehr über unsere Autoren und Bücher: www.piper.de

Von Günther Lachmann ist außerdem erschienen:
Tödliche Toleranz. Die Muslime und unsere offene
Gesellschaft.

Mix
Produktgruppe aus vorbildlich bewirtschafteten
Wäldern und anderen kontrollierten Herkünften
www.fsc.org Zert.-Nr. GFA-COC-1223
© 1996 Forest Stewardship Council

ISBN 978-3-492-05094-4
© Piper Verlag GmbH, München 2008
Satz: seitenweise, Tübingen
Grafiken: heller. grafikdesign und illustration
Druck und Bindung: CPI-Clausen & Bosse, Leck
Printed in Germany

Inhalt

Orte und Daten

Orte für Millionen

Deutschland stirbt. Und es stirbt vor allem dort, wo es heute noch ursprünglich ist und die Menschen sich ihre Eigenarten bewahrt haben. Deutschland stirbt einen leisen Tod, der langsam übers Land kriecht, von Nord nach Süd, von Ost nach West. Schon können wir erkennen, wen er dahinraffen wird. Die Zeichen sind nicht zu übersehen. Bis zum Jahr 2050 wird dieser leise Tod ganze Landstriche entvölkern. Schulen, Rathäuser, Krankenhäuser werden geschlossen. Verlassene Dörfer gleichen Friedhöfen, auf denen Dialekte, Traditionen, Brauchtum und Namen begraben liegen.

Ein Teil von Deutschland stirbt. Und dieses Sterben wird das Gesicht des Landes verändern. Erst wird es Narben reißen auf seiner Landkarte. Dann werden sie ausbluten, bis nur noch weiße Flecken bleiben. Es werden Orte ohne Erinnerung sein. Namen von Städten, Dörfern und Bauernschaften werden ausradiert, vergessen. Der Verkehr umfährt die menschenleeren Gegenden. Seine alten Wege nimmt sich die Natur zurück.

Das Sterben beginnt im Osten. In Sachsen-Anhalt, Mecklenburg-Vorpommern und Brandenburg gibt es sie schon, die Geisterstädte, in denen wie durch Neutronenbomben alles Leben ausgelöscht scheint. Wer mit dem Auto kommt, fährt über neu asphaltierte, aber menschenleere Straßen. Er fährt vorbei an verlassenen, für immer verschlossenen Häusern, hinter deren Fenstern eine unheimliche Stille wohnt.

Und wer hoffte, der Westen könne sich von diesem tödlichen Virus schützen, wer gedacht hatte, die Entvölkerung sei ein ostdeutsches Phänomen, das allein oder doch maßgeblich durch die Massenflucht nach der jahrzehntelangen Diktatur zu erklären sei, der wird enttäuscht. Ehemalige Boom-Regionen im Westen, alte Industriegebiete, die einst der alten Bundesrepublik den Rohstoff für das Wirtschaftswunder lieferten, weisen inzwischen die gleichen Symptome auf. Ende des vergangenen Jahrhunderts wurden sie vom technischen Fortschritt abgehängt, ihr öffentliches Leben vergreist. Bald werden auch dort Kindergärten schließen, werden Schulklassen so lange zusammengelegt, bis auch das nicht mehr geht. Irgendwann wird der örtliche Fußballverein keine Mannschaft mehr zusammenbekommen und die Freiwillige Feuerwehr aus nur noch einem Zug hochbetagter Männer bestehen. Sie werden sich an unsere heutige Zeit erinnern, in der die Menschen zwar spürten, dass sich etwas veränderte, in der sie aufmerksam und zuweilen beunruhigt zur Kenntnis nahmen, wenn wieder einmal ein Geschäft schloss und sich ihr Blick in den leeren Schaufenstern verlor, in der die Menschen all die untrüglichen Zeichen des Wandels sahen – aber nicht wahrhaben wollten.

Lieber suchen sie falschen Trost in den Bildern, die schon Vergangenheit sind. Denn in ihrer Erinnerung rauchen sie noch, die vielerorts erkalteten Fabrikschornsteine, im Damals sehen sie die nie verlöschende Feuersglut der Stahlhütten, sie sehen randvoll beladene Lastwagen, die die Werkstore verlassen, und sie sehen Bauernfamilien, die gemeinsam die Ernte einfahren. Die Erinnerung an die industrielle Vergangenheit oder eine prosperierende Landwirtschaft ist es, die trotz aller Rückschläge derzeit noch den Glauben der Menschen auf Besserung am Leben erhält.

Doch diese Hoffnung wird mit jedem weiteren Arbeitsplatz schwinden, den die Region zusätzlich verliert. Der Glaube an die Wende schrumpft mit jedem weiteren Unternehmen, das für immer seine Pforten schließt oder seine Produktion an einen anderen Ort verlagert. Die Besorgnis wächst mit jedem weiteren Bauernhof, der verwaist.

Plötzlich werden nicht nur Geschäfte und Betriebshallen leer stehen, sondern auch Wohnungen. Eigenheime, einst von den kräftigen Lohnzuwächsen der Aufbaujahre bezahlt, sind dann kaum noch zu verkaufen. In einigen Regionen sinkt ihr Wert schon heute wie ein Stein im Wasser.

Langsam wird die kleine Welt all jener Menschen in den sterbenden Gebieten Deutschlands aus den Fugen geraten. Wer jung ist, geht, weil er dort keine Arbeit mehr findet. Wer auch nur einen Funken Zukunftsoptimismus in sich verspürt, packt seine Sachen und zieht an einen neuen Platz, an dem er für sich Lebenschancen vermutet, irgendwo in den wachsenden Metropolregionen, wo der Lärm auf den Säuglingsstationen die Zukunft geradezu herbeischreit, wo Arbeit und Leben zueinander finden und wo dieses Leben bunt erscheint, weil es sich mischt aus Einheimischen, Landflüchtlingen und Zuwanderern, aus unterschiedlichen Lebensstilen und Kulturen.

Zurück bleiben die Eltern, das Zuhause, der Ort, an dem die »Flüchtlinge« geboren wurden. Sie ziehen fort aus dieser Welt, in der sie aufgewachsen, in der sie verwurzelt sind und wo ihnen der Dialekt der Menschen ebenso vertraut ist wie der Geruch des Essens, der Duft der Wiesen und Felder, die Fluchten der Straßen und Häuser ihrer Jugend, das Läuten der Glocken, das Schützenfest, das Martinssingen, die Berge und Wälder oder auch der salzige Geruch des Seewassers.

All das zusammengenommen ist das, was wir in Deutschland Heimat nennen. Auch wenn wir dieses Wort lange Zeit nicht in den Mund zu nehmen wagten, wenn wir uns sogar in Herne lieber kosmopolitisch gaben und Weltmeister im Urlaubsreisen wurden, konnten wir der Heimat nicht entfliehen. Sie blieb uns erhalten, weil auch wir ihr im Geiste treu geblieben sind, weil ihre Kultur und ihre Werte uns der Kompass blieben in einer fremden Welt.

Aber gesorgt haben wir uns um sie eigentlich nie. Sie war uns selbstverständlich wie die Luft zum Atmen. Wer hat schon daran gedacht, Verantwortung über den Tag hinaus zu übernehmen für etwas, das für uns schon immer da war und, so schien es, auch immer da sein würde? Irgendwann sind die Menschen blind geworden für das, was eine Heimat am Leben erhält, sie haben nicht begriffen, dass Tradition die Moderne niemals ausklammern darf und nur der Fortschritt das bewahren kann, was uns lieb ist. Sie haben selbst dafür gesorgt, dass diejenigen, die nach ihnen kommen, gehen müssen. Es ist ein Trauerspiel.

Egal jedoch, wie weit einer auch weggeht: Eine innere Verbindung zu seiner Heimat wird er nie verlieren. Der reale, weil geografisch genau zu bestimmende Ort, dieses Fleckchen Erde mit all seinen Besonderheiten und den Eigenarten, die die Menschen dort im Laufe der Jahrzehnte, oder besser Jahrhunderte, im Zusammenleben entwickelt haben, bleibt durch die Kindheitserfahrungen nicht nur in den Erinnerungen, sondern als Teil der Persönlichkeit und damit auch als Teil des Seins ein Leben lang erhalten.

So wie das Erlebte ohne den Ort des Erlebens undenkbar ist, kann es keinen Menschen ohne Heimat geben. Nur wird

dies heute nicht mehr überall so offen ausgesprochen wie
etwa in Bayern. »Was ich bei meinen Terminen und Gesprächen in den Dörfern, im ländlichen Raum immer wieder feststelle: Je mehr die Auswirkungen der Globalisierung
auf das Leben zunehmen, umso mehr Bedeutung erlangt
für die Menschen die Verwurzelung in der Region, in der
Heimat. Der Mensch braucht einen überschaubaren Lebensraum, mit dem er sich identifizieren kann, der seinen
Werten und Lebensvorstellungen entspricht«, sagt Bayerns
Landwirtschaftsminister Josef Miller. »Ich muss mich auf-
gehoben fühlen in der Musik, in der Sprache, in der Kultur
und in der Geschichte meiner Region. In der Heimat fühle
ich mich nicht allein deswegen wohl, weil ich da mein Brot
verdiene, sondern weil ich die Menschen mit ihren Eigen-
heiten, mit ihren Traditionen, mit ihren religiösen Einstel-
lungen begreife. Dieses Verstehen gibt Vertrautheit, und
Vertrautheit schafft Geborgenheit. Das gibt dem Menschen
Identität und Unverwechselbarkeit – dies entspricht auch
unserem christlichen Menschenbild. Alles andere macht
ihn anonym, beliebig und austauschbar.«

Solange sie um einen herum ist, spüren wir die Heimat
kaum. Erst, wenn sie nicht mehr da ist, merken wir, dass
etwas fehlt, und wir sehnen uns nach dem zurück, was sie
uns in bestimmten Augenblicken gegeben hat. Zu allererst
sind dies sicher Eltern, Freunde und Verwandte; es kann
aber auch einfach nur die klare Luft sein oder eben das
spezifische, über Jahrhunderte gewachsene heimatliche
Wertesystem, in dem etwa Sparsamkeit und Leichtlebig-
keit, Lebensfreude und Müßiggang, Hilfsbereitschaft und
Schaffensfreude in eine feste Ordnung gefügt sind, die das
Leben insgesamt berechenbar macht und so jedem Einzelnen ein hohes Maß an Sicherheit gewährleistet.

Einen der berühmtesten Sätze über unser Verständnis

von Heimat prägte der Philosoph Karl Jaspers: »Heimat ist dort, wo ich verstehe und verstanden werde.« Heinrich Heine fasste seine Sehnsucht nach der Heimat einst im Pariser Exil in die Worte: »Die Stadt Düsseldorf ist sehr schön, und wenn man in der Ferne an sie denkt und zufällig dort geboren ist, wird einem wunderlich zumute. Ich bin dort geboren, und es ist mir, als müsste ich gleich nach Hause gehen. Und wenn ich sage, nach Hause gehen, so meine ich die Bolkerstraße und das Haus, worin ich geboren bin.«

So schwer, so tragisch und vielleicht schicksalhaft der Weggang oder auch die Flucht für den Einzelnen auch sein mag, die Folge der Abwanderung eines großen Teils der jungen Menschen wird für die zurückgelassenen Heimatregionen selbst schon in naher Zukunft lebensbedrohlich werden. Denn auch wenn er zum eigenen Überleben nicht anders kann: Wer geht, gibt seine Heimat auf. Er überlässt sie sich selbst und trägt damit im schlimmsten Fall zu ihrem Niedergang bei. Ohne Nachwuchs, ohne Jugend und deren Tatendrang, das Morgen zu gestalten, sprich: die vertraute Umgebung den globalen Veränderungen anzupassen, ist der Zerfall unabwendbar. Die Abwanderung, die Flucht in die wachsenden Metropolen entzieht den vom Sterben bedrohten Regionen dringend benötigte Lebenspotenziale und somit Zukunftsoptionen.

In ihrem »Zukunftsatlas 2007« bereitet die Beratungsgesellschaft Prognos AG die Kommunen auf die Herausforderungen der Zukunft vor. »Die Regionen müssen zukünftig mit noch stärker sinkenden Einwohnerzahlen rechnen, sodass der Wettbewerb um Fachkräfte und Einwohner erst am Anfang steht«, schreibt das Schweizer Unternehmen mit Sitz in Basel. Habe die Bevölkerung im Zeitraum 1997 bis 2001 noch in mehr als einem Viertel aller Regionen um mindestens zwei Prozent zugenommen, so sei dies in den Jahren von 2001 bis 2005 in nur noch 14 Prozent der Städte und Kreise der Fall gewesen. Dabei seien die Zuwächse seit 1997 im Wesentlichen auf sogenannte Wanderungsgewinne, gemeint sind Zuzüge aus dem Ausland oder anderen Regionen Deutschlands, erzielt worden. Nur vier Prozent der Regionen wuchsen zwischen 2001 und 2005 mit deutlich mehr als zwei Prozent. In den Jahren davor waren es noch dreimal so viele.

Während sich das Land derart verändert, gerät dabei ein bundesrepublikanischer Grundsatz ins Wanken. Obwohl die Väter des Grundgesetzes im Artikel 72 Absatz 2 das Ziel postulierten, möglichst überall gleichwertige Lebensverhältnisse herzustellen, nehmen die regionalen Unterschiede zu. Gleichzeitig sinkt die Bereitschaft der Bundesländer zur gegenseitigen Hilfeleistung über den Finanzausgleich. Bayern oder Baden-Württemberg zahlen nur noch ungern und lassen keine Gelegenheit aus, ihren Unmut über das bestehende Hilfssystem zum Ausdruck zu bringen. Gern wird dabei vergessen, dass Bayern bis in die Neunzigerjahre hinein von dieser Regelung profitierte und sich so vom Agrarland zum Standort für Unternehmen der Hochtechnologie entwickeln konnte.

Ein gutes Beispiel für den gelungenen Aufbau gleichwertiger Lebensverhältnisse ist das Emsland. Bis in die Fünfzigerjahre des vergangenen Jahrhunderts hinein war es das Armenhaus Deutschlands. Öde Moor- und Heidegebiete mit ausgedehnten und weitgehend unzugänglichen Hochmooren links und rechts der Ems kennzeichneten den Landstrich an der niederländischen Grenze im Nordwesten der Republik. Ein Entwicklungsversuch zur Zeit der Weimarer Republik war komplett gescheitert. Nach dem Ende des Zweiten Weltkrieges aber sah sich die Bundesregierung gezwungen, die Region wirtschaftlich nutzbar zu machen, da ein Großteil der Flüchtlingsströme aus dem Osten dorthin geleitet worden war. Am 5. Mai 1950 beschloss der Bundestag einstimmig den Antrag zur »Erschließung der Ödländereien des Emslandes«. Mithilfe des Marshallplans investierte die Bundesregierung 2,1 Milliarden D-Mark. Moor und Heide wurden kultiviert, Land entwässert, Straßen gebaut, Wasserwege angelegt und Industrie angesiedelt.

Heute zählt das Emsland zu den wachstumsstarken Regionen mit guten Zukunftsaussichten. Seine Potenziale hinsichtlich der Arbeitsmarktchancen seiner Bürger, der Wettbewerbsfähigkeit der Unternehmen, der sozialen Lage und der demografischen Entwicklung ist vergleichbar mit denen des Landkreises Südliche Weinstraße oder des Kreises Coesfeld. Aus dem ehemals rückständigsten Landstrich Deutschlands ist ein ernst zu nehmender Konkurrent für viele über Jahrhunderte hinweg prosperierende Regionen geworden. Und die Emsländer wollen den Anschluss nicht wieder verlieren. Denn sie wissen, nur wer jetzt gut aufgestellt ist, hat eine Chance, in dem bereits gestarteten Zukunftswettbewerb zu bestehen.

So kritisiert etwa der Leeraner Landrat Bernhard Bramlage die niedersächsische Landesregierung, die »Wachstumsregion Ems-Achse« werde in ihrer Entwicklung nicht genügend gefördert. Im Landes-Raumordnungsprogramm sei Ostfriesland, das unmittelbar an das Emsland grenzt und wirtschaftlich mit diesem eng verflochten ist, weiter als ländliche Region aufgeführt. Dem Wirtschaftspotenzial dieses Landstrichs werde damit immer noch nicht genügend Rechnung getragen. »Die Wachstumsregion Ems-Achse muss in das Raumordnungsprogramm aufgenommen werden«, sagt er. »Und ihr müssen Entwicklungsauf-

gaben zugewiesen werden.« Wegen fehlender raumordne-
rischer Zielvorgaben drohten der Region ansonsten För-
dermöglichkeiten zu entgehen.

Der Raum Emsland-Ostfriesland setze sich gemeinde-
und kreisübergreifend für die Wirtschaftsentwicklung der
Region und damit auch für zusätzliche Arbeitsplätze ein,
argumentierte der Landrat. Seine Region an der westlichen
Nordseeküste biete beste Voraussetzungen in der Logistik,
der Automobilwirtschaft sowie der maritimen Wirtschaft.
Auf der Grundlage eines vom Land Niedersachsen entwickelten »Eckwerte-Papiers« sei dieser Wirtschaftsraum ins
Leben gerufen worden. Deshalb sei es nur folgerichtig,
auch die regionalen Kooperationen im Landes-Raumordnungsprogramm zu benennen.

In einem ersten Entwurf des Landes-Raumordnungs-
programms unterteilt die Landesregierung Niedersachsen
in »Metropolregionen« und ländliche Regionen. Beiden
werden jeweils unterschiedliche Entwicklungsaufgaben
zugewiesen. Was den Leeraner Landrat aufbringt, ist der
Umstand, dass ausgerechnet der wachstumsstarke Landkreis Emsland und das angrenzende Ostfriesland zusammen mit der Grafschaft Bentheim und Osnabrück im Entwurf der Landesregierung weiterhin als ländliche Regionen
aufgeführt und mit entsprechenden entwicklungspoliti-
schen Zielen versehen werden. »Alle übrigen Gebiete Niedersachsens sind Teil einer Metropolregion«, sagt Bramlage. Diese Planung müsse revidiert werden, sonst würden
die Potenziale der Ems-Achse leichtfertig zugunsten anderer Regionen aufgegeben.

Das »Handelsblatt« konstatiert angesichts der aufbre-
chenden wirtschaftlichen Unterschiede, Deutschland ent-
wickle sich ökonomisch zu einem »Land der vier Ge-
schwindigkeiten«. Der Süden fährt den anderen scheinbar

unaufhaltsam davon. Einige Ausnahmen an der ehemaligen innerdeutschen Grenze fallen dabei kaum ins Gewicht. Angeführt wird das Spitzenfeld vom Ballungsraum München mit seinem Landkreis, der Landeshauptstadt und dem benachbarten Landkreis Starnberg. Nördlich des Mains schaffen die Regionen gerade mal mittleres Tempo. Nicht einmal Düsseldorf, Nordrhein-Westfalens bester Standort, schaffte es in der Prognos-Studie unter die ersten zehn. Weite Teile des Westens und Nordens fallen schon zurück. Der Osten ist bereits großflächig abgehängt.

Sogar ein Wirtschaftsaufschwung kann den Verlierern nicht mehr helfen. Die gute konjunkturelle Entwicklung gehe ausgerechnet an den bedürftigen Regionen vorbei, klagt der Städte- und Gemeindebund. Während in den Metropolregionen wegen üppiger Zuwächse beim Einkommensteuer- und Gewerbesteueraufkommen die Kasse klingelt, müssten die Kämmerer in den ländlichen Gebieten weiterhin mit jedem Cent rechnen. »Rentner zahlen nun einmal keine Einkommensteuer«, sagt der Geschäftsführer des Städte- und Gemeindebundes, Karl-Ludwig Böttcher. Auch in den kommenden Jahren werde »keinesfalls Milch und Honig fließen«, schon gar nicht in den östlichen Landesteilen. Wenn von 2009 an der Solidarpakt zurückgefahren werde und schließlich 2019 auslaufe, gingen die Schlüsselzuweisungen für die Gemeinden deutlich zurück. »Wir rechnen pro Jahr mit finanziellen Verlusten in dreistelliger Millionenhöhe. Im Klartext bedeutet das weitere Einsparungen bei Investitionen und beim Personal«, rechnet Böttcher vor.

Insgesamt gesehen schrumpft schon heute knapp die Hälfte aller deutschen Regionen. Ihre Einwohnerzahlen sinken beständig. Prominentestes Beispiel für den Abstieg westdeutscher Landkreise und Kreisstädte ist dabei das

Ruhrgebiet. In einigen Städten des ehemaligen Wirtschafts-
zentrums der alten Bundesrepublik, das nach wie vor der
größte urbane Raum Deutschlands ist und zudem einen
überproportionalen Anteil an Migranten aufweist, gehen
die Bevölkerungszahlen seit etwa zwei Jahrzehnten in
zweistelligen Prozentzahlen zurück. Dieser Trend wird sich
fortsetzen, errechnete das Bundesamt für Bauwesen und
Raumordnung für Essen, Gelsenkirchen, Duisburg und
Dortmund.

»Szenarien, bei denen die Bevölkerung in Städten des
Ruhrgebiets bis 2050 um ein Drittel abnimmt, sind keineswegs unrealistisch«, sagt auch der Chefvolkswirt der Deutschen Bank, Norbert Walter. Insbesondere dort könne der
zunehmende Sterbeüberschuss durch die Fortzüge in Um-
landkreise dramatische Folgen zeitigen. »Der Stadtumbau
West muss beginnen«, fordert Walter und meint damit
den schwerwiegendsten Eingriff in die Region seit dem
Beginn der industriellen Revolution Mitte des neunzehn-
ten Jahrhunderts. Was langsam gewachsen ist, wird in
naher Zukunft Stück für Stück wieder verschwinden. Früher wurden hier Städte aufgebaut. Jetzt werden sie zurückgebaut. Nicht nur alte Industrieanlagen, auch Wohnungen
und Geschäfte, Kaufhäuser und vielleicht sogar die letzten
für eine ungebremst wachsende Gesellschaft gebauten
Tempel des Massenkonsums auf der grünen Wiese müssen
im schlimmsten Fall der Abrissbirne weichen.

Doch mit ihrer schrumpfenden Wirtschaftskraft und
damit zurückgehenden Steuereinnahmen werden einige
Kommunen sich nicht einmal mehr den Abriss leisten
können. »Schließlich muss der Abriss natürlich finanziert
werden. Das können aber gerade jene Kommunen kaum
bewerkstelligen, denen die Steuerbasis sozusagen ›fortge-
zogen‹ ist«, sagt Walter. Außerdem sei staatlich geförderter

Wohnungsabriss eine offensichtliche Kapitalvernichtung, von der »falsche Signale« ausgehen könnten, die potenzielle Investoren zu unbotmäßigem Risiko verleiteten. »Es müsste also zu einem neuen regionalen Transfersystem kommen. Das gilt es, zumindest so weit wie möglich, zu vermeiden.« Stattdessen müsse die Politik bereits heute über »sinnvolle Anreizsysteme« nachdenken, mit deren Hilfe die drohenden regionalen Unterschiede reduziert werden können. Sonst droht schlichtweg der Verfall.

Verstanden die Verfassungsväter ihre Formulierung des Artikels 72 Absatz 2 noch als eine gleichmäßige Verteilung von Wachstum und Fortschritt über das gesamte Land, so wendet Walters Appell das Postulat der gleichwertigen Lebensverhältnisse auf den Rückschritt an. Wenn Deutschland schon schrumpft, dann soll dieser Prozess bitteschön überall möglichst gleichzeitig und gleichmäßig stattfinden.

Walters Aufruf ist gut gemeint – in der politischen und gesellschaftlichen Praxis aber unhaltbar. Er ist schlicht eine Illusion. Allein die Demografie spricht solchen Forderungen Hohn. Stattdessen wird es einen Wettbewerb um junge Menschen geben, wie ihn die Kommunen noch nie geführt haben. Schon heute spüren die Bundesländer, Regionen und Gemeinden die Auswirkungen des sogenannten Pillenknicks Anfang der Siebzigerjahre. Aber nicht alle sind in gleichem Maße betroffen; in einigen Regionen gibt es mehr Geburten als in anderen. Und die Wanderungsbewegungen zeigen deutliche Unterschiede in der Attraktivität von Städten und Landkreisen. »Vergleicht man die Kinderzahlen pro Frau für ein bestimmtes Kalenderjahr zwischen den Regionen, dann sind die prozentualen Unterschiede sogar größer als bei einem Vergleich der verschiedenen Generationen für eine gegebene Region«, hat der Bielefelder Bevölkerungswissenschaftler Herwig Birg festgestellt.

Daraus können jedoch keinerlei Hoffnungen abgeleitet werden, wonach einige Orte vielleicht doch noch genügend große Selbsterhaltungskräfte besäßen. »Dennoch gibt es keinen Stadt- und Landkreis mehr mit einer Geburtenrate von ausreichendem, langfristig bestandserhaltendem Niveau«, sagt Birg.

Statistisch gesehen bekommt eine Frau in Westdeutschland heute 1,38 Kinder, eine Frau in Ostdeutschland 1,3 Kinder. In den Fünfziger- und Sechzigerjahren des vergangenen Jahrhunderts hingegen waren Haushalte mit drei und mehr Kindern die Regel. Spätestens ab den Siebzigerjahren aber wurden Familien mit vier und mehr Kindern zunehmend diskriminiert. Sie hatten Schwierigkeiten, Wohnungen zu finden, Kinder wurden als laut und störend, vor allem aber als die massivste Einschränkung der persönlichen Freiheit empfunden. Wer in einer Zeit, in der die Pille erstmals Sicherheit in der Geburtenkontrolle garantierte, dennoch mehr als zwei Kinder bekam, geriet schnell in den Verdacht, ungebildet, ja sogar asozial zu sein.

Lediglich in elf deutschen Kreisen werden heute noch über 1,6 Kinder je Frau geboren. Allein sechs dieser Kreise liegen im westlichen Niedersachsen. Von den restlichen entfallen drei auf Bayern und je einer auf Schleswig-Holstein und Nordrhein-Westfalen, ermittelte das Berlin-Institut für Bevölkerung und Entwicklung.

Nach Berechnungen der Vereinten Nationen müssten jährlich über 3,4 Millionen Menschen nach Deutschland zuwandern, wenn die heutige Altersstruktur der Gesellschaft gehalten werden soll. Im Zeitraum von 2003 bis 2050 wären das fast 175 Millionen Zuwanderer, also doppelt so viele wie die heutige Bevölkerungszahl Deutschlands. Wenn kein Wunder geschieht, werden diese Zahlen nicht einmal ansatzweise erreicht.

Die Realität sieht nämlich anders aus. Im Jahr 2006 reisten nur ganze 135 000 Menschen nach Deutschland ein mit dem Ziel, sich hier niederzulassen. Noch deprimierender ist die Bilanz bei denjenigen, die von der Wirtschaft sehnsüchtig erwartet werden. Gerade mal 900 sogenannte Hochqualifizierte konnten Unternehmen im Jahr 2006 nach Deutschland locken.

Hält diese Tendenz an – und es gibt leider keinerlei Hinweise darauf, dass sie sich ändern könnte –, dann gelingt es schon in diesem Jahrzehnt nicht mehr, die Zahl der Menschen im erwerbsfähigen Alter konstant zu halten.

Sollte es dauerhaft bei einer so geringen Zuwanderung bleiben, könnte die Zahl der Einwohner Deutschlands bis 2050 auf nur noch 67 Millionen schrumpfen, errechnete das Statistische Bundesamt im Jahr 2003 in seiner »10. koordinierten Bevölkerungsvorausberechnung«. Ganz ohne Zuwanderung blieben wir dann sogar nur noch 59 Millionen Deutsche. Und mit 44 Prozent wäre fast die Hälfte der Bevölkerung 60 Jahre alt.

Auch ein Laie kann ermessen, welche Folgen das für die Ökonomie und die Gesellschaft haben dürfte. Sie werden aber nicht überall gleich stark eintreten. Wie schnell sich der weitere Abstieg jener Stadt- und Landkreise mit geringen Geburtenraten und negativen ökonomischen Rahmendaten vollzieht, wird entscheidend davon abhängen, in welchem Umfang die Menschen in die boomenden Metropolregionen drängen. Unter anderem diese Binnenwanderungen teilen die 13 800 Gemeinden, die Stadt- und Landkreise und die Bundesländer in Gewinner und Verlierer.

Regionen sterben nicht von heute auf morgen. Der Verfall ist ein langsamer Prozess. Wenn aber eine Region in diesen Teufelskreis aus wirtschaftlichem Abstieg, Landflucht und dramatisch sinkenden Geburtenraten hineinrutscht, dann ist ihr nur schwer zu helfen. Manche treibt die Demografie in diesen Teufelskreis, andere hat die deutsche Einheit aus geopolitischen Erwägungen heraus der gezahlten Subventionen beraubt, und bei wieder anderen sind es regional-ökonomische Veränderungen. Das Bauland ist teuer, das Lohnniveau hoch. Unter dem Preisund Kostendruck der Globalisierung suchen die Betriebe nach neuen Standorten. Dorthin nehmen sie ihre wichtigsten Mitarbeiter mit. Ein anderer Betrieb folgt diesem Beispiel. Damit nicht noch weitere Arbeitsplätze verloren gehen, fördert die öffentliche Hand alte, unrentable Industriezweige weiter. Durch Abwanderung gesunder Unternehmen und die gestiegene Arbeitslosigkeit sinken die Steuereinnahmen. Irgendwann fehlt das Geld für den Erhalt öffentlicher Einrichtungen. Dringende Reparaturen an Schulen, Kindergärten, Straßen und Verwaltungsgebäuden werden verschoben. Dadurch verliert das Handwerk wichtige Aufträge und die Region weiter an Wirtschaftskraft. Weil das öffentliche Erscheinungsbild leidet, wird der Abstieg sichtbar – und die Region verliert zusätzlich an Attraktivität.

Letztlich ist diese gigantische Schulden anhäufende Subventionierung der alten Industrien politisch nicht mehr vertretbar und wird gestrichen. Jetzt steht die Region vor einem Dilemma. Die Arbeitslosigkeit nimmt beängstigende Ausmaße an. Und da die Steuern vorzugsweise in die alten Industriearbeitsplätze gesteckt wurden statt in moderne, zukunftsweisende Jobs, haben die Arbeitslosen keine Chance, in anderen Bereichen unterzukommen.

Jugendliche müssen sich ihre Ausbildungsplätze andernorts suchen. Und mit der Abwanderung der Jungen beginnt das Sterben.

Nicht einmal die Landwirtschaft, die in den Aufbaujahren nach dem Zweiten Weltkrieg eine wichtige Stütze des deutschen Aufstiegs war, kann den Abstieg bremsen. Seit Jahren wirtschaften viele bäuerliche Betriebe am Existenzminimum. In den ersten 15 Jahren nach der deutschen Einheit ging die Zahl der Höfe in Deutschland um ein Drittel zurück. Sie sank von ehemals 547 164 auf 366 600. Es scheint unglaublich, aber 180 564 Landwirte haben in diesem Zeitraum ihren Betrieb aufgegeben.

Oftmals geschah dies aus rein wirtschaftlichen Erwägungen. Zunehmend werden die Höfe aber auch deshalb aufgegeben, weil von den Kindern keines mehr bereit ist, den Betrieb fortzuführen. Tritt ein Sohn dennoch in die Fußstapfen des Vaters, findet er oftmals keine Frau mehr, die bereit ist, mit ihm gemeinsam die nach wie vor körperlich anstrengende Hofarbeit zu erledigen. Die bäuerliche Großfamilie, die einst in ganz Deutschland das Landleben prägte, ist in einigen Regionen schon nicht mehr anzutreffen.

Fast alle Landesregierungen suchen verzweifelt nach Möglichkeiten, mit denen sie den zuweilen dramatischen Bevölkerungsschwund und den Verlust wichtiger Wirtschaftskraft stoppen oder doch wenigstens bremsen können. In den meisten Staatskanzleien wurden eigens hierzu Stabstellen für den demografischen Wandel eingerichtet. Im Juli 2007 startete die Bundesregierung ihr Modellvorhaben »Demografischer Wandel – Zukunftsgestaltung der Daseinsvorsorge in ländlichen Regionen«. Als Modellregionen wurden die Landkreise Ostvorpommern und Uecker-Randow in Mecklenburg-Vorpommern sowie der Kreis Mansfeld-Südharz und der Kyffhäuserkreis in Sachsen-Anhalt ausgewählt.

Noch sind die Beamten in den Staatskanzleien erst am Anfang ihrer komplexen Arbeit. Doch schon werden in den westdeutschen Regierungssitzen mit Spannung Versuche in den ostdeutschen Bundesländern beobachtet, erstmals in der Geschichte Europas Städte und Gemeinden »zurückzubauen«, wie es im Amtsdeutsch heißt. Erst werden die Plattenbauten abgerissen, dann die öffentlichen Gebäude geschlossen. Bei den Alten mögen dabei Erinnerungen an Zeiten des Krieges wach werden. So wie damals Ortschaften evakuiert wurden, werden sie in den kommenden Jahrzehnten noch einmal geräumt. Das Prozedere ist gleich, auch wenn diesmal keine feindlichen Armeen anrücken, sondern die tödliche Bedrohung der Zivilisation in diesen Gegenden von der Zivilgesellschaft selbst ausgegangen ist.

Orte und Menschen

Wie eine Insel zwischen den Meeren

Wer Aukrug-Bargfeld hinter sich gelassen hat, biegt von der Kreisstraße 88 links in den Wald. Jetzt sind es nur noch etwa 1000 Meter bis Wiedenborstel. Aber für diesen von alten Bäumen gesäumten Kilometer über eine huckelige Wegstrecke braucht ein Auto fast fünf Minuten und ist damit kaum schneller als ein gemächlicher Radfahrer. Genau genommen führt auch gar keine Straße nach Wiedenborstel, es handelt sich vielmehr nur um zwei befestigte »Spuren«, eine für die linken und eine für die rechten Räder. Diese Fahrweise verlangt von einem Ungeübten so viel Konzentration, dass er froh ist, wenn endlich die Wohn- und Arbeitsgebäude des Gutshofes dort auftauchen, wo der Wald linker Hand einem Feld und, um die Bauwerke herum, einigen Wiesen Platz macht, die sich an diesen ersten Mai-Tagen unter dem blauen Frühlingshimmel sonnen.

Von Hamburg bis hierher zeigt der Kilometerzähler knapp 80 Kilometer an. Das ist, weiß Gott, nicht viel. Dennoch gleicht die Fahrt hierher einer Reise in eine andere Welt, die nach Gräsern, Rinde, Laub und Blüten riecht, in der heisere Zuchtbullen brüllen und der Takt der Natur den Rhythmus eines Lebens vorgibt, dessen treuester Be-

28

gleiter der Wind ist, der, von den Meeren her kommend, über die Landschaft streicht.

Er war schon dabei, als in grauer Vorzeit die ersten Menschen diesen Boden betraten. Sie siedelten gar nicht weit von Wiedenborstel. Im kaum vier Kilometer entfernten Hennstedt sind einige Hügelgräber aus der Steinzeit erhalten. 1148 wurde Hennstedt dann erstmals urkundlich erwähnt. Damals herrschte dort ein Rotmar von Henstide, der dem Örtchen seinen Namen gab. Anfang des 18. Jahrhunderts tobten sich dort schwedische Krieger aus. Später zogen norwegische, dänische, österreichische und preußische Truppen durch. Wenn auch die Herren wechselten, die wenigen Bewohner blieben, wenngleich in ärmlichen Verhältnissen.

Zu Beginn des 19. Jahrhunderts notierte ein Chronist, die Region sei gekennzeichnet von »verwahrlosten Wäldern und Feldern«. Er begegnete einer Handvoll Dörfler, sie sich hauptsächlich vom Vorspannen ihrer Pferde vor die Postkutschen ernährten und diese ortskundig durch die Wildnis lotsten.

In Wiedenborstel, das in der ersten Hälfte des 16. Jahrhunderts bis auf einige Teilflächen in der Hand von Henneke Sehestedt war, versuchten immer wieder einige Bauern ihr Glück. Mehr als deren Existenz ist allerdings kaum überliefert. Doch zu keiner Zeit, so viel scheint sicher, hat der Ort mehr als 75 Menschen ein Zuhause gegeben.

Heute sind es noch weniger. Ihre Zahl ist so klein, dass sogar das Berlin-Institut für Bevölkerung und Entwicklung das Schlimmste für das Örtchen befürchtet. In einer Demografie-Studie aus dem Jahr 2006 folgte auf den Hinweis über den Rückgang der Einwohnerzahlen des schleswig-holsteinischen Landkreises Dithmarschen folgende Notiz: »Eng könnte es dann auch für das im Landkreis Steinburg gelegene Wiedenborstel werden: Die kleinste eigenständige Gemeinde besteht aus einem Haus und hatte in den letzten Jahren zwischen zwei und sieben Einwohner.«

Über Dörfer mit vielleicht 100 Einwohnern wundert sich niemand. Wie aber sieben Menschen eine Gemeinde bilden, also die unterste Ebene unseres Staatsaufbaus, ist eine Frage, über die man durchaus ins Grübeln kommen kann. Sieben Menschen, das sind weniger als eine Fußballmannschaft. Das ist bestenfalls die geeignete Größenordnung für Gruppen- und Gesprächstherapien. Stammtische sind oft besser besetzt. Sogar die legendäre Berliner Kommune 1 um Rainer Langhans, Fritz Teufel und Uschi Obermaier bestand schon bei ihrer Gründung 1967 aus mehr als sieben Kommunarden.

Worin liegt also das Geheimnis dieser Gemeinde? Warum und wie existiert sie? Wie organisiert sie sich? Wie sicherte sie bisher ihren Fortbestand, und kann sie ihn auch weiterhin sichern? Falls die heutige Struktur der Gemeinde Ausdruck und Ergebnis einer alternativen Selbstverwaltung ist: Was unterscheidet sie von Lebensformen wie in der Kommune 1, von Aussteigermodellen der Siebziger- und Achtzigerjahre oder der »Bambule«-Anarchie der Hausbesetzer- und Bauwagenszene, also allesamt Formen von Gemeinschaft und Zusammenleben, die sich für den Durchschnittsbürger bislang keineswegs als erstrebens- und lebenswert erwiesen, da sie durchweg nicht als Stütze der Gesellschaft und in Einklang mit ihren Konventionen, sondern immer als ihr Gegenentwurf entstanden sind?

Was die Gemeinde Wiedenborstel zunächst einmal ausmacht, ist ihre Einzigartigkeit, ihr Alleinstellungsmerkmal. Sie ist als kleinste kommunale Gebietskörperschaft Deutschlands die winzigste Zelle in einem riesigen politischen Organismus. Vermutlich kommt sie mit geringsten

Mitteln aus. Jedenfalls genügt sie den ordnungspolitischen Ansprüchen der deutschen Selbstverwaltung und ist bei noch so geringer Einwohnerzahl bis heute überlebens- und funktionsfähig. Da schon bald überall in Deutschland Bürgermeister und Landräte, Landes- und Kommunalpolitiker vor der Frage stehen, wie sie bei dramatisch sinkenden Einwohnerzahlen die öffentliche Infrastruktur anpassen, lohnt es sich allemal, das Wesen Wiedenborstels zu ergründen angesichts der Krise der Regionen, dem drohenden Zerfall von Dörfern, Kleinstädten und Gemeinden.

Nicht einmal auf der Karte ist Wiedenborstel leicht zu finden. Wie eine Insel liegt dieser Ort zwischen Nord- und Ostsee. Ein Seemann findet ihn genau auf 54 Grad 2 Strich nördlicher Breite und 9 Grad 46 Strich östlicher Länge inmitten einer Landschaft, der das Wechselspiel von Wiesen und Feldern, Wäldern und Seen, Hügeln und Mooren eine einzigartige Schönheit verleiht, die auf bezaubernde Art und Weise ursprünglich geblieben ist dank einer mit der gebotenen Rücksicht arbeitenden Forst- und Landwirtschaft. Wiedenborstel ist die Mulde zwischen dem 79 Meter hohen Stilkerberg und dem 64 Meter hohen Glasberg, es ist das Quellgebiet der Glas- und Wegebek. Wiedenborstel, das sind 468 Hektar Land im heutigen Naturpark Aukrug. Der Ort gehört zum Amt »Kellinghusen Land« im schleswig-holsteinischen Kreis Steinburg. Dieses Amt hat seinen Sitz in Itzehoe. Poststelle von Wiedenborstel aber ist, wider das bestehende kommunalpolitische Ordnungsprinzip, seit über hundert Jahren Aukrug.

Dort ist damals jene Erklärung der Landesregierung eingegangen, deren Inhalt in diesen frühsommerlichen Tagen im Mai 2007 die Verantwortlichen im Amt Kellinghusen Land beunruhigt. Absender ist der schleswig-holsteinische Innenminister Ralf Stegner. Sein Fax informiert die Kommunalpolitiker über eine alarmierende Studie des Statistikamtes Nord. Stegner schreibt, die demografische Entwicklung stelle Land, Städte und Gemeinden vor größere Herausforderungen als bislang angenommen. Die Zahl der Alten steige weitaus stärker, als frühere Statistiken ahnen ließen. Daher appelliere er an alle in Politik und Verwaltung, »ihre Planungen insbesondere auf die Entwicklung der Altersstruktur frühzeitig einzustellen«. Das betreffe in erster Linie Kindergärten, Schulen, Pflegeheime und den Wohnungsbau. »Der Bedarf an Einrichtungen der sozialen und pädagogischen Infrastruktur wird sich quantitativ und qualitativ verändern«, so Stegner.

In der Itzehoer Kreisverwaltung, aber auch in den Kellinghusener Amtsstuben hatten die Mitarbeiter zwar schon länger geahnt, dass die Zukunft nicht rosig sein würde. Aber jeder neue Hinweis darauf, dass sich die Perspektiven weiter verschlechtern könnten, drückt die Stimmung. Das Berlin-Institut für Bevölkerung und Entwicklung stuft den Kreis Steinburg inzwischen als Schwundregion ein. Im »Zukunftsatlas 2007« des Schweizer Prognos-Instituts ist er seit der letzten Erhebung 2004 von Rang 171 auf Platz 228 gerutscht und liegt damit bundesweit im Mittelfeld. Immerhin 211 Landkreise und kreisfreie Städte schneiden bei Prognos schlechter ab. Steinburg besitzt aufgrund der hohen Lebensqualität immer noch Potenzial. Auch deshalb wurde es gemeinsam mit Dithmarschen vom Bundesamt für Bauwesen und Raumordnung neben zwei weiteren Kreisen als Modellregion für die Erforschung der Zukunftsfähigkeit von Regionen ausgewählt. Die Forscher wollen ermitteln, ob und wie es den Menschen gelingen wird, unter sich verschlechternden Bedingungen ihre Daseinsfürsorge aufrecht zu erhalten.

»Wir sind ein dünn besiedeltes Gebiet und überproportional stark vom demografischen Wandel betroffen«, sagt Erik Bornholdt vom Amt Kellinghusen. Er ist hier Oberamtsrat. In seiner Stimme mischen sich der Stolz, an dem Forschungsvorhaben mitwirken zu können, mit der Betroffenheit über den traurigen Anlass. Und nun noch die Warnung von Stegner. All das will so gar nicht zu den strahlenden Mai-Tagen passen, an denen schon frühmorgens auf dem Weg ins Büro die Luft über der Straße zu kochen scheint. Bei jenen, die das Wochenende in der Sonne verbracht haben, leuchten die Arme und alles, was sich oberhalb des Kragens befindet, wie ein weithin sichtbares Signalfeuer.

Bornholdt ist zwar hauptberuflich Verwaltungsbeamter, seine Leidenschaft jedoch gehört der Heimatkunde im Amt Kellinghusen. Kein anderer kennt die Geschichte dieses Landstriches so gut wie er. Folglich ist er auch der Experte für Wiedenborstel. Als Erstes weist er darauf hin, dass die in der Demografie-Studie des Berlin-Instituts genannte Einwohnerzahl schon nicht mehr stimme. »Zum Glück«, sagt er, »sind es nicht weniger, sondern mehr geworden.« Wiedenborstel wächst also gegen den Trend. Verglichen mit der Angabe in der Demografie-Studie aus dem Jahr 2006 wuchs die »Bevölkerung« sogar um 43 Prozent. In ganzen Zahlen heißt das: Wiedenborstel hat heute nicht mehr sieben, sondern zehn Bewohner. Der Zuwachs ist ein sogenannter Wanderungsgewinn. Es handelt sich um drei Mitarbeiter des Gutshofes, der einem Ehepaar mit drei Kindern gehört. Anders als Bornholdt möchten die Gutsbesitzer jedoch namentlich nicht in Erscheinung treten und legen auch sonst großen Wert auf den Schutz ihrer Privatsphäre. Allerdings darf gesagt werden, dass die Frau des Hauses gleichzeitig Bürgermeisterin von Wiedenborstel ist und somit ein Amt bekleidet, mit dem gemeinhin auch Repräsentationspflichten verbunden sind. Jedenfalls gibt es weit und breit keinen Ort, an dem der Name des Bürgermeisters unter die Geheimhaltung fällt und der Amtsinhaber oder die Amtsinhaberin am liebsten unerkannt bleiben. Aber es gibt ja auch nicht viele Orte ohne Rathaus, ohne Kirche, ohne Schule, ohne Tankstelle, ohne Wohnsiedlung und sogar ohne Bäcker und Einkaufsladen. Aber wie sollte ein Bäcker in Wiedenborstel auch leben können von den paar Brötchen, die ihm die zehn Einwohner der Gemeinde am Tag abkauften? Was hier gebraucht wird, ist Futter für die vitalen Bullen, die vor Kraft strotzend in den Ställen einen furcherregenden Lärm veranstalten. Denn diese Tiere und der riesige Wald sind das Kapital der Wiedenborsteler. Sie ernähren die Gutsfamilie und ihre Angestellten.

Das war nicht immer so. Bis zu Beginn des zwanzigsten Jahrhunderts bestand die Landgemeinde aus vier Bauernhöfen und einem sogenannten Kätner. So nannten die Menschen eine Art Tagelöhner, der lediglich eine Kate, also ein kleines Landarbeiterhaus, besaß und etwas Ackerfläche. Doch 1906 sollte sich die Zukunft Wiedenborstels radikal ändern. Denn in Hamburg wandte sich angeblich Großadmiral Heinrich Albert Wilhelm, Prinz von Preußen, an einen Makler namens Ebert mit dem Auftrag, für ihn nach einem stattlichen Landgut Ausschau zu halten. So erzählen es sich die Alten, und so ist es auch in der Chronik von Aukrug zu finden, die Anfang des 20. Jahrhunderts von dem Lehrer und Heimatforscher Georg Reimer im Auftrag der Innier Darlehenskassen geschrieben wurde. Sie ist eine der ältesten Dorfchroniken Schleswig-Holsteins.

Ebert also wandte sich an die vier Bauern sowie den Kätner und kaufte kurzerhand die ganze Landgemeinde auf. Die Aktion hat damals für so großes Aufsehen gesorgt, dass die Leute den Dorfkauf sogar in ihre Redensarten übernahmen. »He hett ganz Wiedenbossel op een Dutt«, sollen sie damals beim Skatspiel gesagt haben, wenn einer alle vier Buben auf der Hand hatte, wusste Pastor Johann Kähler aus Stellau zu berichten. Nach dem Kauf wurden die Bauernhäuser teils abgerissen, teils umgebaut. Für den neuen Eigentümer entstanden ein herrschaftliches Wohnhaus, das die Bauern ehrfurchtsvoll »das Schloss« nannten, neue Wirtschaftsgebäude und zwei Häuser für Bedienstete mit je fünf Wohneinheiten. Reimer schreibt in seiner Chronik: »Der Kuhstall erhielt Kacheln mit den Abbildungen von Rindern. Vorn am Gutstor stand die Schmiede.« Einen solchen Reichtum kannte diese Gegend bis dahin nicht. Es gibt noch Abbildungen des Gutshauses. Darauf ist es unter anderem mit einem Wachturm zu sehen, der an Burgen erinnert und auf dem eine Flagge im Wind weht.

Allerdings schien es dem ersten Eigentümer in Wiedenborstel nicht zu gefallen. Denn das Gut wurde schon acht Jahre später an den Kaffeegroßhändler Heinrich Thams verkauft. Von nun an aber sollte das Gut über mehrere Generationen im Besitz der Familie bleiben. Heinrich Thams verstand es, zu seinen Angestellten und den Einwohnern der Nachbargemeinden ein gutes Verhältnis aufzubauen. »Zu Ostern lud er alle Schulkinder des Gutes und der Nachbargemeinden ein. Das Suchen der Schokoladeneier aus der Ladenkette Thams & Garfs gehörte für sie zu den Höhepunkten des Jahres«, schreibt Reimer. Der Gutsherr habe stets persönlich dafür gesorgt, dass »genügend Eier und Säfte für den großen Durst« vorhanden waren. Wenn im Sommer die Schnitter mit ihren Sensen aus Polen oder Litauen kamen, um das Getreide zu schneiden, dann wohnten sie, wie Reimer es ausdrückt, »mit ihrer Mattka in der Russenbude«. Im Herbst und Winter veranstaltete der Kaffeehändler Gesellschaftsjagden in den ausgedehnten Wäldern. Er verstand es offensichtlich, hier gut zu leben.

Eine folgenschwere Entscheidung für die weitere Entwicklung der gesamten Region fiel 1938. Zwei Jahre zuvor hatte Junior Hans Heinrich Thams, der auch Präsident des Deutschen Kaffeeverbandes war, das Gut von seinem Vater übernommen. Thams Junior überredete den Bürgermeister, alle Gemeindewege, die über das Gut führten, aufzuheben. Damit waren die gesamten 489 Hektar ein hermetisch abgeschirmtes Gebiet. Auch heute noch sind sämtliche Wege, die früher mehrere Ortschaften verbanden, bis auf einen für den Autoverkehr gesperrt. Von da an war Wiedenborstel tatsächlich eine Insel, ein kleines Reich, das die Verkehrswegeplaner der Nachkriegszeit zu Umwegen zwang.

Seit 1939 sind genaue Einwohnerzahlen von Wiedenborstel dokumentiert. Danach waren bei Ausbruch des Zweiten Weltkriegs 48 Einwohner dort gemeldet. Nach Ende des Krieges wurden 36 Flüchtlinge in Wiedenborstel einquartiert. Insgesamt wies die amtliche Statistik 1950 sogar 75 Bewohner in 23 Wohnparteien aus. Jede Familie verfügte über einen 1300 Quadratmeter großen Garten, den sie nach Kräften dazu nutzte, Obst und Gemüse für den eigenen Bedarf anzubauen. In diesen Jahren machten sich morgens 28 Kinder von Wiedenborstel auf den Weg in die Hennstedter Grundschule. So viele sollten es nie wieder werden.

Denn in den folgenden Jahren nahm die Zahl der Einwohner kontinuierlich ab. Schon 1960 waren es nur noch 29, davon neun Kinder, in elf Haushalten. Bis 1970 sank die Zahl der Wiedenborsteler erstmals auf nur noch zehn.

Über die Gründe dieses Schwundes ist nichts weiter bekannt. Aber ein Blick in die wirtschaftliche Struktur des

Gutes lässt einige Zusammenhänge erahnen. In den Nachkriegsjahren beschäftigte der Gutsherr stets einen Verwalter, einen Förster, einen Gärtner, einen Kutscher, einen Schmied sowie Melker und zahlreiche Landarbeiter. Um 1950 arbeitete der Betrieb mit zwei Traktoren und 30 Pferden. Zehn Jahre später waren es schon sechs Traktoren, aber nur noch acht Pferde. Mit dem Einzug der Technik wurden also auch hier Mitarbeiter entbehrlich. Dazu trug auch der später forcierte Ausbau der Milchwirtschaft bei. Jahre danach trennte sich Gutsbesitzer Thams aus unerfindlichen Gründen und zur großen Enttäuschung der Bargfelder Meierei urplötzlich von seinen Kühen. Die Tiere wurden versteigert. Im Jahr 1983 schließlich verkaufte er das Gut an die heutigen Besitzer.

Lange Wege

Die Geschichte der Gemeinde Wiedenborstel gibt Aufschluss über ihre innere Struktur. Sie offenbart Verhältnisse, die über ein Jahrhundert hinweg immerzu von einer Familie dominiert wurden und wenig mit dem herkömmlichen Verständnis unserer über die Jahrhunderte gewachsenen Dörfer und Gemeinden zu tun haben. Seit die vier Bauernhöfe aufgekauft und durch den neuen Eigentümer zu einem Gut zusammengefasst wurden, leben die Menschen hier in direkter ökonomischer Abhängigkeit vom Gutsbesitzer. Allerdings gibt es auch in anderen wirtschaftlich schwachen Regionen vergleichbare Monostrukturen, in denen die Bevölkerung weitgehend von einem Arbeitgeber abhängig ist.

Ungewöhnlich und bedenklich erscheint auf den ersten Blick, dass in Wiedenborstel die wirtschaftliche Macht und die Verwaltungsmacht in einer Hand liegen. Die Gutsbesitzerin ist gleichzeitig Bürgermeisterin. Gewählt wird sie, so gibt es die schleswig-holsteinische Gemeindeordnung vor, direkt von den Bürgern der Kommune. Das sind in diesem Fall die wahlberechtigten Mitglieder der Gutsfamilie und die bei ihr angestellten Arbeitnehmer. Da nicht anzunehmen ist, dass ein Mitglied der Familie, in der Regel das Familienoberhaupt, auf den gebietsrechtlichen Verwaltungsanspruch seines Eigentums verzichten wird, tritt dieser oder diese als Kandidat oder Kandidatin zur Bürgermeisterwahl an. Im Wesen der Gemeinde Wiedenborstel liegt also durchaus etwas Autokratisches. Hieraus jedoch negative Folgen für die Bewohner ableiten zu wollen, wäre übertrieben.

Denn die Bürger Wiedenborstels wählen nicht nur ihren Repräsentanten, sie bilden auch die Gemeindeversammlung. In Paragraf 54 der schleswig-holsteinischen Gemeindeordnung heißt es: »In Gemeinden bis zu 70 Einwohnerinnen und Einwohnern tritt an die Stelle der Gemeindevertretung die aus den Bürgerinnen und Bürgern der Gemeinde bestehende Gemeindeversammlung. Den Vorsitz hat die Bürgermeisterin oder der Bürgermeister.« Aufgabe der Gemeindeversammlung ist es, die Arbeit der Bürgermeisterin zu kontrollieren. Außerdem beschließt sie den Haushalt. Hier hat Schleswig-Holstein also ein ganz starkes basis-demokratisches Element geschaffen, das die gemeinschaftliche Verantwortlichkeit zum Ausdruck bringt und das Verantwortungsbewusstsein des Einzelnen stärkt.

Da es aber in Wiedenborstel keine Einrichtungen der öffentlichen Selbstverwaltung und keine Möglichkeit zur Übernahme hoheitlicher Aufgaben gibt, beschäftigen sich die Bürger in der Gemeindeversammlung vor allem mit dem Haushalt. Alle Leistungen, die Bürger normalerweise von ihrer Verwaltung erwarten, werden von den Nachbargemeinden eingekauft.

Für den Brandschutz ist die Feuerwehr in Hennstedt zuständig. Dafür zahlt die Gemeinde Wiedenborstel 500 Euro im Jahr. Es gibt weder Sportanlagen, Kindergärten oder Schulgebäude, die zu verwalten wären. Wie schon erwähnt, existiert nicht einmal ein Rathaus, es gibt weder Alteneinrichtungen noch Pflegeheime oder ein Krankenhaus. Mit Ausnahme der Spurbahn ist auch nicht ansatzweise so etwas wie ein öffentliches Verkehrsnetz vorhanden, seit der Besitzer in den Dreißigerjahren diese Verbindungen zur Außenwelt kappen ließ. Und wegen der Spurbahn streitet die Bürgermeisterin jedes Jahr mit den Nachbargemeinden, die an der Instandhaltung beteiligt sind, über einen Ausbau zu einer vollwertigen Straße.

Unterm Strich ist Wiedenborstel zwar nach schleswig-holsteinischem Recht eine Gemeinde. Genau genommen aber ist sie nichts weiter als ein gut gehender landwirtschaftlicher Betrieb, wie es in dieser Form solche auch in den Weiten Mecklenburg-Vorpommerns gibt. Auch die Versorgung der Einwohner und ihre Anbindung an das öffentliche Leben sind ähnlich aufwendig wie im benachbarten Bundesland. Ein Leben dort zwingt zu weiten Wegen.

Zum Einkaufen fahren die Wiedenborsteler nach Hennstedt, Aukrug, Itzehoe, Neumünster oder gar nach Hamburg. Einen niedergelassenen Arzt finden sie in Aukrug. Dort gibt es auch eine Apotheke. Doch schon für den Gang zum Hals-Nasen-Ohrenarzt, zum Internisten oder Urologen müssen die Menschen einige Kilometer mehr in Kauf nehmen. Das kulturelle Leben beginnt in Itzehoe und Neumünster. Itzehoe besitzt ein ansehnliches Theater. Das nächste Opernhaus aber steht in Hamburg.

Der Norden

Bis nach Wiedenborstel reicht das Einzugsgebiet der Hansestadt. Viele Einwohner aus den Nachbarkommunen arbeiten sogar in Hamburg. Mit dem Auto fahren sie über die A 7 ab Neumünster. Die Fahrt mit der Bahn ist schon deshalb beschwerlicher, weil der nächste Bahnhof im acht Kilometer entfernten Brokstedt oder im etwa 17 Kilometer südlich gelegenen Wrist zu finden ist. Gut 40 Minuten dauert die Fahrt bis zum Hamburger Hauptbahnhof, hinzu kommt die Zeit für die Anfahrt bis zum Bahnhof und die Weiterfahrt bis zum Arbeitsplatz in der Hansestadt. Eine Stunde Fahrtzeit mindestens muss daher jeder einplanen.

Von diesen Kultur- und Berufspendlern profitiert allein Hamburg. Denn für Hamburger, die ihren Wohnort aus Kostengründen aufs Land verlegen wollen, ist der Kreis Steinburg dann doch wieder zu weit weg. Ein Zuwachs an Bevölkerung wie im Speckgürtel der Hansestadt ist also in den Kreisen Steinburg und Dithmarschen nicht zu erwarten. Obwohl sie einen solchen Zuwachs mehr als nötig hätten. Allein wegen der geringen Zahl der Kinder werden einige Orte hier nicht überleben können.

Noch gehen die Kinder aus Wiedenborstel in die Schule nach Hennstedt. Doch die Zahl der Erstklässler dort sinkt seit Jahren. Im August 2006 wurden gerade mal elf Kinder eingeschult. Nach ihnen werden es noch weniger sein. Den Politikern in Hennstedt ist längst klar, dass die Schule so nicht weitergeführt werden kann. Wohin die Kinder aus Wiedenborstel dann fahren, steht noch in den Sternen. Obwohl sie rechtlich die freie Wahl haben, werden sie aber wohl um einen weiten Weg nicht herumkommen. »Vielleicht müssen sie nach Hohenlockstedt«, sagt die Bürgermeisterin von Wiedenborstel. Das wären 14 Kilometer statt der bisherigen zwei Kilometer. Zwar gibt es im nur

40

vier Kilometer entfernten Aukrug auch eine Grundschule. Aber die Perspektiven sind dort auch nicht besser als in Hennstedt. Genau genommen hat fast ganz Schleswig-Holstein ein Schülermangelproblem.

Dieses Dilemma hat die Landesregierung in Kiel schon früh erkannt. Denn rückläufige Schülerzahlen wurden ihr nicht nur aus dem Kreis Steinburg gemeldet, sondern aus nahezu dem gesamten Land. So stand die Regierung vor der Frage, wie sie für immer weniger Kinder ein vielfältiges Bildungsangebot auf dem Land sicherstellen könnte. Nach hitzigen Debatten einigten sich die regierenden Fraktionen von CDU und SPD auf einen historischen Schritt. In Schleswig-Holstein wird das Schulsystem der alten Bundesrepublik radikal umgestaltet. Mit der Stimmenmehrheit der Großen Koalition verabschiedete der schleswig-holsteinische Landtag am 24. Januar 2007 ein neues Schulgesetz, das am 9. Februar in Kraft trat. Es enthält den Auftrag, alle Haupt- und Realschulen abzuschaffen und zu einer neuen Schulform zusammenzuführen. Ab 2011 soll es nur noch Regionalschulen geben. Besonders für die Christdemokraten ist das ein kaum mit den eigenen gesellschaftspolitischen Überzeugungen zu vereinbarender Beschluss. Nach wie vor präferieren CDU und CSU bundesweit das dreigliedrige Schulsystem aus Hauptschule, Realschule und Gymnasium. Doch nun lässt ihnen die demografische Entwicklung vielerorts keine Wahl mehr.

Auf Antrag der Schulträger können in Schleswig-Holstein künftig sogar Gemeinschaftsschulen gebildet werden, in der nicht nur die Haupt- und Realschulen, sondern auch noch das Gymnasium aufgehen. Bestehende Gesamtschulen sollen bis zum Schuljahr 2010/2011 in Gemeinschaftsschulen umgewandelt werden. All das geht nicht ohne konkrete gesetzliche Vorgaben. Auch die sind im neuen Schulgesetz enthalten. Da wird den Kommunen unter anderem auferlegt: »Die künftig zu bildenden Nahbereichs-Schulverbände sollen mindestens eine Schule einschließen, die zu einem Mittleren Bildungsabschluss führt. Daneben sind Schulverbände allein für Grundschulen möglich. Die Mindestgrößen für Schulen sollen sich künftig nach Schülerzahlen und nicht mehr nach der Zahl der Klassen pro Jahrgang (Zügigkeit) richten.«

In Aukrug hofft die örtliche SPD, mit diesen Vorgaben eine Regionalschule aufbauen zu können. Auf einem Themenabend am 29. November 2006 im feinen Gasthof Aukrug erwogen die Genossen, ein Schulverband in dem bis zum 1. Januar 2012 neu zu gründenden Amt Mittelholstein könnte Träger der neuen Schule sein. Aber auch die Gemeinschaftsschule fand viele Befürworter. »Unseres Erachtens wäre dann ein weitgehend gemeinsamer Unterricht in der Aukrugschule mit allen Qualifikationsanforderungen bis zur 9. Klasse denkbar«, protokollierte der Schriftführer des SPD-Ortsvereins im Gasthof Aukrug. Weiterführende Schulangebote stehen ab der zehnten Klasse in Hohenwestedt oder Neumünster zur Verfügung. Doch nicht die Schüler sollen die Fahrten dorthin auf sich nehmen. »Die Lehrer reisen«, empfiehlt die SPD – wohl etwas blauäugig.

Familien »verwürfeln«

Nachdem ich also die Geschichte Wiedenborstels erkundet und die Verwaltungs- und Besitzstruktur nachgezeichnet habe, ist nun klar, wie die Gemeinde sich organisiert und wie sie existiert. Das, was von fern geheimnisvoll und rätselhaft erschien, ist aus der Nähe betrachtet ein zwar wunderschönes, aber dennoch ganz gewöhnliches land-wirtschaftliches Anwesen, das per Gesetz zu einer halbher-zigen Selbstverwaltung verpflichtet worden ist.

Als Modell für dahinsiechende Dörfer und Gemeinden in anderen Schwundregionen taugt es nicht. Wiedenborstel und all die um diesen Ort herumliegenden Dörfer kämpfen selbst ums Überleben, sie kranken an zunehmend längeren Versorgungswegen und sinkenden Einwohnerzahlen.

Und doch ist Wiedenborstel, nicht irgendein Ort in Deutschland. Es ist nämlich in einem Punkt auf ganz besondere Weise ursprünglich geblieben – so wie die Land-schaft im Naturpark Aukrug. Denn hier bilden Leben und Arbeit eine bewusst gewählte Einheit. Arbeitsplatz und Lebensmittelpunkt der Menschen in Wiedenborstel sind identisch. Diese Konstellation setzt ein hohes Maß an Tole-ranz und Sympathie der Bewohner füreinander voraus. Hier kann zweifellos nur derjenige glücklich werden, der sich mit den anderen auch über das gemeinsame berufliche Interesse hinaus versteht. Denn an diesem Ort ist es schlechterdings unmöglich, Konflikten aus dem Weg zu gehen, auch wenn jedem Gemeindemitglied theoretisch rund 480 000 Quadratmeter Fläche zur Verfügung stehen.

Vermutlich wird diese durch die Verbindung von Arbei-ten und Wohnen geschaffene räumliche und menschliche Nähe Kohäsionskräfte entwickeln, die in unserer durch zunehmende Vereinzelung und Egoismus zerbröselnden Gesellschaft von Tag zu Tag schwinden. Eine solche soziale Bindung ist die wirkungsvollste Hilfe in schweren Lebens-krisen, sie ist ein unschätzbarer Wert in der Kindererzie-hung, aber auch im Alter. An einem Ort wie Wiedenborstel leben die Bewohner in einer fast schon intimen Gemein-schaft, ohne jedoch auf die Privatsphäre der eigenen vier Wände verzichten zu müssen.

»Die Region um Wiedenborstel hat das, was einen großen Vorteil der dünn besiedelten ländlichen Räume ausmacht: die Bereitschaft, auf Nachbarn zuzugehen und
sich für sein Dorf ehrenamtlich einzusetzen. Natur und
Umfeld stehen noch halbwegs im Einklang«, sagt Oberamtsrat Bornholdt.

Diese räumliche Einheit von Leben und Arbeit war in
den vergangenen Jahrhunderten ein wesentliches Element
unserer Städte und Dörfer. Wohnungen, Handwerksbe-
triebe, Dienstleister, aber auch Manufakturen waren fester
Bestandteil der Kommune oder, in großen Städten, eines
Viertels. Erst nach dem Zweiten Weltkrieg geriet diese
Einheit vollständig aus den Fugen. Ursache: die durch das
Auto enorm gestiegene Mobilität der Menschen. Waren die
Wege, die früher zu Fuß oder mit dem Fahrrad zurückge-
legt werden konnten, vergleichsweise kurz, so ermöglichte
das Auto die Verlagerung des Wohnortes aufs Land, wo die
Lebenshaltungskosten niedriger sind. Auch die Firmen
nutzten die gestiegene Mobilität ihrer Mitarbeiter und
zogen so bei notwendigen Neubauten von Produktionsstätten die preiswerten Flächen auf dem Land in der Nähe von
Autobahnen dem teuren Baugrund in der Stadt vor.

So trennten sich nicht nur der Arbeits- und der Lebens-
bereich, so wuchsen die Speckgürtel an den Rändern der
Metropolen; Tausende von Dörfern und Gemeinden erlebten ein sprunghaftes Wachstum, indem sie bis vor wenigen
Jahren immer neue Bau- und Gewerbeflächen auswiesen
und ihre Landschaft auf diese Weise zuweilen verantwor-
tungslos zersiedelten. Die Folge für die Kommunen: hohe
Ausgaben für die Aufrechterhaltung des öffentlichen Nah-
verkehrs und für die Instandhaltung der Straßen. Der Bürger selbst zahlt einen anderen, vielleicht noch höheren
Preis: Er muss lange Wege zum nächsten Supermarkt, zur

Schule, zum Schwimmbad oder zum Arzt zurücklegen. So werden die alltäglichsten Dinge oftmals zur Last.

»Der Wandel wird mit hoher Geschwindigkeit weitergehen«, sagt Bornholdt. Und er meint damit auch und vor allem den Wandel für die zukünftigen Generationen. »Zwar habe ich jetzt seit über zehn Jahren meine Arbeit in meinem heimatlichen Umfeld. Unsere Kinder und Enkel sind nach dem Schulabschluss und der Berufsausbildung jedoch vielfach verwürfelt«, sagt er. »Sie hangeln sich von Zeitarbeit zu Zeitarbeit, von Praktika in weitere befristete Arbeitsverträge. Sie finden einfach keine dauerhafte Arbeit. Aber was noch schlimmer ist: So finden sie keinen festen Bezugspunkt. Betriebsverlagerungen und die damit verlangte Bereitschaft zur Mobilität tun das Übrige.«

In den Staatskanzleien der Landesregierungen, aber auch in zahllosen Rathäusern wird nach Mitteln gesucht, die das Leiden der Menschen in den schwindsüchtigen Regionen lindern helfen. Gefragt sind Rezepte, die ein menschenwürdiges Altern auch dort garantieren, wo aus finanziellen und demografischen Gründen kein Arzt mehr praktiziert, keine Krankenstation, kein Pflegeheim mehr betrieben wird. Sie suchen aber auch nach Möglichkeiten, diese Dörfer und Städte in veränderter Form am Leben zu erhalten. Kleiner und überschaubarer sollen sie zwar werden, dafür aber auch mit mehr Nähe, mehr Mit- und Füreinander. Zu allererst aber sollen sie Menschen wieder ein Zuhause, besser noch eine Heimat geben.

Kollaps am Stettiner Haff

Beide Reformen zusammengenommen besaßen durchaus historisches Format. Bis 2009 wollte die mecklenburg-vorpommersche Landesregierung zum einen die zwölf Landkreise und sechs kreisfreien Städte zu fünf Großkreisen zusammenfassen und zum anderen Aufgaben des Landes auf die Kreise sowie bisherige Aufgaben der Kreise auf die Kommunen verlagern. Doch das Landesverfassungsgericht gab einer Beschwerde von elf Landkreisen und etlichen Abgeordneten der CDU-Landtagsfraktion gegen die Kreisreform statt und kippte das entsprechende Gesetz. Da die Landesregierung die Kreisreform mit der neuen Aufgabenverteilung – der sogenannten Funktionalreform – verknüpfen wollte, ist auch diese vorerst gegenstandslos.

Ein nicht unwesentlicher Grund für die Ablehnung war die zunehmende Entfernung zwischen Kreistagen und den Wohnsitzen der ehrenamtlichen Politiker. Der Weg der Abgeordneten in die Kreistage werde dadurch zu weit, argumentierten die Verfassungsrichter. Die künftigen Kreise müssten »so gestaltet sein, dass es den Kreistagsabgeordneten möglich und zumutbar ist, eine ehrenamtliche Tätigkeit auszuführen«, sagte Gerichtspräsident Gerhard Hückstädt. Bereits jetzt seien Freiberufler und Selbstständige wegen der beruflichen Belastungen in den Kreistagen unterrepräsentiert. Zudem kritisierten die Richter den mangelnden Abwägungsprozess im Gesetzgebungsverfahren. Regierung und Landtag hätten lediglich das Vier- oder Fünf-Kreise-Modell diskutiert. Es sei jedoch fraglich, ob in den geplanten Großkreisen der Aufbau der Demokratie von unten nach oben möglich sei. Schonende Alternativen seien nicht tiefgründig geprüft worden. Gleichwohl betonten die Richter, dass sie die dramatische Lage des Landes und damit die Notwendigkeit einer Reform durchaus anerkennen.

Mecklenburg-Vorpommern zählt zu den Bundesländern mit zahlreichen von einer Entvölkerung bedrohten Regionen. Mit nur 74 Einwohnern pro Quadratkilometer ist es schon heute das am dünnsten besiedelte Bundesland. Dazu beigetragen hat unter anderem der radikale Strukturwandel in der Landwirtschaft. Bis zu 180 000 Menschen waren zu DDR-Zeiten in diesem Wirtschaftszweig beschäftigt. Wenige Jahre nach der Einheit waren es immerhin noch 71 400. Heute wird die Zahl der festen Mitarbeiter mit gut 20 000 angegeben. Da weiterhin fest angestellte Mitarbeiter durch Saisonkräfte ersetzt werden, wird die Zahl der Dauerarbeitsplätze noch weiter zurückgehen. Junge Leute, vor allem aber viele junge Familien reagierten darauf, indem sie in westliche Bundesländer abwanderten.

Diese Lücke wird das Land nicht wieder schließen können. Im Gegenteil. Landkreise wie Uecker-Randow und Demmin verlieren bis zum Jahr 2020 noch einmal über 30 Prozent ihrer Einwohner. Auf diese Weise entstehen nicht nur Regionen einer sich über riesige Flächen ausbreitenden Einsamkeit, die bestenfalls hartnäckige Einsiedler ertragen können. Schrumpfungsprozesse solchen Ausmaßes machen ein Land in seinen Weiten beinahe unregierbar. Darauf wollte die Landesregierung reagieren und die Behördenstruktur den Erfordernissen einer abnehmenden Bevölkerung und sinkenden Staatseinnahmen anpassen.

In den Kreisen selbst aber wurde das Ansinnen vehement bekämpft. So auch in Eggesin, einer Kleinstadt in Uecker-Randow. »Dass ein Großkreis Südvorpommern verhindert wurde, ist in Ordnung«, sagt der parteilose Bürgermeister Dennis Gutgesell. Er habe immer für die Beibehaltung einer überschaubaren Struktur mit dem Kreisverwaltungssitz in Pasewalk plädiert. Das Urteil habe verhindert, dass eine »unreife Sache der Politiker« Realität werden konnte.

Aber übersieht er vielleicht nicht die Realität, die Folgen für das Land und damit auch für seine Stadt, wenn das Land irgendwann aus finanziellen Gründen zu einem geordneten Rückzug nicht mehr fähig ist? Wer seine Argumentation nachvollziehen will, muss zunächst die Perspektive wechseln. Denn selbstverständlich argumentiert Gutgesell in eigener Sache. Während die Regierung das Land angesichts der unabwendbaren demografischen Veränderungen neu organisieren will, plagt die kleinen Städte und Dörfer wie Eggesin weit draußen in der Fläche, wo die Entvölkerung bereits unübersehbar ist, die Angst, in den großen Verwaltungseinheiten unterzugehen. Sie fürchten, schlicht, nicht mehr wahrgenommen und irgendwann einfach abgeschrieben zu werden wie ein Wirtschaftsgut, das nicht mehr benötigt wird und dessen »Reparatur« den Großkreisen und dem Land auf Dauer zu teuer ist.

Unbegründet sind diese Ängste sicher nicht. Denn die Konzentration auf nur noch fünf Zentren muss zwangsläufig ein Ausbluten bestimmter Bereiche zur Folge haben. Je weiter nämlich ein Ort von einem solchen Zentrum entfernt ist, desto mehr verschlechtern sich seine Chancen,

am wirtschaftlichen Umfeld des Zentrums zu partizipieren. Die Wege zu bestimmten Verwaltungseinrichtungen,
aber auch zu den Zentren der medizinischen Versorgung
und zu Pflegeeinrichtungen, zu Fachanwälten oder Spar-
kassenzentralen werden weit. So wird diese Entfernung
zum entscheidenden Standortnachteil. Es sei denn, der ab-
gelegene Ort ist ein ausgewiesenes Touristenparadies. Eggesin aber ist kein Touristenparadies. Es ist eine Kleinstadt
am Stettiner Haff, von der man glauben könnte, dass sie
ihre Zukunft bereits hinter sich hat.

Erstmals kam ich 1999 für eine Woche als Reporter nach
Eggesin. Es war kein schöner Anlass. Rechtsradikale Ju-
gendliche hatten nach einem Volksfest zwei Vietnamesen
fast zu Tode geprügelt. Ich wollte herausfinden, wie es dazu
gekommen war und warum die Jugendlichen dort oben im
Uecker-Randow-Kreis so empfänglich für neonazistische
Propaganda waren. Dabei stieß ich auf eine Mauer des
Schweigens. Bei manchen Menschen erfuhr ich sogar offene
Ablehnung. »Am besten, Sie verschwinden hier«, fuhren sie
mich an. Der Region gehe es eh schon schlecht genug.
Berichte über die Tat könnten sie nicht auch noch ge-
brauchen. Außerdem sei in Eggesin niemand ausländerfeindlich.

Leider ergaben meine Recherchen etwas anderes. Durch
sie lernte ich aber auch die Situation der Menschen dort
oben am Stettiner Haff verstehen. Und ihre Verbitterung.
Der Schlüssel hierzu ist das Wissen um die besondere Geschichte des Ortes.

Vor der deutschen Einheit war Eggesin eine Stadt mit
9000 Einwohnern und 27 000 Soldaten der Nationalen
Volksarmee in den Kasernen ringsum. Mit der deutschen
Einheit verschwanden die Volksarmee und mit ihr die
NVA-Soldaten, von denen Eggesin bis dahin gelebt hatte.

Zwar kam nun die Bundeswehr. Doch die rückte mit nur etwa 5000 Soldaten an, die allesamt fest entschlossen waren, Eggesin so bald wie möglich wieder zu verlassen. Nur die wenigsten ließen ein paar Mark in Eggesin. Wer konnte, verbrachte das Wochenende zu Hause, irgendwo in Westdeutschland. Dorthin wollten fortan auch viele Eggesiner. Ein Exodus setzte ein, bei dem fast ein Drittel der Bürger ihre Heimat für immer verließ. Die Zahl der Einwohner sank auf etwa 5400.

Bei den Zurückgebliebenen kam erstmals wieder Hoffnung auf, als die Bundesregierung unter Kanzler Helmut Kohl über 100 Millionen DM in die Modernisierung der Eggesiner Artilleriekaserne steckte. Gleichzeitig versicherte die Bundeswehr gegenüber der Stadtspitze, dass sie Wohnungen für Bundeswehrangehörige benötige, diese aber nicht selbst bewirtschaften könne. Also kaufte Eggesin der Bundeswehr für 13 Millionen Mark genau 1300 Soldatenwohnungen ab. Weitere 150 Millionen Mark steckte die Stadt in die Sanierung.

Doch schon gegen Ende der Neunzigerjahre zeichneten sich, entgegen früheren Zusagen, erhebliche Truppenreduzierungen der Bundeswehr am Standort Eggesin ab. Es war absehbar, dass die neuen Wohnungen überflüssig und die Sanierungen für die Katz gewesen waren. Die Angst vor dem wirtschaftlichen Kollaps ging um. In diese Zeit fiel der Angriff auf die Vietnamesen.

Angesichts des wirtschaftlichen Einbruchs nach der Wende löste allein schon die Vorstellung weiterer Rückschläge bei den Bürgern neue Zukunftsangst und Minderwertigkeitsgefühle aus. Obwohl Straßen, Schul- und Verwaltungsgebäude nach der deutschen Einheit saniert und ausgebaut worden waren, lebten die Menschen in dem abgelegenen Winkel Mecklenburg-Vorpommerns in dem

Gefühl, von dem gesamtdeutschen Aufschwung abgehängt zu werden. In den polnischen Nachbarn sahen sie vor allem Konkurrenten, die ihnen mit Niedriglöhnen weitere Arbeitsplätze wegnehmen könnten. Die Handvoll Vietnamesen in ihrer Stadt betrachteten zumindest einige als Störenfriede.

Abends traf ich einen angetrunkenen Jugendlichen vor einer Tankstelle. Er hockte mit einem »Six-Pack« Bier auf dem Bordstein. Aufgrund seines Zustandes war er ziemlich gesprächig. Er sagte, er wisse, wonach ich suche. Da ich ihm anbot, ihn in meinem Auto mitzunehmen, zeigte er mir den Ort, an dem sich die Neonazis aufhielten. Näher als auf 100 Meter durfte ich allerdings nicht heranfahren. »Die sind gefährlich«, warnte er und erzählte etwas von ihren Aufnahmeriten und Mutproben. »Die nehmen nicht jeden auf. Da musst du stark sein und einiges durchstehen«, sagte er.

Am nächsten Tag fuhr ich wieder zu den Garagen jener Plattenbausiedlung, die der Jugendliche mir gezeigt hatte. Dort traf ich denn auch Erwachsene, die durchaus ausländerfeindlich gesinnt waren. »Was wollen die Fidschis hier?«, fragte mich ein Mann Mitte fünfzig, wobei er mit dem Finger zu einer Wohnung hinaufzeigte, die angeblich von Vietnamesen gemietet worden war. »Die sollen verschwinden«, sagte er, ohne jedes Mitleid mit den von schweren Springerstiefeln brutal zusammengetretenen Männern, von denen einer im Krankenhaus mit dem Tod rang. Dann führte er mich in das Gehölz hinter den Garagen, wo die Jugendlichen eine Art Camp errichtet hatten und wo neben der Asche vieler Lagerfeuer Unmengen Bierflaschen und Bierdosen herumlagen.

Später las ich folgende Einschätzung des renommierten Kriminologen Christian Pfeiffer zu den Jugendlichen aus

Eggesin: »Die fühlen so, wie ihre Umgebung fühlt. Sie artikulieren es nur aggressiver nach draußen. Sie haben dann auch noch die Power, diese feindliche Stimmung, die gegen Ausländer da ist, umzusetzen, während die Alten sich dann doch zurückhalten und es bei verbalen Sprüchen belassen.«

Die Menschen in diesen Regionen leben in einer Art Endzeitstimmung. All das, was sich dabei in ihnen an Emotionen aufstaut, braucht offenbar ein Ventil. Und der Hass auf die vermeintlich Stärkeren sucht sich die Schwächsten als Opfer. In Eggesin waren das die Vietnamesen.

Wie pessimistisch die Stadt damals angesichts des drohenden Abzugs der Bundeswehr ihre Zukunftschancen bewertete, zeigt am besten ein Schriftstück der Verwaltung aus dem Jahr 2001, das den Rückbau, sprich die Schrumpfung, der Stadt skizziert. Darin heißt es wörtlich: »Die wirtschaftliche Basis der Stadt scheint zu verschwinden.« Da bricht etwas weg. Komplett und endgültig. Da schwindet nichts – es verschwindet. Für immer. So etwas hat es in der Geschichte der Bundesrepublik wohl noch nicht gegeben.

Eggesin war einst von einem kleinen Fischerdorf am Zusammenfluss von Uecker und Randow zum größten Armeestandort der DDR aufgestiegen. Mitte der Sechzigerjahre erhielt das Dorf das Stadtrecht. Die NVA-Offiziere waren stolz auf Eggesin. Es war ihre Stadt, eine Garnisonstadt.

Heute ist all das Geschichte. Bis auf ein paar Dutzend Sanitäter gibt es keine Soldaten mehr in Eggesin. Stattdessen sitzt die Stadt auf fast 100 Millionen Euro Schulden, die sie für die Soldatenwohnungen aufgenommen hatte. »Ein überdimensionaler Wohnungsbestand steht leer«, stellte die Stadtverwaltung schon 2001 fest und reagierte: »Konversion ist das Hauptthema der Stadtentwicklung in Eggesin, wobei es erstens um militärische Anlagen geht, zweitens um die Überbestände an Wohnungen infolge der militärischen Nutzung und drittens um die Verbindung von städtischer Konversion zur regionalen Konversion im Raum Pasewalk-Torgelow.«

Einige Zeilen weiter wird wegen des hohen Wohnungsleerstands der Abriss fünfgeschossiger Plattenbauten mitten in der Stadt konzipiert. »Große Bereiche sollen als innerörtlicher Grünzug unterschiedlicher Prägung (Wiese, Park etc.) ausgebildet werden«, schreiben die Stadtplaner. Ihr räumliches Leitbild ist fortan die »kleine Wohnstadt mit individuell ausgeprägtem Versorgungskern in zentraler Lage in der historischen Ortsmitte. Daran angelagert soll es eine aufgelockerte, kleinteilige Struktur geben, die den historischen Bestand pflegt.« Inzwischen ist das Stadtentwicklungskonzept sogar prämiert worden. Beim Bundeswettbewerb »Stadtumbau Ost« gewann Eggesin damit die Silbermedaille.

Damals hat die Stadtspitze angekündigt, sie wolle sich dem Prozess »positiv« stellen. Doch das ist schwer genug in einer Region, von der schon die Soldaten der Nationalen Volksarmee sagten, es sei das Land »zwischen den drei Meeren«: Waldmeer, Sandmeer und dann nichts mehr.

Jetzt, da der Knall des letzten Schusses verhallt ist, fühlen sich von den blühenden Landschaften, die Kanzler Helmut Kohl einst versprochen hatte, ganz und gar andere, vollkommen unerwartete Gäste angezogen. Nach mehr als 150 Jahren sind die Wölfe zurückgekommen. Im Frühjahr 2007 wurde ein Rudel in der Grenzheide gesehen. Das war das erste Mal, dass sie so weit nördlich auftauchten. Denn in anderen Regionen Ostdeutschlands hat der Wolf bereits eine dauerhafte Heimat gefunden. In der sächsischen Schweiz leben drei Rudel, und auch in Brandenburg meldete der Naturschutzbund NABU die Geburt von Welpen.

»Die Menschen zieht es immer stärker in die Städte. Die zunehmend dünner besiedelten ländlichen Gebiete bieten den großen Raubtieren ganz offensichtlich gute Lebensbedingungen«, sagte der kanadische Wolfs-Experte Alistair J. Bath dem NABU. »Früher wurde das Zusammenleben von Menschen und großen Beutegreifern von einfachen Regeln bestimmt. Wir müssen uns dieser Traditionen erinnern, wenn wir heute nach Wegen der Koexistenz suchen.« Die in die ehemaligen Lebensräume zurückgekehrten Raubtiere gingen offenbar davon aus, dass es dort genügend Lebensmöglichkeiten für sie gebe. »Es ist jedoch an uns zu entscheiden, ob wir diese Lebensräume, die ja auch unsere Lebensräume sind, mit ihnen teilen wollen«, sagte Bath.

Zu entscheiden gibt es da wohl nichts mehr. Denn Abwanderung und Demografie geben Räume frei, ob wir wollen oder nicht. Längst ist auch ein weitaus gemütlicherer Zuwanderer aus dem Reich der Tierwelt in diese Lücke gestoßen. Einer, der in der Tierwelt keinen Feind mehr hat außer dem Wolf: der Elch. Bis ins nordvorpommersche Lüdershagen sollen die mächtigen Tiere gewandert sein. Dort spazierte angeblich einer seelenruhig über die Straße eines Gewerbegebietes. Lkw-Fahrer meldeten, sie hätten einen kapitalen Elchbullen im Uecker-Randow-Kreis gesehen. »So abwegig ist es gar nicht, dass sich ein Elch in unsere Region verirrt«, sagte Zoodirektor Christoph Langner der »Ostsee-Zeitung«. »Das sind die alten Wanderwege dieser Tiere, die aus Polen oder Russland kommen.«

Naturschützer rechnen fest damit, dass die Tiere langfristig den Osten Deutschlands wiederbesiedeln. »Die natürliche Ansiedlung ist heute möglich«, sagt Ruth Petermann, wissenschaftliche Mitarbeiterin des Bundesamtes für Naturschutz in Bonn. Zwar gebe es noch keine eigene Population, sagt Peter Heyne, Leiter des Biosphärenreservats Oberlausitzer Heide- und Teichlandschaft im sächsischen Guttau. »Allerdings wurde 1996 ein Kalb in der Lausitz geboren.«

So begrüßenswert die Rückkehr der Wildtiere in unsere Landschaften auch ist, den Eggesinern wäre es lieber, wenn sich statt der Wölfe und Elche neue Gewerbebetriebe ansiedeln würden. Aber die Perspektiven sind schlecht, weil das Umfeld fehlt. Auf deutscher Seite gibt es weit und breit keine größere Stadt, von deren Wachstum die Region irgendwie profitieren könnte. Stettin wäre eine solche Stadt. Doch die liegt auf der anderen Seite der Grenze. Schon heute zieht die polnische Stadt Handwerksbetriebe aus ganz Mecklenburg-Vorpommern an. Oftmals errichten sie in Stettin einen zweiten Standort oder verlagern das Unternehmen ganz. Nur hilft so etwas Eggesin auch nicht weiter.

Nicht einmal der Landkreis spürt nachhaltig positive Impulse. Uecker-Randow verfügt zwar über eine der reizvollsten Landschaften Europas, aber ist mit Arbeitslosenraten deutlich über 20 Prozent einer der Kreise mit den größten sozialen Problemen in ganz Deutschland. Und wo die Menschen keine Arbeit haben, sinkt der Konsum. So ist Uecker-Randow sogar der kaufkraftschwächste Landkreis der Bundesrepublik und einer mit der schlechtesten demografischen Perspektive dazu. Das zusammengenommen zeichnet ihn nicht gerade als Wirtschaftsstandort aus. »Heimat heißt jetzt Standort, und was sie ausmacht, nennt man Standortfaktoren. Eggesin ist eine schrumpfende Stadt, aus der die Marktwirtschaft flüchtet«, schrieben Olaf Winkler und Dirk Heth, nachdem sie 2005 einen

Film über Eggesin gemacht hatten. Und dann fügten sie hinzu: »Irgendwie ist Eggesin gerade überall…«

Darum mache ich mich auf den Weg zu einem Landrat, der es wissen muss.

Aus dem Leben eines Landrats

Kilometer um Kilometer schleppen die Lastwagen ihre Fracht über die Autobahn 15 in Richtung Polen. Sie kommen aus dem Rhein-Main-Gebiet, Westfalen oder dem Cloppenburger Land. Ihnen gehört die rechte Fahrbahn fast ganz allein. Und manchmal, wenn einer aus der Monotonie der Kolonne ausbrechen will und zu einem schwerfälligen Überholmanöver ansetzt, überträgt er diese einschläfernde Gleichförmigkeit des scheinbaren Stillstands kurzzeitig auch auf den linken Fahrbahnstreifen. Wer es hier eilig hat, wird zwangsentschleunigt und starrt benommen auf die kahlen Stämme mit den lichten Kronen links und rechts der Fahrbahn, die dicht gedrängt zu endlosen Kiefernwäldern beieinanderstehen. Hin und wieder taucht ein Sonnenblumenfeld auf. Für einen Moment nur, aber immerhin.

Kaum zu übersehen ist bei Cottbus das große Hinweisschild des schwedischen Energiekonzerns Vattenfall. Damit ist schon mal klar, welches Unternehmen hier in der Region zu den tonangebenden zählt.

Weiter geht's in Richtung Forst, dem Sitz des Landkreises Spree-Neiße direkt an der polnischen Grenze. Ich bin mit dem Landrat verabredet, dem größten Verlierer der Prognos-»Zukunftsstudie 2007«. Von 439 Landkreisen und kreisfreien Städten verwiesen die Schweizer Forscher Spree-Neiße auf Rang 439. Sogar die Uckermark oder

Uecker-Randow und Demmin in Mecklenburg-Vorpommern schnitten besser ab.

Letzter. Damit steht Spree-Neiße fortan in dem Ruf, ein hoffnungsloser Fall zu sein. Solch eine Platzierung in einer zusammen mit dem »Handelsblatt« erstellten und publizierten Liste ist mehr als ein Tiefschlag. Sie ist eine vernichtende Botschaft an potenzielle Investoren und ein Garant für ein auf längere Zeit beschädigtes Image.

Auch die Zahlen des Statistischen Landesamtes Brandenburg sagen dem Landkreis keine allzu rosige Zukunft voraus. Bis zum Jahr 2030 wird Spree-Neiße noch einmal 25,2 Prozent seiner Bevölkerung verlieren. Eineinhalb Jahrzehnte nach der Einheit ist jeder Fünfte arbeitslos. In den vergangenen Jahren gab es zu wenig Lehrstellen, sodass schon die Jugendlichen den Kreis für eine Berufsausbildung verlassen mussten.

All das sind Gründe genug, einmal den Landrat zu treffen und ihn zu fragen, wie er mit den Prognosen umgeht, wie es ist, den Mangel zu verwalten. Kann ein Landrat, der seine Aufgabe ernst nimmt und mit Leidenschaft ausübt, damit leben?

Nachdem ich die Autobahn bei Forst (Lausitz) verlassen habe, wird die Landschaft übersichtlicher. Zunächst säumen Wiesen die Straße, dann ein neues Gewerbegebiet mit Baumärkten, Autohäusern und kleineren Handwerksbetrieben. Bis zur Stadt sind es allerdings noch ein, zwei Kilometer. Nach dem Ortsschild führt der Weg vorbei an Gründerzeithäusern, Industriearchitektur und sanierten Plattenbauten. Die Hauptstraßen wirken aufgeräumt und freundlich. Aber in den Nebenstraßen gibt es noch viel blätternden Putz und verfallene Gemäuer.

Dagegen hebt sich das Kreishaus wohltuend ab. Die Residenz des Landrates Dieter Friese ist ein weitläufiger

Komplex, dessen Kern eine alte Textilfabrik bildet. Das nicht mehr benötigte Fabrikgebäude wurde saniert und auf reizvolle Weise so in einen Verwaltungsneubau integriert, dass wesentliche Stilelemente der alten Industriearchitektur innen und außen erhalten blieben. So gewinnen etwa die langen Flure durch die sichtbaren Stahlträger und -säulen der Fabrik eine für Verwaltungsbauten ganz untypische Eleganz.

An einem dieser Flure, in der ersten Etage, befindet sich das Büro des Landrats. Als ich eintreffe, steht der Chef des Hauses am Fotokopierer seines großzügigen Sekretariats. Durch die weit geöffneten Fenster dringt die schwüle Sommerhitze eines heißen Juli-Tages. Friese ist ein etwas untersetzter, 58 Jahre alter Mann mit dichtem dunklem Haar und einem deutlich graueren Schnauzbart. »Na, dann komm'se mal rein«, sagt er.

Sein Büro besitzt etwa die Größe des Sekretariats und gewinnt trotz der zweckmäßigen Arbeitsmöbel aus Buche-Furnier etwas Wohnlichkeit durch die dunkle Sitzgruppe, einige Erinnerungen und Geschenke wie die alte schwarze Schreibmaschine oder das gerahmte Bild über seinem Arbeitsplatz. Friese lässt Cappuccino und Wasser servieren. Er hat das Jackett seines blaugrauen Anzugs abgelegt, die Krawatte gelockert und nimmt nun in einem dunklen Sessel Platz. Er solle doch einfach mal erzählen, wie er nach Forst gekommen sei, wie er den Niedergang der Region erlebt habe und was er sich für die Zukunft seines Kreises wünsche, bitte ich ihn.

Friese legt beide Arme über die Sessellehne, überlegt einen Augenblick. »Also«, sagt er, »ich war ja nicht gleich nach der Wende hier. Erst war ich in Bernau. Deshalb kann ich also ein klein wenig den Vergleich ziehen zwischen dem Landkreis Spree-Neiße und einem Landkreis wie Bernau, der damals von der Entwicklung Berlins und vom Streben der Berliner in das Umland unheimlich profitiert hat. Die Stadt Bernau ist seitdem kontinuierlich gewachsen. Von seinerzeit 20 000 Einwohnern auf heute 30 000. Da macht sich hinsichtlich der Bevölkerungszahl der demografische Wandel nicht bemerkbar.« Er hält einen Moment inne, wie um sich noch einmal zu vergewissern, nippt kurz an seinem Cappuccino, lächelt verschmitzt und fährt fort. »Das Spaßige an der Geschichte, die wir jetzt hier in Angriff nehmen«, sagt er, »ist, dass einer meiner Amtsvorgänger im damaligen Landkreis Niederbarnim, so gegen Ende des letzten Jahrhunderts, ein Felix Busch war. Von ihm gibt es die Geschichte: Aus dem Leben eines königlich-preußischen Landrates.« Er lacht, schlägt die Beine übereinander. »Da machen wir jetzt die Fortsetzung.« Na, wenigstens scheint ihm die Sache Freude zu bereiten.

»Also, nach Forst kam ich über einige Umwege. Geboren wurde ich in Nienburg an der Saale, habe in Bernburg Abitur gemacht und bin dann an die Hochschule für Architektur und Bauwesen in Weimar gegangen. Nach fünf Jahren Studium war ich Diplom-Bauingenieur und musste für einenhalb Jahre zur Nationalen Volksarmee an die Westgrenze. Da habe ich dann die DDR gegen euch Kapitalisten verteidigt«, sagt er und muss über sich selbst schmunzeln, seine Ausdrucksweise, vielleicht auch über den Dieter Friese von damals, der sich dem Willen der NVA-Führung zu fügen hatte.

»Meinen ersten Job bekam ich in Halle als stellvertretender Abteilungsleiter im Bereich Projektierung eines Chemiebaubetriebes. Dort blieb ich bis 1978 und wechselte dann als Leiter der Projektierungsabteilung zu einem größeren Landwirtschaftsbaubetrieb. Tja, und dann kam die Politik. Vor und während der Wende engagierte ich mich für das Neue Forum im Bezirk Frankfurt/Oder mit dem Ergebnis, dass man mich am 5. Juni 1990 zum ersten frei gewählten Landrat von Bernau gewählt hat. Das war eigentlich eine schöne Zeit. Aber im Rahmen der Kreisneugliederung 1993 exportierte mich meine Partei – ich bin Sozialdemokrat – in die Lausitz.«

Da er es nicht weiter erklärt, frage ich nach dem Warum.

»Es gab damals zwei Landkreise, die fusionieren sollten«, sagt Friese. »Das waren Bernau und Eberswalde. Und nur einer der Landräte konnte bleiben. Der Bernauer war ein klein wenig aufmüpfig gegenüber der Landesregierung. Und dann beging er auch noch eine Art Sakrileg. Das war, als ein Landtagsabgeordneter der SPD von seiner Aktenlage eingeholt wurde, der Mann war damals Alterspräsident des Landtages. Die Akten wiesen ihm nach, dass er als Angehöriger der Wehrmacht an der Erschießung von Juden beteiligt gewesen war. Da habe ich gefordert, dass so einer in der Politik Brandenburgs nichts zu suchen hat. Das fassten dann einige in der Partei als Nestbeschmutzung auf. Sie fragten mich, wie ich denn einen so verdienstvollen Genossen öffentlich angreifen könne. Na ja, so nahmen die Dinge ihren Lauf. Der neue Landrat wurde also nicht Friese, sondern der andere. Und da glaubte die SPD, dass sie mich auf listige und elegante Art und Weise loswerden könnte, wenn sie mich nach Forst schickt. Die dachten, hier unten, in diesem schwarzen Süden, hätte ich eh keine Chance. Es hat dann aber doch geklappt.«

Er beugt sich über seinen Cappuccino. »Der alte Briest würde sagen: Das ist ein zu weites Feld«, sagt er, leert die Tasse und fügt hinzu: »Da hat er wohl recht.«

Friese schaut in Gedanken versunken zum Fenster hinaus.

Ich warte einen Augenblick, bevor ich ihn danach frage, wie das damals war mit der Flucht der vielen Menschen nach der Maueröffnung. Das müsse ihn, der sich politisch engagiert und somit aktiv zur Maueröffnung beigetragen habe, doch berührt haben.

»Das Gefühl«, sagt er, »das Gefühl, das durch die Flucht kam, setzte ja sofort nach der Maueröffnung ein. Bis zum 9. November waren unsere Veranstaltungen in den Kirchen und in den Sälen voll. Die Montagsdemonstrationen waren ja immer gut besucht. Und dann am Tage nach der Maueröffnung, da war bei uns niemand mehr. Das war schon mal der erste Schock. Es kümmerte sich niemand mehr um Politik. Gut.«

Für einen Moment hält er inne.

»Aber das hat ja mit der eigentlichen Frage, der Flucht, nichts zu tun«, sagt er. »Nee, ich habe das von Anfang an als einen natürlichen Vorgang aufgefasst. Hier in unserer Region ist ja flächendeckend Industrie weggebrochen, die nicht zu ersetzen war für die Leute, die sie beschäftigt hatte. Allein in diesem Örtchen Forst.«

Er blickt mich an: »Haben Sie unten im Eingangsbereich unseres Verwaltungsgebäudes das Bild mit der Stadtsilhouette gesehen? Hier standen von einem Tag auf den anderen de facto 3000 Leute aus der Textilindustrie auf der Straße«, sagt er. »Weg! Von 90 000 Leuten im Bergbau, in der Energieversorgung, in deren Dienstleistungsbereichen sind wir heute gut gerechnet bei 8000. Das Gleiche gilt für die Chemieindustrie in Guben oder für die Gasindustrie, die hier gewesen ist. Wir standen also hilflos vor einem riesigen Scherbenhaufen, vor einem gewaltigen Haufen menschlicher, wirtschaftlicher und arbeitsseitiger Probleme.

Für mich war sofort klar, dass es nicht realisierbar ist, all denen wieder eine wirtschaftliche Zukunft hier in der

Region zu geben. Gemessen an der Zahl schafft man das nie. Was über die Jahrzehnte in dieser Wirtschaftsregion langsam gewachsen ist und dann von einem Tag auf den anderen wegbricht, das kann man nicht von einem Tag auf den anderen durch ein Äquivalent ersetzen«, sagt Friese, der das Damals offenbar wieder klar vor Augen hat und es sich in seinem Sessel etwas bequemer macht, ohne seinen mit Bedacht vorgetragenen Monolog zu unterbrechen.

»Und dann muss man ja auch sehen, dass diese Braunkohle- und Energieindustrie, Chemie- und Textilindustrie zum großen Teil auch künstlich konzentriert worden ist. Damals sind ja Leute aus der ganzen DDR hierher gezogen, weil es hier wenigstens eine bessere Wohnraumversorgung gab als im Rest des Landes. Die sind gekommen, weil man hier besser mit Industrie- und Verbrauchsgütern ausgerüstet war und eher zum Auto oder zum Fernseher oder was auch immer kam. Für mich war klar, dass die Entwicklung nach der Einheit genauso rückläufig, also in die andere Richtung gehen würde. Das ist für mich auch jetzt noch nichts Schlimmes.

Sehen Sie, als das Ruhrgebiet wuchs, gehörten zu den Ersten, die in die Gruben einfuhren und die in die Stahlwerke gingen, die zweitgeborenen Söhne der Münsteraner Bauern, also diejenigen, die den Hof nicht erbten. Und als die nicht mehr ausreichten, gingen dann die Kreise eben bis nach Polen. Dort haben sie die Leute hergeholt. Und deswegen ist Polen auch nicht untergegangen. Das ist aus meiner Sicht eine laufende Entwicklung. Es geht immer auf und ab. Das ist der Lauf des Lebens.

Bedauerlich ist nur, dass immer die Jungen, die gut Ausgebildeten gehen. Aber das war auch damals so, unter den Gegebenheiten der industriellen Revolution. Und das, was wir unseren Kindern auf ihren Weg mitgeben können, ist

Bildung. Das ist das Rüstzeug, mit dem sie sich auch außerhalb unserer Region ein Leben aufbauen können. Deshalb war auch meine Zielrichtung als Landrat immer, dafür zu sorgen, dass die Bedingungen, in denen Bildung vermittelt wird, die denkbar besten sind. Darum haben wir die Gymnasien, deren Träger wir sind, völlig durchsaniert. Da haben wir viele Millionen Euro hineingesteckt. Die Oberstufenzentren und der Campus hier in Forst sind gerade erst fertig geworden.

Zwei Gymnasien mussten wir schließen. Aber wir haben die Schulen so konzipiert, dass wir mittelfristig alle dreizügig fahren können. Wir haben drei Gymnasien-Standorte, in Spremberg, Guben und Forst. Die sind schon auf den Geburtenknick hin ausgelegt. Auch wenn sie jetzt zum Teil noch fünfzügig laufen. Wir können alle vier Standorte dreizügig fahren, um das Bildungsangebot weiter zu gewährleisten. In Cottbus haben wir gerade drei Gymnasien zu einem zusammengelegt. Da gehen jetzt 1600 Kinder hin. Das ist das größte Gymnasium in ganz Brandenburg. Selbstverständlich haben wir auch das schon so angelegt, dass es sich auf die Dreizügigkeit runterreduziert. Somit werden wir im gesamten Zuständigkeitsbereich in den Gymnasien einmal zwölf zwölfte Klassen haben.«

Friese sagt das alles im Brustton der Überzeugung, alles richtig gemacht zu haben. Dabei wirkt er jedoch keineswegs überheblich, sondern bleibt bei seiner ruhig-distanzierten Art, mit der er die Dinge betrachtet und bewertet. Er sitzt da wie einer, der in sich selbst ruht.

»Darf ich Ihnen noch etwas anbieten?«, fragt er. Ich lehne dankend ab und erkundige mich nach den Grund- und Oberschulen.

»Die Grundschulen haben die Gemeinden schon soweit geschlossen, dass wir wohl einen Stand erreicht haben, den wir halten können«, antwortet er. »Jetzt sind wir noch in der Phase der Schließung von Oberschulen. Das alles muss sein. Schließlich haben sich die Schülerzahlen seit der Einheit halbiert. Und sie werden weiter zurückgehen. Das ist eine einfache Rechnung. Wir haben nur noch halb so viele Schülerinnen wie zu DDR-Zeiten. Jetzt wachsen die jungen Frauen, die als Erste nach dem durch die Einheit bedingten Geburtenknick geboren wurden, in das Alter hinein, wo sie Mütter werden können. Und diese Hälfte wird dann auch nur noch 1,3 Kinder bekommen. So werden es immer weniger Kinder. Ja, wenn die alle hier blieben. Leider gehen ja immer noch mehr Frauen als Männer weg. Bestimmt sind es zehn Prozent mehr.

Ob das so bleiben wird?«, fragt Friese sich selbst und schickt gleich die Antwort hinterher: »Ich wüsste es auch gern. Jetzt haben wir 135 000 Einwohner. 5000 hatte man uns weggenommen im Rahmen der Gemeindeneugliederung. Drei Gemeinden sind damals an Cottbus gegangen. Das waren von der Bevölkerungszahl her unsere stabilsten Gemeinden, weil ein hoher Anteil der Einwohner dort ein eigenes Häuschen besitzt. Diese Gemeinden besaßen aber auch das höchste Bildungsniveau und das höchste Einkommen im gesamten Kreisgebiet. Wenn man uns die nicht weggenommen hätte, zählten wir heute noch 140 000 Einwohner.«

Er schaut mich an, als sei ich schuld an der Geschichte. Wie ihn das heute noch ärgert! Kein Wunder, denn für Kommunen sind Menschen, die über eine gute Bildung verfügen und gut verdienen, eine heiße Ware, weil sie Einkommensteuer zahlen und somit Geld bringen.

»Als ich hier anfing«, sagt Friese und wendet den vorwurfsvollen Blick von mir, »hatten wir 154 000 Einwohner. In den ersten drei, vier Jahren konnten wir noch von

Abwanderungen aus Cottbus profitieren, also von den Leuten, die sich auf dem Land ein Häuschen bauten. Aber als Region gesehen gingen wir natürlich ständig nach unten. Und seit sieben oder acht Jahren gehen wir insgesamt nach unten. Also haben wir von 1994 bis jetzt rund 20 000 Menschen verloren. Wir rechnen damit, dass wir im Jahr 2015, 2020 noch 125 000 Einwohner im Landkreis haben. Aber die sind dann im Schnitt viel älter als heute.

Tja – und heute stehen wir vor der Situation, dass wir ein Arbeitskräfteproblem bekommen werden, dass wir ein Lehrlingsproblem bekommen werden für die Unternehmen, den Mittelstand, das Handwerk. Die Jugendlichen, die hier sind, die wir jetzt in unseren Schulen ausbilden, werden nicht mehr ausreichen, um die frei werdenden Stellen besetzen zu können. Wir sind also möglicherweise auch darauf angewiesen, bei den Investitionen, wie sie sich jetzt abzeichnen, wieder Leute, die irgendwann gegangen sind, zurückholen zu müssen. Oder aber wir müssen aus anderen Teilen Deutschlands Arbeitskräfte holen. Das halte ich aber für einen völlig natürlichen Vorgang.«

Dieses Verständnis für kommunale Lebenszyklen, in die er neben dem Aufstieg, dem Wachstum auch das Schrumpfen mit einbezieht, unterscheidet ihn von den meisten seiner westdeutschen Amtskollegen.

»So ist das nun einmal«, sagt Friese. »Meine Tochter ist ja auch nicht mehr da. Mein Sohn, ja. Aber meine Tochter ist Chiropraktikerin in den USA, weil sie das damals hier nicht studieren konnte. Andere gehen des Geldes wegen, weil sie im Westen mit der gleichen Arbeit mehr verdienen als hier. Die Leute wollen Geld verdienen. Wer mag es ihnen verdenken? Leider begreift die Landesregierung das nicht. Ich habe immer gesagt, dass es völlig falsch ist zu argumentieren, dass die Unternehmen in die Lausitz kommen sollen, weil hier die Arbeit billiger ist. Man stempelt sich selber zum Billiglohnland und gewöhnt potenzielle Investoren daran, dass sie hier weniger bezahlen müssen. Und diejenigen, die diese Arbeit leisten, werden mit einem Minderwertigkeitsgefühl durch den Tag laufen und sind anfällig für bessere Angebote aus Baden-Württemberg.«

Ich frage ihn, ob er nach der Prognos-Studie nicht auch lieber nach Baden-Württemberg geflüchtet wäre.

»Wenn ich ehrlich bin«, sagt er, »dann war ich nach der Prognos-Studie ziemlich deprimiert. Ich habe es ja zuerst über die Zeitung erfahren, dass wir den letzten Platz gemacht haben. Natürlich habe ich mir anschließend sofort ein Exemplar dieser Studie geholt. Zwei, drei Nächte konnte ich nicht richtig schlafen und fragte mich ständig, was denn das soll. Ich hab dann auch einen Brief an Prognos geschrieben, weil die einige unserer Industrien nicht zur Kenntnis genommen haben. Zum Beispiel ist die neue Papierfabrik nicht in der Studie berücksichtigt worden. Das sind immerhin 400 Arbeitsplätze, die in einem innovativen Branchenschwerpunkt neu geschaffen wurden. Das haben die erst durch meinen Brief geschnallt. Und all unsere Arbeitsplätze in der Kohlegewinnung und in der Energieerzeugung werden von Prognos nicht als innovative, zukunftsweisende Industrie angesehen. Also fließen die auch nicht in die Berechnungen ein. Und damit fallen bei mir in dieser Bewertung im Landkreis schnell mal 6000 bis 8000 Arbeitsplätze weg. Dafür haben sie dann in anderen Landkreisen manche zukunftsweisende Industrie berücksichtigt, die bei Weitem nicht die Löhne zahlt, die Vattenfall hier bei uns zahlt. Wenn ich dann sehe, dass die nordwestdeutsche Hafenstadt Emden innerhalb von zwei Jahren um über 200 Plätze zurückfällt, dann frage ich schon nach der Seriosität solcher Studien.

Wissen Sie, wir hatten nämlich zufällig unsere Dezernentenklausur, die wir jedes Jahr durchführen, diesmal ausgerechnet in Emden. Da haben wir uns das mal genauer angesehen, weil wir wissen wollten, warum die Stadt so weit abgestürzt ist. Wir sind aber auch ins nicht weit entfernte emsländische Papenburg gefahren, wir sprachen mit dem Landrat von Leer und haben uns die Zulieferer von der Papenburger Meyer-Werft und von VW in Emden angesehen. Und nach dieser Reise verstehe ich bis heute nicht, warum so eine Stadt wie Emden bei denen innerhalb von zwei Jahren um über 200 Plätze schlechter bewertet wird. Andererseits hat mich das aber auch ein Stück weit beruhigt, weil dadurch offensichtliche Schwächen der Prognos-Studie ans Licht kamen. Außerdem antwortete Prognos dann ja auch auf meinen Brief. In dem Schreiben erkannte das Institut dann doch die Entwicklung hier bei uns an. Wenn das so weitergehe, stand in dem Brief, dann seien sie überzeugt davon, dass wir einen gewaltigen Sprung nach oben machen würden.

Ein wenig hat mich diese Antwort dafür entschädigt, dass ich von Populisten und Demagogen bei jeder passenden Gelegenheit darauf angesprochen worden bin, dass wir die Letzten sind. Schön ist das weiß Gott nicht. Und manchmal ärgert mich die Studie immer noch. Andererseits bin ich mir auch sicher, dass es nicht realistisch ist, was sie dort gemacht haben. In einer anderen Prognos-Studie zur Familienfreundlichkeit stehen wir übrigens ganz oben. Auch das beißt sich irgendwie.

Unterm Strich halte ich nicht viel von solchen Prognosen, die eh schon morgen wieder überholt sein können, weil eine völlig neue Situation eintritt. Und ich hoffe, dass sie eintritt. Bei den Investitionen, die jetzt anstehen könnten – vorausgesetzt, die Landesregierung begleitet sie mit den entsprechenden Mitteln …« Er hält plötzlich inne.

»Ach, schau'n wir mal. Statistiken und Studien können doch immer nur Momentaufnahmen sein. Vieles kann sich ändern. Heute ist Dienstag, gestern – obwohl wir damit gerechnet haben, aber wir dachten eben nicht, dass es so schnell geht – wurde verkündet, dass ein österreichisches Unternehmen, die Hamburger-Gruppe, im nächsten Jahr 400 Millionen Euro in den Bau einer zweiten Papierfabrik stecken will. Damit bringt sie uns 400 neue Arbeitsplätze. Diese 400 werden nicht abwandern.«

Er macht eine kleine rhetorische Pause.

»Und dann sagt uns die ZAB, also die Zukunftsagentur Brandenburg – komisch, dieses ständige Abkürzen ist geblieben, das hat den Sozialismus überlebt –, also die ZAB sagt uns, und meine Wirtschaftsförderung bestätigt das, dass wir zurzeit so viele Anfragen von investitionswilligen Unternehmern für die Lausitz haben, wie wir sie seit der Wende noch nicht hatten. Man stelle sich vor, uns gelängen davon etliche dieser Maßnahmen. Dann stoppen wir vielleicht die Abwanderung!«

Pause. Wieder trifft mich ein prüfender Blick aus den kleinen Knopfaugen.

»Vielleicht haben wir in all den Jahren doch nicht alles falsch gemacht. Die Unternehmen loben unsere gute Verkehrsanbindung, hervorragende Fördermaßnahmen, eine gute Infrastruktur und offensichtlich, so stellt man es jedenfalls fest, gut ausgebildete motivierte Leute. Die das sagen, sind Unternehmer aus der Papierindustrie, der Chemieindustrie und der Glasherstellung. So etwas, was die gerade bei uns planen, hatten wir hier noch nie. Die Produktion von Bioplast ist ein völlig neuer Wirtschaftszweig. Sehr innovativ, was die Leute hier machen wollen. Die

Papierherstellung ist übrigens auch völlig neu in dieser Region. In der Nähe gab es mal vor dem Krieg eine Dachpappenfabrik, aber mehr auch nicht. Und die Glasproduktion, sowohl gegossen als auch gewalzt, ist für den steigenden Bedarf in der Solarindustrie gedacht. Wenn ich jetzt mal optimistisch all das zusammenzähle, was mir meine Wirtschaftsförderung in Zusammenarbeit mit der ZAB an Ansiedlungsbemühungen auf den Tisch gelegt hat, dann haben wir in den nächsten ein, zwei Jahren 1500 zusätzliche Arbeitsplätze zu erwarten. Das wären so viele neue Jobs wie noch nie. Und das sind dann eben alles Leute, die nicht weggehen müssten.«

Jetzt glänzen die kleinen dunklen Augen. Es gibt also noch Hoffnung für Spree-Neiße?

»Heute haben wir 40 000 Arbeitsplätze«, sagt Friese. »Da dürften ruhig noch einige dazukommen.«

Just in diesem Augenblick steckt die Sekretärin ihren Kopf durch die Tür. Ob wir noch einen Wunsch hätten, fragt sie. Friese schaut zu mir herüber, ich verneine. »Nein, danke«, sagt er und fährt fort:

»Aber ich will Ihnen noch etwas zu der geringen Geburtenzahl sagen. Die hat ja auch oder vor allem etwas mit Lebensplanung zu tun. Wie planen denn junge Leute heute ihr Leben? Was setzen sie für Prioritäten für ihr Leben? Und da gibt es hier eben keine Familien, die vier Kinder haben. Aber es gibt da eben auch eine interessante Entwicklung. Ich meine die Mitarbeiterinnen unseres SGB-II-Eigenbetriebes. Das ist ein Betrieb, der helfen soll, förderungsbedürftige Hartz-IV-Empfänger wieder in den ersten Arbeitsmarkt einzugliedern. Also, da haben wir 170 Leute eingestellt. Über ein Drittel davon sind Absolventen der Fachhochschule Lausitz im Bereich Sozialwissenschaften, Sozialarbeit und Sozialpsychologie. Im Wesentlichen sind das alles Frauen. Was meinen Sie, wie viele Kinder die bekommen, seit die bei uns einen Arbeitsplatz haben! Wir stellen jede Woche neue Leute ein als Ersatz für schwangere Mitarbeiterinnen.

Das heißt doch: Wer einen sicheren Arbeitsplatz hat, der bekommt auch Kinder. Das hätten die nie gemacht, wenn die auf der anderen Seite des Schreibtisches gesessen hätten.«

Im Prinzip gebe ich ihm recht, wende aber ein, dass zumeist diejenigen Menschen wirtschaftsschwache Regionen verließen, die gut ausgebildet seien und ein besseres soziales und kulturelles Umfeld suchten.

Als ich ihn danach frage, ob und wie sich solche Studien in Kombination mit der veränderten demografischen Lage auf das Konkurrenzverhalten von Kommunen auswirken, winkt Friese ab.

»Diese Konkurrenz war immer schon da, wenn es um die Ansiedlung von Unternehmen ging oder wenn es darum ging, welche Gemeinde sich eine Schwimmhalle bauen darf oder wer diese oder jene Freizeiteinrichtung bekommt. Diese Konkurrenz gab es immer unter dem Gesichtspunkt: Wie locke ich die meisten Einwohner an? Jetzt läuft das eben genau umgekehrt: Wie erhalte ich das, was ich an Infrastruktur habe, bei weniger werdenden Einwohnern?

Noch besitzen wir eine gut funktionierende Infrastruktur. Wir haben Krankenhausstandorte. Neben dem Carl-Thiem-Klinikum in Cottbus, unserem Schwerpunktkrankenhaus, unterhalten wir drei Krankenhäuser der Grundversorgung in Guben, Spremberg und Forst. De facto ist das eigentlich zu viel. Sicher. Dafür bremsen wir ein wenig bei den Alteneinrichtungen.«

Das verstehe ich nicht – angesichts einer alternden Gesellschaft.

»Das will ich Ihnen erklären«, sagt Friese. »Wenn man sich in Forst etwa auf eine Spezialisierung im geriatrischen Bereich einigt, dann ist das, was wir an Alten- und Pflegeeinrichtungen haben, perspektivisch gesehen ausreichend, jedenfalls aus heutiger Sicht. Wir bremsen immer noch Neuansiedlungen von solchen potenziellen Altenheimbetreibern bzw. Betreibern von Einrichtungen zum altersgerechten Wohnen, weil das, um es jetzt mal brutal zu sagen, zum Import von Alten führt. Als Landkreis müssen wir dann für diese Plätze zahlen, weil die Bewohner dies ja nicht zu 100 Prozent finanzieren können. Das können und wollen wir nicht. Also haben wir einwohnergerecht gehandelt, will heißen, wir haben als Landkreis genau so viel Geld zur Verfügung gestellt, dass wir unseren eigenen Bedarf decken können.

Mit dem öffentlichen Personennahverkehr bin ich auch ganz zufrieden. Der wird derzeit so organisiert, dass wir jeden Ort des Landkreises mindestens zweimal täglich anfahren. Wo wir nicht regelmäßig hinkommen, da werden Haltestellen über Ruf erreichbar gehalten. Bis 2013 haben wir das finanziell abgesichert.

Tja, und alles andere, ich meine, das, was alte Leute so an administrativen Aufgaben zu erledigen haben, das müssen sie über ihren Ortsteilbürgermeister machen. Der wendet sich an seine Gemeinde, und die Gemeinde wendet sich an uns. Das ist überhaupt kein Problem. Die Informationsstrecke, also die Strecke, auf der Verwaltungsangelegenheiten bearbeitet werden, die geht von der Haustüre des alten Menschen bis zu unserem Büroplatz. Das ist machbar.«

Ich gebe zu bedenken, dass damit allein das Auskommen auf dem Land noch nicht gesichert ist, und frage, wie und wo die Landbewohner die Dinge des täglichen Bedarfs einkaufen können. Schließlich werde sich der Einzelhandel doch aus der Fläche zurückziehen, wenn ihm die Kunden dort wegsterben oder wegziehen, sage ich.

»Mit dem Einkaufen«, antwortet der Landrat nachdenklich, »ist das vielleicht nicht ganz so einfach. Das Problem regelt entweder die Wirtschaft selbst, indem der Eismann oder der Bäckermeister oder der Fleischer zu den Kunden fährt. Grundsätzlich ist das aber ein Problem, vor dem ich schon früh in meiner Lebensplanung stehe: Möchte ich in einer Plattenbausiedlung wie Sachsendorf wohnen? Möchte ich betreutes Wohnen in Sachsendorf oder in Spremberg oder in Forst, wo ich bis zum nächsten Aldi-Laden nur 200 Meter laufe und Stadtluft um die Nase habe? Oder möchte ich die Annehmlichkeiten des Landlebens genießen, die Ruhe, die Natur und meinen Garten und alles drum und dran und bin damit aus meiner Sicht vielleicht besser gestellt als jemand in einer Dreiraumwohnung? Wenn ich Letzteres will, dann muss ich aber auch wissen, dass ich ein Problem mit der Versorgung habe. Dann kann ich nicht sagen: ›Mir geht es richtig gut hier draußen. Aber du, lieber Staat, sorge mal dafür, dass ich jeden Tag Butter und Brot bekomme.‹ Wenn ich schnell mal einkaufen gehen möchte, wenn ich ins Kino oder ins Theater gehen möchte, ja, dann muss ich nach Cottbus ziehen, statt auf dem Dorf zu bleiben.

Das Land hat seinen eigenen Charakter, und den wird es in Zukunft vielleicht eher noch stärken. Wenn ich mir das so vorstelle, dass die Leute da draußen immer älter werden. Die ersten Häuser stehen ja schon leer. In den letzten Tagen erst sind mir vor zwei Häusern wieder Schilder der Sparkasse aufgefallen. Da stand drauf: ›Zu verkaufen‹. Gut, das ist so. Die Menschen werden immer älter. Die Erben leben woanders.

72

Aber wenn ich mir die Situation in städtischen Bereichen, in Cottbuser Siedlungen wie Sachsendorf, Schmellwitz oder Saspow vorstelle, dann wird mir schon eher Angst und Bange. Denn die Ortsteile sind für vielleicht 30 000 Einwohner ausgelegt. Für diese Bewohnerzahl sind die Abwasserleitungen dimensioniert hinsichtlich ihrer Länge und des Durchmessers. Weil die Bewohnerzahlen wegbrechen, reißt man dort jetzt flächendeckend die Wohnblöcke ab, ein Drittel oder gar die Hälfte. Die Leitungen unten aber bleiben die gleichen. Da fließt weniger Abwasser durch, was zur Folge hat, dass die Leitungen sich zusetzen. Solche Probleme sind für eine Kommune viel gravierender, als wenn auf einem Dorf mit 150 Häusern 50 leer stehen. Solche Dörfer haben meistens eine zentrale Kläranlage. Die ist dann aber auch so bemessen, dass sie genügend Anpassungsspielraum nach unten hat. Gut, eine haben wir auch völlig überdimensioniert gebaut. Die ist in Döbern. Ansonsten gibt es biologische Kleinkläranlagen, Hauskläranlagen. Um die Stromleitungen, die Telefon- und Fernsehkabel mache ich mir auch keine Sorgen. Wenn so eine Leitung mal liegt, dann liegt sie, egal, ob 150 Häuser dranhängen oder nur noch zehn.

Wir müssen da gar nicht drum herumreden: Es gibt den Rückzug aus der Fläche. Der ländliche Raum dünnt aus. Und für die Versorgung der zurückbleibenden Menschen wäre es dann vielleicht manchmal besser, sie würden an einen belebteren Ort ziehen. Aber das werden die nicht tun. Niemand kann sie dazu zwingen. Auch wenn das Ortsbild noch so desaströs aussieht, wenn da Häuser zusammenfallen – einige werden bleiben. So ist es nun einmal.

Gewiss müssen wir auf die Straßen achtgeben, damit die Erreichbarkeit gewährleistet ist. Da ist das Fingerhakeln mit der Landesregierung auch nicht hilfreich. Die versucht nämlich, Landesstraßen, die an Bedeutung verlieren, zu Kreisstraßen herunterzustufen. Dagegen wehren wir uns.

Andererseits fördert das Land Wachstumskerne und Branchenschwerpunkte. Solche Schwerpunkte haben wir in Forst, Guben, Spremberg und Cottbus. Insofern sind wir noch ganz gut aufgestellt.

Was mir allerdings auch nicht gefällt, sind die Pläne des Landes mit der Braunkohle. Da kommen wir um einen Konflikt nicht herum. Ich meine, wir werden es nicht akzeptieren, wenn das Land uns den Neuaufschluss von Braunkohletagebauten vorschreiben will. Das macht ja die Gegend hier nicht attraktiver, vor allem emotional gesehen. Da werden wir schon einen ordentlichen Forderungskatalog an die Landesregierung schicken. Das wird eine spannende Sache. Noch ist nichts entschieden.«

Friese erzählt konzentriert, sortiert seine Gedanken, bevor er sie ausspricht. Aber seine Schilderung bleibt dennoch leicht, weil sie mit einer angenehm sonoren Stimmlage daherkommt. Ich frage ihn, ob er angesichts der vielfältigen Probleme des Kreises, die durch die Randlage zu Polen noch verstärkt würden, manchmal das Gefühl habe, mit dem Rücken zur Wand zu stehen.

»Mit dem Rücken zur Wand?«, fragt er. »Nein, ganz und gar nicht. Richtig ist: Wir haben, als die Landkreise mitten in Deutschland, nur einen halbierten Wirkungsraum, da dieser durch die Grenze abgeschnitten wird. Jeder Handwerker, jeder Klempner, jeder Bäcker hat hier, verglichen mit Regionen in Mitteldeutschland oder Nordrhein-Westfalen, folglich ein begrenztes Einsatzgebiet. Na ja, vielleicht wird sich durch den polnischen Beitritt zum Schengener Abkommen etwas ändern. Vor zwei Jahren haben wir noch mit Bangen daran gedacht, was wir machen würden, wenn die Polen uns mit billigen Arbeitskräften und mit billigen Leistungen überschwemmen. Was da alles für Diskussionen gelaufen sind! Mein Gott. Na, und jetzt macht sich sogar eine umgekehrte Entwicklung bemerkbar. Die Polen haben keine Leute mehr. Und eine Vielzahl von deutschen Unternehmen ist jetzt in Richtung Polen unterwegs, um dort Aufträge abzuarbeiten. Wir haben sogar schon die ersten Vermittlungen von Arbeitslosen auf Arbeitsstellen in Polen. Etwa 50 Arbeitnehmer sind das, die da fest angestellt wurden. Polen hat einen wesentlich höheren Schwund an Fachkräften in Richtung Europa als wir. Die haben ein Riesenproblem im Baubereich. Wenn die zur Fußball-Europameisterschaft 2012 mit ihrer Infrastruktur und ihren Stadien fertig werden wollen, dann ist da noch viel für deutsche Firmen zu tun. Das merken und hören wir allenthalben. Ich hab ja in meiner Wirtschaftsförderung ein deutsch-polnisches Büro, das Unternehmer auf dem Weg nach Polen begleitet und umgekehrt. Die Mitarbeiter, die auch Arbeitnehmer nach drüben vermitteln, bestätigen mir das. Auf dem polnischen Markt gibt es eine große Nachfrage nach deutschen Dienstleistungen, vor allem aber nach Bauleistungen. Inzwischen ist es sogar so, dass unsere Märkte nicht mehr mit billigen Baumaterialien aus Polen überschwemmt werden, sondern die Polen händeringend bei uns Baumaterialien suchen. Also – auch da ist vieles im Wandel.«

Erstmals seit dem Beginn unseres Gesprächs, eigentlich war es ja weitgehend ein Monolog, blickt der Landrat auf die Uhr und bedeutet mir, dass andere Termine warten. Über eine Stunde sitzen wir nun schon zusammen. Schnell stelle ich also noch die Frage, die ich mir für den Schluss aufbewahrt habe. Ich will wissen, was Friese sich für seine Kreisstadt erträumt, wie diese im Jahr 2020 aussehen soll.

»Mein Traum von Forst im Jahr 2020?«, fragt er. »Ich hoffe, dass es uns gelingt, und das ist eine Riesenaufgabe, die vor allen Dingen auf der Stadt selbst liegt, dass man es dann geschafft hat, all die Leerstände, den Verfall zu beseitigen. Ich weigere mich, keine Kenntnis mehr davon zu nehmen. Jeden Morgen auf dem Weg zur Arbeit sehe ich, wie es zum Teil in der Stadt noch aussieht. Übrigens fahre ich ganz bewusst an diesen Schandflecken vorbei und ärgere mich jeden Tag bewusst darüber. Das ist eine Aufgabe, die viel Kraft verlangen und viel Geld verschlingen wird. Aber wir müssen das Wohnumfeld so verbessern, dass die Menschen sich darin verlieben. Ich wohne auf einem Dorf bei Cottbus und fahre nicht gerne durch diese Stadt hierher zur Arbeit. Ehrlich. Das wäre wichtig, dass wir das äußere Erscheinungsbild überall attraktiv gestalten. Unser Kreishaus ist doch ein schönes Beispiel, oder nicht?«

Da hat er recht. Mit einem verschmitzten Lächeln und einem kräftigen Händedruck verabschiedet mich der Landrat. Beim Hinausgehen rät er mir, ich solle doch unbedingt noch einen Abstecher nach Polen machen. In Zary gebe es ein schönes Schloss, ein kulturelles Juwel sei auch die Augustiner-Bibliothek in Zagan. Bestimmt werde ich seinem Rat irgendwann folgen, doch jetzt habe ich andere Ziele.

Depressionen in der Altmark

Jetzt, gegen 13 Uhr mittags, ist die aus Polen kommende Autobahn erstaunlich frei. Nicht einmal der Verkehrsfunk bringt schlechte Nachrichten. Die gibt es erst wieder auf der A 13 Richtung Dresden, allerdings für die Gegenrichtung: »Zwischen Ortrand und Ruhland ist wegen Bau-

arbeiten der linke Fahrstreifen gesperrt. Es kommt zu Ver-
kehrsbehinderungen.« Als ich die Stelle passiere, donnert,
blitzt und hagelt es. Obwohl der Scheibenwischer bereits
auf der höchsten Stufe läuft, sind die Vorausfahrenden
kaum zu erkennen. Leipzig umfahre ich südlich. Auch
hier ist es noch finster. Erst auf der A 38 Richtung Göttingen wird es wieder richtig hell. Nun wölbt sich der raben-
schwarze Unwetterhimmel wohl über der Lausitz.

Auf der Rückfahrt von Forst erinnere ich mich an einen
Besuch im nördlicheren Sachsen-Anhalt. Und während ich
so fahre, erlebe ich die Ereignisse noch einmal: Im Landkreis Stendal begleite ich den heutigen Finanzminister des
Landes, Jens Bullerjahn. Der zieht damals während eines
Landtagswahlkampfes durch entlegene Dörfer der Altmark.

Am späten Vormittag erreiche ich die Region. Ich fahre
über neu asphaltierte Straßen durch gespenstische Ortschaften, manchmal sind es nur winzige Dörfer mit vielleicht 50 Häusern. An fast jeder Straßenlaterne hängt eines
dieser kleinen Wahlplakate, auf denen rechtsradikale DVU-
Parolen wie »Kriminelle Ausländer raus« oder »Schnauze
voll?« den Ton angeben. Nur ist weit und breit kein Wähler
zu sehen. Nicht eine Menschenseele.

Das also ist die historische Altmark, eine der ältesten
Kulturlandschaften Deutschlands – über die Reichskanzler
Otto von Bismarck einst sagte, von ihr sei der Anstoß »zur
Wiedergeburt des deutschen Reiches ausgegangen«.

Einmal sehe ich ein paar Katzen um ein altes, verfallenes
Bauernhaus schleichen. Sonst bewegt sich nichts auf diesem Hof. Einige Gerätschaften stehen ungenutzt herum.

Kleine Häuser aus rotem Klinker, manche sind grau ver-
putzt, säumen die neue Straße mit den sorgfältig gepflas-
terten Gehwegen. Einige Häuser befinden sich in besserem,

andere in weniger gutem Zustand. Alle aber machen den Eindruck, als seien sie lieblos in die Landschaft gestellt. Schon den Vorgärten sieht man an, dass niemand Interesse an ihnen hat. Bei gemieteten Häusern ist das häufig der Fall. Aber hier muss es auch Eigentümer geben. Wo ist deren Stolz auf das eigene Häuschen? Wo ist die Energie, die diese Menschen gemeinhin in den Erhalt der eigenen vier Wände steckten, in der Hoffnung, dass eines der Kinder einmal als Erbe in das Elternhaus zieht? Seltsam. Mir fällt auf, dass es in jedem Ort zwar eine Gaststätte gibt, aber kaum Einkaufsmöglichkeiten.

Endlich erreiche ich das 7000-Einwohner-Städtchen Havelberg. Dort schaut es freilich ganz anders aus. Schmuck restaurierte Altbauten zieren den Markt, überwältigend finde ich den Dom St. Marien aus dem 12. Jahrhundert. Bullerjahn wird vom parteilosen Bürgermeister Bernd Poloski in dessen Büro empfangen. Es ist eine lockere Runde, in der Poloski sich als Mann des offenen Wortes präsentiert. Bei Kaffee und Kuchen berichtet er dem SPD-Politiker Bullerjahn von den Auflösungserscheinungen auf dem Land. »Von den etwas über 7000 Einwohnern der Einheitsgemeinde leben 6000 direkt in der Stadt«, sagt Poloski. Das restliche Tausend verteile sich ringsum auf 14 Ortsteile, die zu versorgen immer aufwendiger werde. Bullerjahn nickt bei jedem Wort des Bürgermeisters. Solche Schilderungen hat der SPD-Landespolitiker schon von vielen Bürgermeistern gehört. »Deshalb plädiere ich ja für Einheitsgemeinden«, erläutert Poloski. »Wir haben in der Tat viel zu wenige. Es ist richtig, dass ihr euch damals für diese Zusammenarbeit entschieden habt«, antwortet Bullerjahn. Bei sinkenden Einwohnerzahlen sei es einfach nicht möglich, dass jede Gemeinde alle notwendigen Leistungen allein erbringe. »Wir müssen starke Stützpunkte in der Region schaffen, in denen Feuerwehr, Ärzte und Behörden für die Fläche bereitgehalten werden.«

Dann notiert er, dass es in der Stadt Havelberg nur noch einen einzigen Unternehmer gibt, der Gewerbesteuer zahlt. »Und das ist ein Ein-Mann-Betrieb«, sagt Poloski resigniert. »Hier ist nichts mehr.« Wo kein Geld in die Kasse komme, da lasse sich auch durch Sparen kein ausgeglichener Haushalt vorlegen.

»Bis auf die Senioren- und die Jugendarbeit haben wir schon alle freiwilligen Ausgaben gestrichen«, sagt Poloski. »Sollen wir das etwa auch noch streichen?«, fragt er und fügt warnend hinzu: »Dann wird den Menschen hier gar nichts mehr geboten. Dann können die gleich gehen.« Im Übrigen würde der Haushalt dadurch auch nicht mehr gerettet. »Darum muss das Land etwas für solche Regionen wie unsere tun«, sagt der Bürgermeister. Und Bullerjahn nickt wieder. Er verspricht einen Reformprozess, an dessen Ende wenige Zentren stünden, von denen aus die öffentliche Infrastruktur für die ausgedünnten ländlichen Regionen vorgehalten und organisiert werde.

Diesen Reformprozess darf er an diesem Tag noch mehrfach versprechen. Schon bei seinem nächsten Termin in Seehausen nageln ihn Feuerwehrmänner auf konkrete Zusagen fest. Auf dem Weg zu ihnen queren wir übrigens in einer malerisch schönen Flusslandschaft bei Räbel die Havel mit einer Fähre.

In Seehausen warten die Feuerwehrleute im Aufenthaltsraum neben der Gerätehalle. Sie haben einige Tische zusammengestellt und mit abwaschbaren Kunststoffdecken belegt. Kreisbrandmeister Dieter Bolle ergreift das Wort. Zunächst spricht er von der Freude über den »hohen Besuch aus der Landeshauptstadt«. Dann redet der Verwaltungsangestellte mit der Goldrandbrille, der nebenbei für

die CDU im Kreistag sitzt, Tacheles: Er schildert Bullerjahn die alltäglichen Sorgen einer Freiwilligen Feuerwehr
in einer strukturschwachen Region.

»Die Einsatzfähigkeit der Feuerwehren ist, vor allem
tagsüber, vielerorts nicht ausreichend gewährleistet«, sagt
er. »Aufgrund der Bevölkerungsstruktur und der Tatsache,
dass viele Kameraden außerhalb einer Arbeit nachgehen
müssen, sind durchschnittlich nur noch 30 Prozent der
ausgebildeten Leute verfügbar.« Wer 50 oder mehr Kilometer bis zu seinem Arbeitsplatz fährt, der kann, wenn es im
Heimatort brennt, einfach nicht schnell genug zur Stelle
sein. Das leuchtet jedem der Anwesenden sofort ein. »Das
ist hochproblematisch für unsere Einsatzbereitschaft auch
bei Verkehrsunfällen, wo es auf schnelle technische Hilfeleistung ankommt«, sagt Bolle.

So ist das in vergreisenden Landstrichen, wo die Menschen der Arbeit hinterherfahren müssen, wo sich deshalb
ehrenamtliche Aufgaben wie der Feuerschutz oder technische Unfallhilfe nur noch schwer organisieren lassen und
der Staat weder personell noch finanziell in der Lage ist,
diese Lücken zu füllen. Die Arbeitslosen sind für solche
Aufgaben oft nicht zu motivieren, die Erwerbstätigen nicht
greifbar, und die 70-Jährigen, die gern mitmachen würden,
sind gerade im Bereich der Sicherheit schnell selbst ein
Risiko. Und was ist mit den Jungen?

»Der Mangel an Nachwuchs«, sagt Bolle zu Bullerjahn,
»bereitet mir große Sorgen.«

Nachwuchs gibt es immer weniger. Nicht nur bei der
Feuerwehr, auch im Fußball- oder im Schützenverein. Der
Nachwuchsmangel ist das Ergebnis der hohen Abwande-
rungsraten und des nach der deutschen Einheit einsetzen-
den Geburtenknicks. In der Altmark und in anderen
Regionen haben die Auswirkungen dieser beiden Effekte

irreparable Schäden hinterlassen. »Wir brauchen mehr Feuerwehren«, sagt Bolle. Und Jens Bullerjahn lächelt verlegen.

»Die derzeitige Strategie führt uns in die Sackgasse«, sagt er. Veränderungen seien unvermeidlich, um die Einsatzfähigkeit der Feuerwehren weiter zu gewährleisten. Und dann sagt er den entscheidenden Satz, der den Feuerwehrmännern den Weg in eine Zukunft weist, die sie sich ganz bestimmt nicht wünschen: »Drei Wehren in einer Gemeinde – das kann langfristig nicht gut sein. Wir brauchen eine Diskussion darüber, wie wir die Kräfte stärker konzentrieren können, damit wir die Einsatzbereitschaft der Feuerwehren erhöhen können.«

Die ganze Zeit über hat der schwergewichtige SPD-Landtagskandidat Ralf Bergmann schweigend zugehört. Er war es, der sowohl den Besuch bei der Feuerwehr als auch jenen in dem aus dem 14. Jahrhundert stammenden Havelberger Rathaus organisiert hat. Bergmann war in Havelberg übrigens auch der Einzige, der kurz vor 14 Uhr draußen in der schmuck restaurierten Altstadt auf Bullerjahn gewartet hatte. Mit einer Tüte Pfannkuchen, die in Westdeutschland als »Berliner« bekannt sind, kam er dem Spitzenkandidaten entgegen. »Weil doch Rosenmontag ist«, hatte Bergmann gesagt, wobei seine Wangen fast so rosig leuchteten wie die Streifen auf Bullerjahns braunem Anzug.

Nachdem er also all die Sorgen und pessimistischen Erwartungen des Bürgermeisters und des Kreisbrandmeisters gehört hat, drängt es ihn zu einer Korrektur. Er mag das alles so nicht stehen lassen, vielleicht, weil er gegenüber dem SPD-Spitzenkandidaten seinen Wahlkreis nicht schlechtreden lassen will. Es sei richtig gewesen, die Einheitsgemeinde zu bilden, sagt Bergmann. Nur durch sie sei ein hohes Maß an Versorgungssicherheit für die Menschen hier in seinem Wahlkreis erreicht worden. Allerdings sei es zuweilen außerordentlich schwierig, räumt er ein, den Wählern diese Leistungen des Landes auch zu vermitteln.

Dieser Eindruck wird mir am nächsten Abend im Salzwedeler Gasthof »Eisen Carl« bestätigt. Während Bullerjahn gemeinsam mit dem Fraktionsvorsitzenden der SPD im Bundestag, Peter Struck, Wahlkampf macht, unterhalte ich mich mit Tilman Tögel, dem damaligen Sprecher der SPD für Bundes- und Europaangelegenheiten im Magdeburger Landtag. Dieser bittet um Verständnis für die Bürger seines Landes. »Die Menschen hier wissen wenig über die Landespolitik. Sie beziehen fast all ihre Informationen aus dem Privatfernsehen.« Tageszeitungen würden so gut wie gar nicht gelesen. Und auch die »Tagesschau«, in Westdeutschland immer noch eine der beliebtesten Informationsquellen, finde in Sachsen-Anhalt kaum Zuschauer. Ein anderer Politiker erzählt mir später, Straßenwahlkampf mit Informationsständen sei in Sachsen-Anhalt überflüssig. »Die Leute gehen einfach vorbei, auch wenn du sie ansprichst. Seit dieser Erfahrung drücke ich ihnen einfach eine Blume in die Hand und sage meinen Namen.«

Damals fuhr ich mit dem unguten Gefühl wieder weg, auf dem Land liege nach über einem Jahrzehnt Massenarbeitslosigkeit und zigtausendfacher Flucht in den Westen eine tiefe Depression. Ganz sicher trugen die grausigen Ereignisse, die sich etwa zur gleichen Zeit in der Altmark ereigneten, zu diesem Eindruck bei. In dem Dörfchen Neuendorf hatte ein Vater auf dem Dachboden seines Hauses drei schon stark verweste Säuglingsleichen entdeckt. Und in Schlagenthin fand die Polizei den teilweise skelettierten Leichnam des zweijährigen Benjamin in einer Tonne auf dem Hof des Elternhauses.

Immerzu musste ich während der öffentlichen Debatte um die toten Kinder an dieses Schweigen hinter zugezogenen Gardinen denken, an diese völlige Abschottung gegen jedwede Öffentlichkeit, diesen kompromisslosen Rückzug der Menschen in das von Dauerarbeitslosigkeit und Perspektivlosigkeit gezeichnete Private. Oft konnte ich in den Orten ja nicht einmal erkennen, ob Häuser noch bewohnt oder schon verlassen waren. Ich weiß nicht, ob ich auf dieser Reise mehr über Bullerjahn erfahren habe oder darüber, wie Regionen sterben.

Als ich auf dem Heimweg versuchte, dem Angestellten einer Tankstelle meine Eindrücke zu schildern, zuckte der nur mit den Achseln. »Hier ist das Leben eben anders als in der Stadt«, sagte er. Er hatte nicht verstanden, was mich so beunruhigte.

Diese Reaktion verstärkte meinen Eindruck eher noch. Zur Entvölkerung verurteilte, sterbende Regionen wie die Altmark, so dachte ich, beherbergen verlassene, ausgeschlossene Menschen, oder besser: sich selbst ausschließende Menschen – und eine Traurigkeit, die irgendwann vom Stumpfsinn besiegt wird. Nie zuvor hatte ich in Deutschland dieses Maß an Einsamkeit gesehen. Jedenfalls war ich selten so froh, den Motor meines Wagens »dieseln« zu hören.

Eine treffende Analyse

Später habe ich diese Éindrücke wieder und wieder überprüft. Sie wurden mir bei jedem Besuch bestätigt. Es gibt eben in der Altmark – auch in Uecker-Randow oder der Prignitz, sprich in allen abgehängten Regionen Ostdeutschlands – diese Diskrepanz zwischen dem Aktionismus der Politik und den hoffnungslos entmutigten, lethargischen Bürgern. In fast allen Regionen fand ich gute Beispiele dafür, mit welcher Entschlossenheit Politiker nach Rezepten suchen, die wenigstens die Folgen der Misere abmildern helfen, die der zunehmenden Bereitschaft der Menschen zur Selbstaufgabe entgegenwirken. Weil ich zuvor die Resignation der Menschen am Beispiel der Altmark geschildert habe, will ich nunmehr auch die Suche nach Lösungen an ihrem Beispiel darstellen.

Im Herbst 2003 beschlossen die Kreistage Stendal und Salzwedel das »Regionale Entwicklungskonzept Altmark«, das ich hinsichtlich seines Anspruchs für lobenswert halte und das aufgrund seines Inhaltes stellvertretend für alle durch Abwanderung, rückläufige Geburtenraten und industriellen Niedergang gezeichneten Gebiete stehen kann. In diesem Papier wurden Überlegungen, Handlungsoptionen und mögliche Strategien zusammengetragen, aus denen in der Praxis konkrete Maßnahmen abgeleitet werden müssen. Es soll also eine Planungsgrundlage für die Region sein.

Ziel dieses Konzeptes ist der Aufbau »einer wettbewerbsfähigen Region, die den demografischen Wandel mit Innovation und Entwicklung verknüpft«. Oder anders gesagt: Auch wenn der demografische Wandel nicht mehr verhindert werden kann, ist das noch lange kein Grund, den Kopf in den Sand zu stecken.

Die für dieses Konzept notwendige Fachkompetenz kauften die Kreispolitiker beim Institut für Strukturpolitik und Wirtschaftsförderung Halle/Leipzig ein. Unter der Federführung des Instituts entstand dann schließlich das auf der zweiten regionalisierten Prognose des Statistischen Landesamtes basierende Papier.

Ausgehend von der Statistik nahmen die Ökonomen für

die Region einen weiteren dramatischen Bevölkerungsrückgang an. Schon heute zählt die Altmark mit 51 Einwohnern je Quadratkilometer zu den am dünnsten besiedelten Regionen Deutschlands. Im Jahr 2015, so das
Konzept, leben dort nur noch 41 Menschen pro Quadratkilometer. Im Jahr 2020 werden es noch weniger sein usw.
Für die Altmark heißt das: Sie schrumpft und überaltert in
beachtlichem Ausmaß.

Daneben leidet der Landstrich unter den großen Entfernungen zu den urbanen Zentren des Landes. »Während
ländliche Regionen im unmittelbaren Umland von städtischen Agglomerationen – beispielsweise im Umland der
Oberzentren Halle und Magdeburg – von Suburbani-
sierungsprozessen profitieren, gilt dies für die Altmark
nicht«, stellen die Autoren fest.

Völlig zu Recht fordern die Autoren der Studie von allen
Akteuren in der Region einen offensiven Umgang mit dieser Problematik. »Angemessene Anpassungsstrategien«
seien unumgänglich.

Sie regen an, »die beruflichen Chancen im Zuge struk-
turprägender Ansiedlungsvorhaben und die Heraus-
stellung der vergleichsweise hohen Lebensqualität in den
altmärkischen Städten und Dörfern für ein aktives Ge-
gensteuern gegen die ungünstige demografische Entwicklung zu nutzen«. Das sollte niemand als Aufforderung
missverstehen, in der Altmark ein »Silicon Valley« oder
Ähnliches zu schaffen. Es geht vielmehr darum, den bedrohten ländlichen Gebieten auch wirtschaftlich ein Gesicht zu geben, ohne dort eine Monostruktur zu schaffen.
So könnte etwa die Altmark aufgrund ihrer landwirt-
schaftlichen Gegebenheiten ihre Position als Produzent
von Biogas und anderen Bio-Kraftstoffen ausbauen. Aber
auch in der Lebensmittelindustrie stecken Potenziale. Und

eine solche Strategie, das sehe ich genauso wie die Autoren des Entwicklungskonzeptes, sollte gezielt durch Bleibeperspektiven vor allem für junge Menschen aus der Altmark unterstützt werden. Dabei werde es darauf ankommen, die »Schrumpfung der Wohnbevölkerung« so zu gestalten, dass »langfristig attraktive Lebens- und Arbeitsbedingungen sowie eine den städtischen Gebieten vergleichbare Infrastrukturausstattung geboten werden können«.

Letztere Formulierung ist hochinteressant. Schließlich streben die Kreise »vergleichbare« und ausdrücklich keine »gleichwertigen« Lebensverhältnisse an. Damit gestehen sie ein, dass in sich entvölkernden Regionen Einschränkungen der Versorgung und damit der strukturellen Lebensqualität unumgänglich sind, und beherzigen sogleich jenen »offensiven« Umgang mit dem Thema, den sie zuvor den Handelnden in der Region ans Herz gelegt haben.

Übrigens resultieren letztlich auch die Konzentrationsbemühungen der Länder aus dieser Einsicht. Mit der Bildung von Großkreisen zieht sich die öffentliche Verwaltung schrittweise aus der Fläche zurück. Sie gibt diese nicht auf, sondern unterhält dort eine, nennen wir es einmal, mobile Grundversorgung. Gleichwohl signalisiert allein schon die Entscheidung für solche Großkreise, dass die Entvölkerung breiter Landstriche auf Dauer unumkehrbar ist. Vor allem freie Berufsgruppen wie Ärzte, Apotheker und Rechtsanwälte, aber auch der Handel besitzen einen feinen Sensor, der solche Signale frühzeitig aufnimmt und entsprechend reagiert. Auch sie werden sich folglich in Richtung der neuen Zentren orientieren und damit die Fläche weiter »entwerten«.

Wohl wissend, wie wichtig gerade diese Dienstleistungen sind, warnen die Autoren des regionalen Entwick-

lungskonzeptes daher: »Eine nachlassende Versorgungs-
qualität bei existenziellen Bedürfnissen, beispielsweise in
den Bereichen Gesundheit und Bildung, würde wiederum
einen beschleunigenden Faktor für Abwanderungen aus
der Region darstellen und muss daher verhindert werden.«

Damit dies gelinge, müssten jedoch völlig neue Wege be-
schritten werden, fordert die Studie: »Diese Aufgabe wird
mit den gebräuchlichen, tradierten Instrumenten und
Konzepten nicht Erfolg versprechend erfüllt werden können.«

Vielleicht können die Verantwortlichen in ausgedünnten Landstrichen wie der Altmark ja von skandinavischen
Ländern lernen, wo es schon heute Gegenden mit nur
35 Einwohnern pro Quadratkilometer gibt. Das regionale
Entwicklungskonzept empfiehlt hierzu die Bildung eines
Expertengremiums, das »Erfahrungen im Umgang mit
neuen Formen zur Steuerung des Angebotes an Infrastruk-
turleistungen in der Altmark und in vergleichbaren Regionen« auswertet und für die allgemeine Nutzung aufberei-
tet. Von heutigen Ansprüchen müssen sich die Menschen
dabei verabschieden. Stattdessen dürften den Bewohnern
ländlicher Gegenden in Zukunft weitaus mehr Flexibilität,
Genügsamkeit und zivilgesellschaftliches Engagement ab-
verlangt werden als heute. Gesucht sei, so heißt es im Alt-
marker Regionalkonzept, die »an eine kleiner werdende
Nachfragergruppe« anpassbare »kreative und finanzierbare Lösung« für eine Infrastrukturausstattung »zum Beispiel für Einrichtungen des Gesundheits- und Bildungs-
wesens, der Verkehrsinfrastruktur und von sozialen Einrichtungen, des Wohnungsbestandes sowie des Angebotes
an Ver- und Entsorgungsleistungen (Wasser, Energie, Abwasser, Abfall)«.

Wie lässt sich so etwas räumlich darstellen? Traditionell

wählten Raumplaner das Modell der »Zentralen Orte«, das der deutsche Geograf Walter Christaller in den Dreißigerjahren des vergangenen Jahrhunderts entwickelte. Vereinfacht gesagt, weist es etwa gleich großen Räumen innerhalb eines Landes jeweils eine größere Stadt mit bestimmten Verwaltungs- und Dienstleistungsfunktionen zu, die den kleineren Kommunen fehlen. Diese größere Stadt ist das politische und wirtschaftliche Zentrum und somit der zentrale Ort der Region.

In den Neunzigerjahren galt das Modell als veraltet. Wissenschaftler kritisierten, gerade Dörfer würden bei diesem zentralistischen System benachteiligt. So war es überraschend, dass am Anfang des neuen Jahrtausends plötzlich neue Fürsprecher auftraten. Ein von der Akademie für Raumforschung und Landesplanung in Hannover eingerichteter Arbeitskreis modernisierte das System und empfahl es ausdrücklich für die vor dem Hintergrund demografischer Veränderungen notwendigen Anpassungsprozesse in ländlichen Gebieten. »Im Zuge knapper Kassen und des notwendigen Rückbaus von Infrastruktureinrichtungen bzw. deren Anpassung an die veränderte Altersstruktur in Deutschland ist das strategische Steuerungsvermögen des Staates wieder stärker gefordert«, sagt etwa der Heidelberger Geograf Hans Gebhardt, Mitglied des genannten Arbeitskreises.

Auf dieses System stützen sich auch die Kreise Stendal und Salzwedel, um »weitgehend gleichwertige Lebensbedingungen« in Stadt und Land zu erreichen: »Die Zentralen Orte der Altmark übernehmen als Versorgungskerne über den eigenen örtlichen Bedarf hinaus soziale, kulturelle und wirtschaftliche Aufgaben für die Bürgerinnen und Bürger ihres Verflechtungsbereiches im regionalen Verbund.« Je nach Lage, Größe sowie Versorgungsfunktion sollen sich die Orte als Mittelpunkt des wirtschaftlichen, sozialen und kulturellen Lebens entwickeln. Dem kleinen Städtchen Havelberg etwa, das ich zusammen mit dem SPD-Politiker Jens Bullerjahn besuchte, kommt dabei die Funktion eines Mittelzentrums zu, Seehausen ist Grundzentrum, in dem Einrichtungen »zur Deckung des allgemeinen, täglichen Grundbedarfs vorhanden« sind.

Da hilft nur noch der Abriss

Mit den Gedanken in der Altmark fahre ich nun also von Forst aus Sangerhausen entgegen, dem Sitz des neuen Landkreises Mansfeld-Südharz. Dieser Sommer ist eine einzige Enttäuschung. Eben noch lächelte die Sonne verführerisch durch die Fenster des Forster Kreishauses, und jetzt, da ich mich auf den Weg nach Sachsen-Anhalt mache, ziehen von Westen her schon wieder dunkle Wolken am Horizont auf. In den vergangenen Tagen gingen über der Lausitz immer wieder schwere Gewitter mit kräftigen Regenfällen nieder, die sogar Schlammlawinen auslösten. Normalerweise ist die Region eher zu trocken. Klima-Experten sagen ihr für die kommenden Jahrzehnte Mittelmeersommer und sogar Dürreperioden voraus. Wegen dieser Perspektive will das Land Brandenburg die umfangreichen Kiefernwälder, die sehr brandanfällig sind, zu Mischwäldern umforsten. Doch als ich die Autobahn am Kreuz Sangerhausen-Süd verlasse, lacht die Sonne wieder. Gleich rechts liegt das Gewerbegebiet Weinbergstraße, offenbar die erste Adresse für Autohändler. Immerhin erweckt es den Eindruck, als bewege sich etwas. Oft genug bleiben die von den Städten und Gemeinden ausgewiesenen Flächen gänzlich leer. Politiker und Verwaltungsbeamte in den abgehängten ostdeutschen Regionen sprechen dann sarkastisch von »beleuchteten Äckern«.

Das hier also ist Sangerhausen, das politische Zentrum des neuen Kreises, der mit der Gebietsreform am 1. Juli 2007 aus den beiden Kreisen Mansfelder Land und dem Kreis Sangerhausen entstand, die zu den Regionen mit den höchsten Zukunftsrisiken Sachsen-Anhalts zählen. Wie ich so kreuz und quer durch die Stadt kurve, »erfahre« ich mir ihre Geschichte. Die in den verschiedenen Epochen vorherrschenden Moden sowie die jeweiligen sozialen und ökonomischen Veränderungen haben deutliche Spuren hinterlassen. Das Stadtbild offenbart kulturelle Blütezeiten und sozialistische Schandtaten.

Alle die Plattenbauten, die zu DDR-Zeiten entstanden, sind heruntergekommene Beispiele einer den Erfordernissen industrieller Bauweise genügenden und dem Zweck einer gleichmacherischen Ideologie unterworfenen Architektur. Bei ihrem Anblick fallen mir die Worte eines alten Politikers der heutigen Partei Die Linke wieder ein. Als DDR-Bürger war er in der »Nationalen Front« an Wettbewerben wie »Schöner unsere Städte und Gemeinden – Mach mit!« beteiligt. »Ich habe immer kritisiert, dass wir durch so viele Flachdachbauten die natürliche Struktur unserer Städte und Dörfer zerstörten«, sagte mir Kurt Zinke. »Auch wenn einige das nicht gerne hörten.«

Kennengelernt habe ich den damals 78-Jährigen auf dem Vereinigungsparteitag von PDS und der westdeutschen Wahlalternative Soziale Gerechtigkeit (WASG) in Berlin. Er war der älteste Delegierte des Parteitages und kam damals aus Burg bei Magdeburg nach Berlin. Geboren und aufgewachsen aber war er im Mansfelder Land.

Auf meiner Erkundungstour lande ich in der Probstgasse, die leider auch alles andere als einen schönen Anblick

bietet. Dort zerfallen Häuser, deren Dächer bereits einge-
stürzt und deren Fensterscheiben zerborsten sind. Meter-
hoch wächst das Unkraut in den Ruinen.

Ansonsten finde ich einen mit viel Liebe zum Detail
wieder aufgehübschten Stadtkern um die Göpenstraße,
den Kornmarkt und den Markt, auf dem mir das Renais-
sance-Rathaus mit der großen Freitreppe an seiner Ostseite, die Patrizierhäuser oder auch die spätgotische dreischif-
fige Marktkirche St.Jacobi, an der die Sangerhausener fast
100 Jahre bauten, genau von 1457 bis 1542, besonders gut
gefallen.

Dieser Ort an den Hängen des Harzes atmet eine
1000-jährige Geschichte. Und die Einwohner sind stolz
darauf, sie schmücken sich beim jährlichen Rosenfest
oder dem Bergmannstag mit historischen Kleidern und
Paradeuniformen. »Es ist schon ergreifend, wenn zum
Bergmannstag auf dem Röhrigschacht in Wettelrode das
Bergmannslied angestimmt wird«, sagt mir ein älterer
Herr. Gewiss verzerrt diese Form der Erinnerung alles Ver-
gangene und lässt es als eine Zeit voller Freude und Glück
erscheinen. Genau genommen ging es den Menschen in
Sangerhausen nie wirklich schlecht. Doch nun, zu Beginn
des neuen Jahrtausends, da die Menschen der »guten alten
Zeit« gedenken, kämpft die Stadt gemeinsam mit der
gesamten Region gegen den Niedergang.

Leicht wird dieser Kampf nicht werden, denn vor allem
die DDR hat hier zu vieles falsch gemacht. Erstmals 840
erwähnt, stieg Sangerhausen durch den im Mittelalter
begonnenen Abbau von Kupfererz und ab dem 19. Jahrhundert durch Eisenbahnverbindungen, Maschinenbau,
Klavier- und Fahrradproduktion zum wirtschaftlichen
Zentrum der Region auf. Da jedoch die DDR vor allem
an dem längst stillgelegten Kupfererzbergbau interessiert

war, blieb die Entwicklung der anderen Wirtschaftszweige zurück. Diese vom Sozialismus geprägte einseitige Wirtschaftsstruktur rächte sich nach der Wiedervereinigung. Weil die Kosten des Kupfererzbergbaus in Sangerhausen den Weltmarktpreis um das Zehnfache überstiegen, wurde die Produktion sofort stillgelegt. Über Nacht verloren Tausende Menschen ihren Job. Die Arbeitslosenquote stieg auf weit über 20 Prozent. Kein Wunder also, dass die Menschen in Scharen davonliefen und sich anderswo Arbeit suchten.

Seit der Wiedervereinigung hat die Stadt ein Fünftel ihrer Einwohner verloren. Gegangen sind junge Leute, und unter ihnen waren es vor allem die Frauen. Dadurch ist das Generationengefüge der örtlichen Bevölkerung in eine gefährliche Schieflage geraten. Dieser Prozess wird sich bis zum Jahr 2025 und darüber hinaus noch verschärfen.

Dabei kann die Entwicklung der Stadt nicht getrennt von der Region gesehen werden. Gut 30 Prozent Bevölkerungsverlust sagt das Statistische Landesamt dem Südharz für die kommenden Jahrzehnte voraus. Das stellt nicht nur Politik und Verwaltung vor kaum lösbare Probleme, sondern ist eine abschreckende Vision für alle potenziellen Investoren, die schon seit Jahren einen Bogen um den Südharz – und damit auch um die Stadt Sangerhausen – machen.

Wie in der Altmark, so erweckt auch die Lage in der Stadt Sangerhausen den Eindruck, die Verantwortlichen hätten die Dinge einfach laufen lassen. Dem ist aber ganz und gar nicht so. Schon früh haben sich Politik und Verwaltung den Problemen gestellt. Ende der Neunzigerjahre, als die Stadt das bereits erwähnte Fünftel ihrer Bevölkerung durch Abwanderung verloren hatte und entsprechend viele Wohnungen leer standen, dachten sie über ein Schrumpfungskonzept nach. Das Ergebnis reichte die Verwaltungsspitze schließlich beim Bundeswettbewerb Stadtumbau Ost ein und machte tatsächlich einen der ersten Plätze. In dem Konzept schildert die Stadt ihre Situation so:

»Zum Jahresende 2000 wohnten noch 25 400 Menschen in der Stadt, weiter mit stark abnehmender Tendenz. Setzt sich die bisherige Entwicklung bis 2009 ungehindert fort, werden in Sangerhausen weniger als 20 000 Menschen leben … Ende 1999 standen gesamtstädtisch gut 1800 der gut 14 000 Wohnungen leer. Bis 2009 wird sich dieser Leerstand bestenfalls auf dem derzeitigen Niveau manifestieren. Bei Fortsetzung des Trends der letzten Jahre kann bis 2009 aber auch ein struktureller Überhang von rund 4500 Wohnungen entstehen.«

Nun kann eine Stadt aber nicht mal einfach so 4000 oder 5000 Wohnungen »vom Markt nehmen«. Erstens wohnen auch in den hinfälligsten Plattenbauten immer noch Menschen, die in anderen Häusern untergebracht werden müssen. Damit verbunden ist die Frage nach der Größe und den Bedürfnissen dieser Haushalte. Zum Teil wohnen Familien »in der Platte« auf engstem Raum. Das heißt, sie wünschen sich vielleicht schon lange eine größere Wohnung. Aber gibt es in der Stadt adäquaten Wohnraum für diese Menschen? Es kann also durchaus sein, dass mit dem Abriss der Neu- bzw. Umbau von großzügigeren Wohnungen notwendig wird. Ebenso gut kann es sein, dass die zum Abriss stehenden Plattenbauten nur von Alleinstehenden bewohnt werden. In diesem Fall wären Single-Wohnungen als Ersatz notwendig. Betrifft der anstehende Umzug fast nur alte Menschen mit Behinderungen, müssen die Ersatzwohnungen leicht zugänglich, vielleicht sogar behindertengerecht ausgestattet sein. Zweitens stellen sich stadtplanerische Fragen. Welche Rolle sollen die durch den Abriss frei werdenden Flächen künftig für die Stadt spielen und wie werden sie mit anderen Teilräumen vernetzt?

Um herauszufinden, warum auch über zehn Jahre nach der Wiedervereinigung weiterhin Bürger Sangerhausen verlassen, welche Gründe sie für den Wunsch nach einem Wohnungs- bzw. Ortswechsel anführen, befragte die Stadt 700 Haushalte aus unterschiedlichen Milieus. Denn für einen sowohl stadtplanerischen als auch sozialen Anforderungen entsprechenden Stadtumbau ist es wichtig festzustellen, wo künftig mit weiteren Abwanderungen zu rechnen ist. Aus dieser Befragung leiteten Politik und Verwaltung wichtige Planungen für den Stadtumbau ab. Beschlossen wurden die »Vorbereitung und Rückbau und Abrissmaßnahmen für über 3600 Wohnungen in ausgewiesenen Stadtumbauquartieren«.

Finanziell wird es dabei nach Kräften vom Land unterstützt. Für das Jahr 2007 sagte die Landesregierung der Stadt 637 320 Euro zu. Nach Halle und Magdeburg erhielt Sangerhausen in dem Jahr damit den dritthöchsten Förderbetrag. Das Geld sollte in den Abriss leer stehender Wohnungen in der Friedrich-Engels-Straße, der Otto-Grotewohl- und Ludwig-Jahn-Straße sowie Am Fass fließen.

Sollten wichtige Gründe vorliegen, könnten allerdings auch andere als die beantragten Blöcke abgerissen werden. Kaum hatte das Land die Förderhöhe bekannt gegeben, kam von der örtlichen CDU ein nicht unbegründeter Hinweis. Mehrfach waren leer stehende Häuser in der Vergangenheit das Ziel von Anschlägen gewesen. In der Fritz-Himpel-Straße etwa legten Unbekannte wiederholt Brände in den verwahrlosten Wohnungen. Dieser Vandalismus beschädigt zum einen das Stadtbild, zum anderen stellt er

eine nicht zu unterschätzende Gefahr für die öffentliche
Sicherheit dar. Deshalb sagte der CDU-Landtagsabgeord-
nete und wohnungsbaupolitische Sprecher seiner Fraktion
André Schröder: »Wir können auch dort abreißen, wenn
wir das gegenüber dem Landesverwaltungsamt anzeigen.«
Sein Wort hat Gewicht in Sangerhausen, stellt doch die
CDU mit elf Sitzen noch vor der Partei Die Linke mit
zehn Sitzen die stärkste Fraktion im Rat der Stadt. Vor der
SPD mit nur vier Mandaten liegt übrigens noch die Bür-
gerinitiative B.I.S mit sieben Sitzen. Auch der neue Kreis-
direktor ist CDU-Mitglied und entkräftet damit wohl
endgültig ein westdeutsches Vorurteil, wonach in den
strukturschwachen Regionen Ostdeutschlands ausschließlich Die Linke regiert.

Schwerer Start nach der Kreisreform

Auch wenn die Struktur des Landkreises neu ist, bleiben
die wirtschaftlichen Probleme erst einmal die alten. Für
die Wirtschaftsförderung des neuen Kreises liefert die ver-
waltungspolitische Reorganisation des Gebiets nicht einmal bessere Argumente für die künftigen Gespräche mit
potenziellen Investoren. Denn die würden nur durch ein-
deutige Standortaufwertungen angelockt. Dazu zählen
eine langfristige Sicherung des Bedarfs an jungen, gut qualifizierten und dennoch preiswerten Arbeitnehmern, eine
gute Verkehrsanbindung und Förderungsprogramme.
Schon beim ersten Faktor aber müssen Regionen wie der
neue Kreis Mansfeld-Südharz in den kommenden Jahren
passen. Ihre einzige Chance besteht darin, diesen Nachteil
durch hohe Produktivitätsraten, Innovation und Spezialisierung wettzumachen. Bislang ist es ihnen nicht gelungen.

In ihrem regionalen Konjunkturbericht 2006 für die Region Mansfelder Land/Sangerhausen sagte die Industrie- und Handelskammer Halle-Dessau jedenfalls weiterhin schwere Zeiten voraus. Zwar seien die Geschäftserwartungen gestiegen, schrieben die Ökonomen, es werde »allerdings nicht mit Beschäftigungseffekten gerechnet«. Auch die Investitionsneigung verharre weiterhin auf einem niedrigen Niveau. Und die Industrie beschäftigte im Jahresdurchschnitt 2005 erneut 1,3 Prozent weniger Arbeitnehmer als im Vorjahr. Am Jahresende waren es insgesamt noch 6041. Dieser Verlust erscheint gering, wenn man bedenkt, dass im gleichen Zeitraum immerhin vier Industriebetriebe für immer ihre Pforten schlossen und der Gesamtbestand der Unternehmen auf 83 sank. Von diesen exportierte kaum eines seine Produkte ins Ausland. »Die Zahl der Unternehmen, die exportieren, ist weiterhin so gering, dass eine Ausweisung des Auslandsumsatzes in der bisher zitierten amtlichen Statistik leider nicht erfolgt«, stellt die Industrie- und Handelskammer fest. Gleichwohl mag die Kammer nicht von Defiziten reden. Lieber sagt sie: »Hier werden Entwicklungspotenziale in der Region sichtbar.«

Unterm Strich schneidet Sangerhausen in dem Bericht noch weitaus schlechter ab als das Mansfelder Land. Dort nämlich nahm der Industrieumsatz im Jahr 2005 um 45,5 Prozent auf gut eine Milliarde Euro zu. Im Landkreis Sangerhausen stieg er lediglich um 3,6 Prozent auf 290 Millionen Euro.

Ein Jahr später scheint indes auch diese Region zumindest partiell vom bundesweiten Aufschwung zu profitieren. Da loben die IHK-Mitarbeiter immerhin den Landkreis Sangerhausen für dessen Exportquote von 16,3 Prozent. Sie liegt aber dennoch deutlich unter jener des gesamten IHK-Bezirkes (23,8 Prozent) und des Landes

(25,6 Prozent). So konnte der Export freilich keinen größeren Beitrag zur Beseitigung der Arbeitslosigkeit leisten. Denn in der IHK-Statistik wurden im Jahr 2007 gerade mal fünf zusätzliche Beschäftigte in der Industrie registriert.

Besorgniserregend auch für die Zukunft ist die hohe Zahl der scheiternden Gewerbetreibenden. Von 6308 Insolvenzverfahren, die im Jahr 2006 in Sachsen-Anhalt durchgeführt wurden, entfielen auf das Gebiet Mansfeld-Südharz immerhin 400, weist das Statistische Landesamt aus. So etwas drückt auf die Stimmung und senkt den Mut, selbst einen Betrieb oder ein Geschäft zu eröffnen. Um genau 14,3 Prozent gingen folglich im genannten Jahr die Gewerbeanmeldungen zurück, während die Zahl der Abmeldungen nahezu konstant blieb. Ein negativer Saldo bei den Gewerbean- und -abmeldungen belegt nicht nur die vorherrschende negative Stimmung in der Region, sie weist schon heute auf weitere Probleme in der Zukunft hin.

In einer »Regionalskizze für das Mansfelder Land und Sangerhausen« zieht die IHK Halle-Dessau folgendes Fazit: »Aufgrund der Stilllegungen im Bergbau und dem anhaltenden Strukturwandel in der Bergbaufolgeindustrie gelang es nur in eingeschränktem Maße, neue wirtschaftliche Perspektiven zu eröffnen. Hoffnungsträger sind neben dem Ernährungsgewerbe der Tourismus und eine noch junge mittelständische Industrie. Bei einer weiter schrumpfenden Bevölkerung ist eine Konsolidierung der wirtschaftlichen Entwicklung derzeit nur auf niedrigem Niveau zu erwarten. Sofern sich die Rahmenbedingungen der deutschen Wirtschaft insgesamt günstiger gestalten, ergeben sich mit der Fertigstellung der A 38 weitere Ansiedlungschancen für die Region.«

97

Ein Beschluss mit Folgen

Wie kam es eigentlich zur Bildung des neuen Landkreises Sangerhausen? Wie die Regionen so machte sich auch der Landtag in Magdeburg Gedanken darüber, wie Sachsen-Anhalt auf der politischen und der Verwaltungsebene neu organisiert werden könnte. Das Ergebnis dieser Beratungen mündete im Oktober 2005 in den Beschluss der Kreisgebietsreform, die, wie schon erwähnt, zum 1. Juli 2007 in Kraft trat. Es ist bereits die zweite Reform seit 1994. In ihrem Papier »Maßnahmen zur Bewältigung des demografischen Wandels« begründete die Landesregierung diesen Schritt: »Die Gebietsstruktur des Landes ist sehr kleinteilig. Die 2,5 Millionen Einwohner leben in 1039 Gemeinden, darunter viele Kleinstgemeinden mit weniger als 500 Einwohnern. Durch eine Gebietsreform sollen leistungsfähige Gemeinden mit mindestens 8000 Einwohnern entstehen und dadurch auch Personalkosten eingespart werden.« Zudem müssten die geringer werdenden Fördermittel »stärker auf diejenigen Orte und Projekte konzentriert werden, wo sie die größten Wachstumseffekte erzeugen«.

Daher solle der Landesentwicklungsplan mit dem Augenmerk auf einer Stärkung zentraler Orte überarbeitet werden. Denn nur über diese würden die Regionen zukunftsfähig. »Die großen Städte sollen durch die Zusammenarbeit in einer Metropolregion weiter gestärkt werden«, argumentiert die Landesregierung.

Als Sitz des neuen Landkreises Mansfeld-Südharz wird Sangerhausen von diesen Plänen der Landesregierung ganz sicher profitieren. Neben dem Kreissitz soll es jedoch nach dem Prinzip der zentralen Orte weitere kleinere Bezugspunkte in der Region geben. Aus diesem Grund besitzt Sangerhausen nicht den alleinigen Anspruch auf alle Verwaltungseinheiten des neuen Großkreises. Von der Verwaltungsspitze werden neben dem Landrat auch dessen Stellvertreter und die drei Fachbereichsleiter ihr Büro in Sangerhausen beziehen. Insgesamt sollen dort 360 Mitarbeiter einen Arbeitsplatz haben. Weitere 140 bleiben in Eisleben. In Lutherstadt sollen das Sozialamt und das Jugendamt ihren Hauptsitz haben, in Sangerhausen werden Außenstellen betrieben. Das Veterinäramt hat seinen Sitz in Sangerhausen, die Lebensmittelüberwachung bleibt in Eisleben.

Überhaupt werden viele Bürgerbüros eingerichtet, um den Menschen allzu weite Wege zu ersparen. Das ist an sich eine gute Idee. Leider bieten diese Büros meistens nur »ausgewählte Leistungen« an. In Hettstedt und Eisleben zählen dazu etwa die Führerscheinstelle und die Zulassungsbehörde sowie das Gesundheitsamt und das Bauordnungsamt. Wer aber andere Dienstleistungen der Kreisverwaltung in Anspruch nehmen will, muss vermutlich doch einen weiteren Weg in Kauf nehmen als zuvor.

Für die Musikschulen, die Kreisvolkshochschulen und das Regionale Medienzentrum Mansfelder Land in Eisleben jedoch ändert sich voraussichtlich nichts. Sie alle sollen als kreiseigene Einrichtungen erhalten bleiben.

Wer aber nun denken mag, die Fusion zweier Landkreise sei damit geregelt, der irrt. Denn da sind schließlich noch die bisherigen kommunalen Krankenhäuser und mit ihnen die ungelöste Frage, wer diese auf welche Art und Weise künftig betreiben soll und kann. Auch wenn es auf den ersten Blick so aussieht, als könnten die so weitermachen wie bisher, enthält die Krankenhaus-Akte eine Diagnose mit Folgen.

Aus vier Krankenhäusern mach eins

Wer krank wird, der möchte, dass ihm schnell geholfen wird. In den Dörfern des Kreises Mansfeld-Südharz jedoch könnte die Heilung des Patienten künftig auch von dessen Mobilität beeinflusst werden. Denn die Wege zum richtigen Experten werden weiter.

Für schrumpfende Regionen ist die medizinische Versorgung eine der größten Herausforderungen. In der Region Mansfeld-Südharz musste die Bevölkerung in den vergangenen Jahren bereits auf einige Krankenhausstandorte »vor Ort« verzichten. Gehen wir einmal zurück bis in die Zeit vor der deutschen Einheit. Damals unterhielt die DDR im Altkreis Hettstedt noch fünf Krankenhausstandorte. Schon am 31. Dezember 1990 fusionierten in der Lutherstadt Eisleben das Bergbaukrankenhaus und das Städtische Krankenhaus. Gleichzeitig begann der Bau eines völlig neuen Klinikums. In der Folge wurde das Bergbaukrankenhaus vollständig aufgegeben, das städtische Krankenhaus ging im neuen Klinikum auf.

Im Nachgang zur ersten Kreisreform 1994 wurde 1998 auch das Krankenhaus Hettstedt dem neuen »Klinikum Mansfelder Land & Pflege« zugeschlagen. Mit der Fusion der Kreise Mansfelder Land und Sangerhausen zum 1. Juli 2007 hatte diese Konstruktion aber keinen Bestand mehr. Nun vereinigte sich das Krankenhaus am Rosarium in Sangerhausen mit dem Klinikum Mansfelder Land.

»Die Fusion war notwendig, da die ehemaligen Konkurrenten fortan Gesellschaften des neuen Kreises Mansfeld-Südharz waren«, sagt mir der Verwaltungsdirektor des Klinikums Mansfelder Land, Hartmut Freier.

Warum sie nicht weiter miteinander konkurrieren könnten, will ich wissen.

»Na – weil der Kreis dann etwa eine Kardiologie in Sangerhausen und eine in Eisleben oder ein Dialysezentrum an beiden Standorten betreiben müsste. Wirtschaftlich ist das völliger Humbug«, sagt Freier.

Also werden Fachabteilungen konzentriert bzw. auf die Standorte verteilt. Das ist weder für die Patienten noch für die Beschäftigten der Krankenhäuser angenehm. Zum einen ist dies immer auch eine gute Gelegenheit, Personal abzubauen, zum anderen drohen den Patienten heute längere Warte- und Anfahrzeiten sowie die Behandlung durch gestresstes Personal. Nur die Krankenkassen freuen sich über die eingesparten Personalkosten. Als die Krankenhäuser Hettstedt und Eisleben verschmolzen, kam die Kardiologie nach Eisleben, die Psychiatrie nach Hettstedt, die Innere Medizin bekam wiederum Eisleben, die Abteilung für Unfallchirurgie Hettstedt.

Ein solcher Verteilungskampf wird nun auch zwischen dem Krankenhaus am Rosarium in Sangerhausen und dem Klinikum Mansfelder Land ausgefochten. Beide Häuser verfügen über eine Abteilung für Innere Medizin, eine Abteilung für Kinderheilkunde und Jugendmedizin, über eine Chirurgie und auch eine Abteilung für Hals-, Nasen- und Ohrenheilkunde. Schon zu Beginn der Verteilungsdebatte ist also klar, dass keine Abteilung in ihrer bisherigen Form weiterarbeiten kann.

Zu allem Überfluss bezahlen die Häuser ihre Mitarbeiter heute unterschiedlich. Während die Klinik Mansfelder Land, wie Freier sagt, »nahe an dem zwischen Arbeitgeberverband und Gewerkschaften ausgehandelten Tarif ist«, ist die Bezahlung der Mitarbeiter des Krankenhauses Sangerhausen in einer Betriebsvereinbarung geregelt. Die Klinik und die Mitarbeiter Mansfelder Land zahlen in eine Zusatzversorgungskasse ein, die Sangerhausener nicht. Die

Mitarbeiter fordern gleiche Bezahlung für gleiche Arbeit. »Es wird schwer werden, da eine für alle akzeptable Lösung zu finden«, sagt Freier.

Manchmal allerdings erledigen sich solche Streitigkeiten von selbst – wie vor einigen Jahren in Hettstedt. Weil einfach keine Kinder mehr geboren wurden, musste der Kreis die Geburtshilfe im dortigen Krankenhaus schließen. Das war der traurigste Tag im Hettstedter Krankenhaus. Kommt doch die Schließung der Geburtenstation einem Fanal zum demografischen Niedergang der Region gleich.

Keine Kinder, keine Zukunft. Wenn ich oben von gestresstem Personal gesprochen habe, dann meine ich damit die Übergangsphase der Zusammenlegung. Denn mit den weiterhin prognostizierten umfangreichen Bevölkerungsverlusten entspannt sich diese Situation mittelfristig. Ob die Politik in zwanzig Jahren allerdings bereit sein wird, die heutigen Krankenhausgrößen aufrechtzuerhalten, sei einmal dahingestellt. Weitere Konzentrations- und Rationalisierungsbemühungen mithilfe moderner Kommunikationstechnologie, die Ferndiagnosen und Fernmedikamentation ermöglichen, sind nicht auszuschließen.

»Wir werden ein Patientenproblem bekommen«, bestätigt mir Freier. »Wegen der hohen Abwanderungsraten und der demografischen Entwicklung fehlen uns schon heute die 20- bis 60-Jährigen und damit mittelfristig die Kranken.« Aus diesem Grund würden die gesetzlichen Krankenkassen seit Längerem auf den Ausbau der ambulanten Versorgung drängen. »Die Leute sollen raus aus dem Krankenhaus, weil den Kassen die Heilung in der Klinik zu teuer ist.«

Im Schnitt müssen die Krankenhäuser ihre Patienten nach acht bis neun Tagen wieder entlassen. Keiner dieser Patienten ist nach landläufigen Vorstellungen gesund.

Genesen soll er zu Hause. Kaum jemand ahnt indes, dass diese Regelung gerade für alte Menschen auf dem Lande oft genug zum Albtraum wird. »Wir müssen 80-Jährige nach Hause entlassen, die noch nicht in der Lage sind, sich selbst zu helfen. Weil die Kinder oder andere Verwandte im Westen oder im Ausland leben, ist niemand da, der ihnen Feuer macht, der für sie einkauft oder für sie kocht«, weiß Freier. Gewiss gibt es ambulante Pflegedienste. Aber die muss erst einmal jemand engagieren. Viele alte Menschen scheuen die damit verbundenen hohen Kosten, weil sie nicht wissen, ob und wie viel ihre Krankenkasse für die Pflege zahlt.

Sogar die kontinuierliche ärztliche Versorgung der aus dem Krankenhaus entlassenen Alten ist inzwischen äußerst schwierig. Denn in entvölkernden Gegenden sinkt die Zahl der Haus- und Fachärzte, die bei Hausbesuchen den Genesungszustand der Alten medizinisch kontrollieren könnten. Über den Rückzug der Ärzte aus der Fläche gab ein Bediensteter der Stadt Arendsee in der Altmark im Juli 2007 dem »Hamburger Abendblatt« bereitwillig Auskunft. »Wenn bei uns ein Hausarzt aufhört, bleibt die Praxis geschlossen – da kommt keiner nach«, sagte Frank Wulff, Mitarbeiter des Bauamtes. Es sei schon schwierig, die Notdienste zu organisieren. In den kommenden Jahren werde die Zahl der Hausärzte in der Region genauso zurückgehen wie bereits heute bei den Fachärzten. Wer einen Termin bei einem Facharzt benötige, müsse ins gut 50 Kilometer entfernte Stendal fahren.

»Die Kassenärztliche Vereinigung vergibt die Zulassungen auch nach der Einwohnerzahl«, sagt mir Krankenhausdirektor Freier. Ihm selbst sei gerade erst mit dieser Begründung die Einstellung eines Psychiaters abgelehnt worden, obwohl ja das Versorgungsgebiet seiner Klinik durch die Fusion mit dem Krankenhaus Sangerhausen größer geworden sei.

Lange haben die Aufsichtsräte des Krankenhauses am Rosarium und der Klinik Mansfelder Land debattiert, bis sie sich auf die steuerrechtliche Form der Fusion verständigten. Beide Häuser sollen nun durch eine übergeordnete gemeinnützige Holding geführt werden. Diese Holding ist, wie jedes der Krankenhäuser auch, eine 100-prozentige Tochter des neuen Kreises. Grundlage dieser Entscheidung war die gutachterliche Stellungnahme einer Wirtschaftsprüfungsgesellschaft zur künftigen Rechtsform der Krankenhäuser.

Seit der Wiedervereinigung hat der Aus- und Umbau von Krankenhäusern in der Region Mansfeld-Südharz Millionen verschlungen. Vor wenigen Jahren erst förderte das Gesundheitsministerium Sachsen-Anhalt im Krankenhaus Sangerhausen die Erweiterung der Abteilungen Kinderheilkunde, Gynäkologie, der Entbindungsstation sowie der Inneren Medizin mit einem zweistelligen Millionenbetrag. Schon der Ausbau nach der Wiedervereinigung hatte Millionen verschlungen. »Damit wird die Konzentration des Krankenhauses an einem Standort abgeschlossen«, dachte die Landesregierung damals. Wie sehr sie sich doch getäuscht hatte!

Endlich mal'ne gute Nachricht

An einem Wettbewerb der Verlierer teilzunehmen ist nicht wirklich reizvoll. Wenn mit dem Gewinn die Krise immerhin ein wenig gemildert werden kann, lohnt es sich aber doch. Das sagten sich auch alle ostdeutschen Regionen, die massiv unter Abwanderung, Überalterung und wirtschaftlichem Niedergang leiden, und beteiligten sich am bundesweiten Wettbewerb zum Modellvorhaben »Demografischer Wandel – Zukunftsgestaltung der Daseinsvorsorge in ländlichen Regionen«.

Den Wettbewerb hatte Bundesverkehrsminister Wolfgang Tiefensee ins Leben gerufen. Als ehemaliger Leipziger Oberbürgermeister ist er mit den Nöten ostdeutscher Regionen bestens vertraut. Gleichwohl wäre es ihm sicher nicht gelungen, bei Kanzlerin Angela Merkel, die als Ostdeutsche ebenfalls voll im Thema ist, rund vier Millionen Euro für die Förderung der Zukunftsgestaltung in diesen Regionen locker zu machen, wenn das Sterben der Regionen nicht inzwischen auch Westdeutschland erreicht hätte.

Im August 2007 standen die Gewinner fest. Zur Modellregion erwählt waren erstens der gerade erst gebildete Neukreis Mansfeld-Südharz gemeinsam mit dem Kyffhäuserkreis und zweitens das Stettiner Haff mit den Landkreisen Ostvorpommern und Uecker-Randow. So richtig überraschend war die Auswahl nicht, schließlich sind die Modellregionen diejenigen, die es in den kommenden Jahren am ärgsten trifft.

»Wir müssen gerade die Regionen unterstützen, die im besonderen Maße von Abwanderung und niedriger Geburtenrate betroffen sind«, sagte denn auch Wolfgang Tiefensee. Er hofft, mit dem Modellvorhaben konkrete Lösungsansätze dafür erarbeiten zu können, wie auch unter den Bedingungen des demografischen Wandels die Lebensqualität vor Ort erhalten werden kann. Die Ergebnisse sollen auf andere Regionen, auch in den alten Bundesländern, übertragbar sein. »Jetzt müssen alle Beteiligten zusammenarbeiten. Bis zum Sommer 2009 sollen die Modellvorhaben abgeschlossen sein und die Ergebnisse dann ausgewertet werden«, sagt Tiefensee.

Reinreden will er den Regionen nicht. Sie sollen selbst entscheiden, wie sie ihre Lage dauerhaft verbessern können. »Denn viele konkrete Ansätze sind bereits in den Regionen vorhanden, die der Bund nicht kennt und auf denen die Regionen aufbauen möchten«, schreibt die Verwaltungsspitze des Kyffhäuser-Kreises in einem Papier zur Projektstruktur. Die Gefahr, dass sich die verschiedenen Einzelansätze in den Modellregionen verlieren könnten, ist erkannt. Verhindern soll dies ein demografisches Handlungskonzept, in das alle Einzelansätze eingebunden werden. Es bildet den Rahmen für Strategien, Maßnahmen, Akteure und den zeitlichem Ablauf des Modellvorhabens.

Prämisse ist die Einbindung der Menschen über Vereine und Initiativen vor Ort. Dazu die Vertreter des Kyffhäuser-Kreises: »Es ist ein Ziel des Modellvorhabens, dass viele Akteure es als Chance begreifen, mit gemeinsamer Aktion eine neue Qualität des Gemeinsinns zu entwickeln und konkrete, für alle Beteiligten Nutzen bringende Projekte in der Region umzusetzen.«

Vier Handlungsfelder wurden für das Modellprojekt benannt. Erstens geht es darum, neue Formen für familien- und altengerechtes Wohnen zu erforschen und umzusetzen. Zweitens muss die Verkehrsinfrastruktur überprüft und den Bedürfnissen der sich entvölkernden Region angepasst werden. Dazu gehört auch die Entwicklung von Mobilitätskonzepten für Alte und Kranke in abgelegenen Gebieten. Das dritte Handlungsfeld beschreibt den gesamten Komplex Gesundheit, Schule, Sport, Freizeit, öffentliche Verwaltung und Handel. Viertens sollen Wachstumschancen für die Wirtschaft und Landwirtschaft geschaffen werden. Gelöst werden muss aber auch die Frage, wie künftig Arbeits- und Ausbildungsplätze geschaffen bzw. besetzt werden können.

Abschied vom Harz

Goethe reiste gleich zweimal nach Sankt Andreasberg. Das erste Mal kam er Ende 1777. In den Aufzeichnungen der Stadt ist vermerkt, dass er am 10. Dezember »in Begleitung von Torfhaus-Förster Degen von hier zu seiner ersten Brockenbesteigung aufbrach«. An der frischen Luft mag es ihm gut ergangen sein, dafür aber fühlte er sich zwei Tage später umso schlechter. Nach einem Besuch unter Tage in der Silbererzgrube Samson vermerkte Goethe in seinem Tagebuch: »Ward mir sehr sauer diesmal.« Trotz dieses unangenehmen Erlebnisses kehrte der Dichter sechs Jahre später dann noch einmal in die kleine Bergstadt zurück, die damals zwischen 2500 und 3000 Einwohner zählte. Im Jahr 1783 also wanderte er am Rehberger Graben entlang, einem 1699 von Andreasberger Bergleuten fertiggestellten Wasserlaufs, der vom Oderteich zu den Gruben rund um die Bergstadt floss.

Noch heute lebt der Ort von Reisenden. Ohne den Tourismus wäre Sankt Andreasberg gar nicht denkbar. Die Bedingungen in dem von der Natur verwöhnten Fleckchen Erde sind denkbar günstig. Bis ins Frühjahr hinein liegt Schnee und bietet ideale Bedingungen für Lang- und Abfahrtslauf. Etwa 80 000 Reisende zählt die Stadt jedes

Jahr. Wenn aber die Bevölkerung weiterhin so stark abnimmt, wird irgendwann vielleicht kein Einheimischer mehr dort sein, der die Touristen empfängt.

Ihren höchsten Bevölkerungsstand erreichte die Stadt durch die Aufnahme von Flüchtlingen nach dem Zweiten Weltkrieg. Damals stiegt die Einwohnerzahl von 3350 Mitte der Dreißigerjahre auf 4799 im Jahr 1946 und dann noch einmal auf 4806 im Jahr 1950. Heute sind es nicht einmal mehr halb so viele. Die letzte Zählung ergab 2040 Einwohner, und die Prognosen besagen nichts Gutes.

Sichtbar wird die Zukunft dort, wo die Jüngsten zu finden sind. Nicht einmal 30 Kinder tollen noch durch die Räume des Kindergartens der Martinigemeinde am Glückaufweg 5. Anfang der Neunzigerjahre spielten hier rund 70 Kinder in drei Gruppen. Seither ging es stetig bergab. Zuerst wurde 1997 die Nachmittagsbetreuung eingestellt und dann 2004 die erste Gruppe geschlossen. 2008 schließt eine weitere Gruppe. Und wenn es so weitergeht, irgendwann auch der Kindergarten.

»Es liegt nicht daran, dass die Frauen bei uns zu wenig Kinder bekämen«, sagt Marion Bremer, die Leiterin der Kindertagesstätte. »Wir haben kaum Ein-Kind-Familien.« Nur leider gibt es überhaupt zunehmend weniger junge Familien in Sankt Andreasberg. Wie sehr diese Entwicklung die Zukunft der Stadt bestimmen wird, zeigen Prognosen des Niedersächsischen Instituts für Wirtschaftsforschung. In einem »Regionalreport« für die Landesregierung stellte das Institut im Jahr 2004 fest, dass die Landkreise Osterode und Goslar mit »die größten Rückgänge der Kinderzahlen in einer Größenordnung zwischen 30 und 40 Prozent« bis zum Jahr 2021 hinnehmen müssen. Diesen Verlust wird der Ort nie wieder ausgleichen können.

»Immer mehr junge Leute, vor allem aber junge Familien ziehen weg«, sagt die Erzieherin. Die gehen dorthin, wo im Tourismusgewerbe noch Geld zu verdienen ist: auf die Insel Sylt, nach Malente oder auch nach Bayern und Österreich. Im Harz sind die Touristenzahlen in den vergangenen Jahren um 30 Prozent eingebrochen. Der Handel spricht von Umsatzeinbußen zwischen 30 und 40 Prozent. So etwas schlägt durch.

Auch Metzgermeister Hans-Dieter Lambertz spürt den Schwund in der Ladenkasse. »Zum Glück habe ich noch außerhalb von Andreasberg zahlreiche Kunden und verkaufe viel über den Postversand. Sonst wären solche Umsatzeinbrüche kaum zu verkraften«, sagt er. Lambertz ist auch CDU-Politiker und zweiter Bürgermeister der Stadt. Er bringt auf den Punkt, was alle hier seit Langem empfinden: »Kein Nachwuchs, kein Geld in der Tasche. Das ist Leben in Andreasberg.«

Tatsächlich zählt der Harz inzwischen zu den Regionen mit dem niedrigsten Pro-Kopf-Einkommen in Niedersachsen. Seit den Achtzigerjahren des vergangenen Jahrhunderts ging es ständig bergab. Parallel dazu stiegen die Arbeitslosenzahlen kontinuierlich an, da ein größerer Betrieb nach dem anderen für immer seine Pforten schloss.

Im Jahr 2007 zählt der Landkreis Goslar, in dem Andreasberg liegt, zu einer der prekärsten Regionen in Westdeutschland. Das Statistische Landesamt Niedersachsen prognostiziert Goslar bis zum Jahr 2021 einen Bevölkerungsverlust von 13 Prozent. Sein Nachbarkreis Osterode wird mit einem Minus von 17,28 Prozent noch mehr Einwohner verlieren. Die Bevölkerung überaltert dramatisch. Niemand hätte nach der Wiedervereinigung gedacht, dass westdeutsche Regionen nur sechzehn Jahre später mit den gleichen Problemen zu kämpfen haben würden wie der

Osten Deutschlands. Die Kreise Osterode und Goslar, und damit Orte wie Sankt Andreasberg, machen den Anfang.

»Uns hat der Wegfall der Grenzlandhilfe wehgetan«, sagt mir der stellvertretende Bürgermeister Lambertz. Er ist jetzt 57 Jahre alt. Geboren ist er in dem kleinen Örtchen Zorge im Landkreis Osterode. Aber die letzten zwanzig Jahre hat er in Andreasberg verbracht. Nie hätte er gedacht, dass jenseits der ehemaligen Zonengrenze mal mehr für den Tourismus getan würde als in Andreasberg. »Doch dann wurden keine 50 Kilometer weiter, auf der anderen Seite der früheren innerdeutschen Grenze, mit viel mehr Fördergeldern, als wir sie je hatten, noble Hotels hochgezogen, mit denen wir nicht konkurrieren können.«

Allerdings seien auf westdeutscher Seite auch jede Menge Fehler gemacht worden. »In vielen unserer Pensionen steckt immer noch der Mief der Siebzigerjahre«, sagt Lambertz. »Das schadet uns am meisten.« Und dann habe das Tourismusgewerbe im »West-Harz« über Jahre hinweg ausschließlich Ferienwohnungen für den kleinen Mann gebaut. Dabei sei eine wichtige Klientel vergessen worden. »Leute mit Geld wollen morgens in einem schicken Hotel aufwachen, in denen ihnen ein reichliches Frühstück serviert wird«, sagt Lambertz. »Die fahren an uns vorbei.«

Aber nicht nur die. Überhaupt hat sich das Freizeit- und Reiseverhalten der Menschen in den vergangenen Jahrzehnten grundlegend geändert. Einst war der Harz Ausflugsziel Tausender Schüler. Ein niedersächsischer Jahrgang nach dem anderen verbrachte einen seiner ersten Landheimaufenthalte dort. Später kamen die ehemaligen Schüler als Väter und Mütter mit ihren Kindern wieder. Sie buchten eine Woche Übernachtung in den Pensionen, gingen zum Wandern oder Skilaufen.

»Heute fahren die Leute für drei oder vier Tage zum Skifahren nach Österreich«, weiß Lambertz. Und mit den Entfernungen in einer immer mobileren Welt schrumpfen heute die Regionen, die den Menschen einst ein Synonym für Heimat waren.

Denn der Harz ist mehr als nur das nördlichste Mittelgebirge Deutschlands. Den Brocken kannte früher jedes Kind, ebenso wie die Walpurgisnacht. Seit dem Mittelalter, spätestens aber seit Goethes »Faust«, ist der Harz der berühmteste Hexentreffpunkt Europas. Zugleich ist er ein Ort deutscher Geschichte. Gegen Ende des Zweiten Weltkrieges rief der SS-Führer Heinrich Himmler die Harzfestung zur Verteidigung Mitteldeutschlands gegen die US-Alliierten aus. Zu diesem Zeitpunkt war der Harz einer der größten Kessel. Angetrieben von Himmlers SS-Schergen leisteten die letzten Verbände der 11. Armee und der »Volkssturm« von den Berghängen aus der vorrückenden US-Armee Widerstand. Erst am 7. Mai 1945 kapitulierten die Wehrmachtssoldaten und die Waffen-SS in den Bergen. Später waren das Brockenplateau und weitere Gipfel grenznahes Sperrgebiet. In jedem Fall ist der Harz ein historischer Ort, ein besonderer Teil Deutschlands, der untrennbar mit der Identität des Landes verbunden ist. Jetzt stirbt er.

Im Sommer 2007 versetzten die Träger des Gesundheitswesens der Bergstadt Sankt Andreasberg einen weiteren Todesstoß. Sie schlossen die Rehbergklinik. Auf einen Schlag waren 140 Arbeitsplätze dahin. Die Hälfte der Mitarbeiter wurde entlassen, den anderen bot die Landesversicherungsanstalt (LVA) Hamburg einen Job in einer Klinik in Clausthal-Zellerfeld an.

Dieser Verlust schmerzt auch Metzgermeister Lambertz – nicht nur, weil er als stellvertretender Bürgermeister für den Erhalt der Kurklinik gekämpft hat. »Das trifft mich auch als Unternehmer«, sagt Lambertz. »Schließlich habe ich die Klinik mit Wurst- und Fleischwaren beliefert.« Wieder brach ein wichtiger Umsatzposten ersatzlos weg. Auch für Bäcker und kleinere Handwerksbetriebe, die dort hin und wieder zu tun hatten.

Anders als die Ferienwohnungen war das Haus mit den 137 Einzel- und Doppelzimmern immer gut belegt. Wer dorthin kam, litt unter Verschleißerkrankungen des Bewegungsapparates einschließlich der Wirbelsäule, an Osteoporose oder kurierte die Folgen schwerer Unfälle aus. »Da waren immer auch einige Kurgäste dabei, die mal so vorbeikamen und sich 'ne Wurst kauften«, sagt Lambertz. »Auch das waren wichtige Einnahmen in einer Zeit, in der die Menschen kaum noch selbst kochen und die Alten meistens nicht mehr das essen dürfen, was sie gern essen wollen. Der eine verträgt kein Fett mehr, der andere kein Eiweiß.« So ist das in einer alternden Gesellschaft. Mit der Zeit macht sie sogar Metzger arbeitslos.

So manche schlaflose Nacht hat der Politiker Lambertz wegen der demografischen und wirtschaftlichen Sorgen der Stadt verbracht. »Wie sollen wir das verhindern?«, haben sie sich im Rat der Stadt immer wieder gefragt. Zu allen Zeiten hatte immer ein kleiner Teil der Jugend die Stadt verlassen und war in die Welt hinausgezogen. Es waren die Abiturienten, die zum Studium in die Metropolen gingen, die andere kulturelle Milieus suchten und darin Lebensvorstellungen entwickelten, die ihnen eine Rückkehr in die durch eine besondere, von Tradition und Brauchtum geprägte, durch zwischenmenschliche Nähe gekennzeichnete kleinstädtische Gemeinschaft verstellten. Einige kamen dennoch zurück, etwa als Lehrer oder Ärzte. Insgesamt aber fielen diese Abwanderungen nicht weiter ins Gewicht. Die mit wirtschaftlichen Rückschlägen einhergehenden Abflüsse der vergangenen Jahre hingegen haben der Stadt schwer zugesetzt.

Seit Langem schon lebt sie von der Substanz. Investitionen in die Zukunft sind da nicht mehr drin. Eigentlich müsste die Kuranlage saniert werden. Doch nicht einmal dazu reicht das Geld der Stadt. »Seit die Touristen wegbleiben, nehmen wir ja kaum noch Gewerbesteuer durch die Gastronomie ein«, sagt Lambertz. In der gesamten Harzregion verbuchen die Kommunen Gewerbesteuereinnahmen, die zum Teil 50 Prozent unter dem Landesdurchschnitt liegen. Auch die Immobiliengeschäfte in Andreasberg laufen schlecht. Durch die Abwanderung der jungen Leute übersteigt das Angebot die Nachfrage. Erstmals seit Jahrzehnten stehen über 30 Wohnungen leer. Die Eigentümer bleiben auf ihren Fixkosten sitzen, das Ortsbild leidet. Und wer kein Geld durch Mieten oder andere Umsätze einnimmt, zahlt auch keine Steuern.

Sankt Andreasberg ist in diesen Teufelskreis aus Abwanderung, Geburtenknick, Überalterung und wirtschaftlicher Talfahrt geraten, der große Löcher in die öffentlichen Haushalte reißt. Allein der Kur-Etat weist ein Minus von 600 000 Euro aus. Etwa gleich hoch ist das Defizit im Vermögens- und Verwaltungshaushalt. Insgesamt steht Sankt Andreasberg mit vier Millionen Euro in der Kreide. »Das trifft so eine kleine Gemeinde ganz hart«, sagt der Vize-Bürgermeister mit sorgenvoller Stimme.

Helfen könnten Bedarfszuweisungen des Landes Niedersachsen. Damit würde die Stadt etwa die Kuranlagen wieder in Schuss bringen. »Aber diese Zuweisungen bekommen wir nicht mehr. Wenn wir 250 000 Euro haben wollen, dann müssen wir das Geld an anderer Stelle wieder einsparen«, sagt Lambertz. So kommt die Stadt nicht vom Fleck.

Dafür gibt es hier oben, rund 500 Meter über dem Meeresspiegel, noch das, was in den Großstädten längst verloren gegangen ist, nämlich dieses Miteinander, die Nachbarschaftshilfe, die Arbeit im Verein und den sozialen Diensten. Vielleicht schweißt der Niedergang die Zurückgebliebenen sogar noch fester zusammen.

Ein Beispiel für diesen lebendigen Gemeinsinn ist der Harzklub e.V. Er zählt rund 15 000 Mitglieder und ist fast flächendeckend im gesamten Harz vertreten. Ihm gehören 92 sogenannte Zweigvereine an. Sie sind die Vertreter des Harzklubs vor Ort. Seine Mitglieder haben es sich zur Aufgabe gemacht, heimatliches Kulturgut zu erhalten. Dazu zählen sie die »Pflege von Brauchtum, Volksmusik, Volkstanz, Trachten und Mundart sowie die Erhaltung und Pflege von Kulturdenkmälern, insbesondere in der freien Landschaft«. Sie arbeiten ehrenamtlich bei der Baudenkmalpflege und der Bodendenkmalpflege mit. Zwangsläufig sind auch in diesem Verein die Grauhaarigen in der Überzahl. Gleichwohl versuchen die Mitglieder, durch eine aktive Jugendarbeit so viel Nachwuchs wie möglich an sich zu binden.

Ein aussagekräftiges Dokument aktiver Heimatarbeit ist das Stammtischprotokoll des Zweigvereins Sankt Andreasberg vom 13. August 2007: »24 Mitglieder, 3 zukünftige und ein aber immer fleißig mithelfendes Nichtmitglied waren oben. Das Wetter war uns wohlgesonnen – ein schönes Heimkommen bei Sternschnuppenregen … Für Mittwochnachmittag war noch mal ein Spontaneinsatz ab 15 Uhr im Kälbertal. Demnächst wird dann dem Knöterich der Garaus gemacht.«

An anderer Stelle berichtet das Protokoll von den Ausbesserungsarbeiten am Dach der Wilhelm-Block-Hütte. Das verwendete Holz wurde nicht etwa eingekauft – eine örtliche Firma spendete es. Die zum Abdichten benötigte Schweißbahn stellte ein anderes Unternehmen bereit. So etwas ist in Andreasberg Ehrensache. Weil ein Vereinsmitglied bei den nächsten Arbeitseinsätzen nicht dabei sein kann, spendiert der Betreffende 100 Euro für Farbe, mit der die Tafeln am Baumlehrpfad gestrichen werden sollen. Jeder gibt etwas, jeder packt mit an. Alle fühlen sich verantwortlich für den Schutz und den Erhalt dessen, was sie aus tiefer Überzeugung ihre Heimat nennen.

Keiner aus den Reihen des Klubs möchte irgendwo anders auf der Welt leben als auf den Bergen oder in den Tälern des Harzes oder besser noch in dem Ort, in dem er aufgewachsen ist und wo die Traditionen der früheren Bergmannssiedlungen bis heute von den Menschen gelebt werden. Und wer von ihnen einmal geht, der geht schweren Herzens, weil ihm der Arbeitsmarkt hier keine Zukunft mehr bietet.

»Sankt Andreasberg ist Heimat … und Erholung für Körper und Seele«, wirbt der örtliche Tourismusverein. Für die Bürger ist dies mehr als nur ein Slogan. Für sie erfüllt sich in Sankt Andreasberg jenes Glück, das Goethe im »Faust« so formulierte: »Hier bin ich Mensch, hier darf ich's sein.«

Dem Nachbarn geht's auch nicht besser

Jochen Bergmann ist ein ernsthafter Mensch. Der Mitarbeiter der Stabsstelle Regionalplanung und Bildung beim Landkreis Osterode gehört zu denen, die nichts auf die leichte Schulter nehmen, aber auch nichts unnötig dramatisieren. Doch die Lage in seinem Landkreis stimmt ihn wenig optimistisch. »Ihre Fragen sind sehr schwer zu beantworten, die Thematik ist unerhört komplex«, sagt er zu mir. Analysen gebe es viele, Prognosen ebenso. Konkrete Handlungsperspektiven hingegen seien rar gesät.

Osterode ist der direkte Nachbar des Landkreises Goslar, in dem das zuvor beschriebene Sankt Andreasberg liegt. Bevölkerungswissenschaftler und Geografen sagen Osterode eine mit Goslar vergleichbare Zukunft voraus. In den kommenden 20 Jahren schrumpft die Einwohnerzahl insgesamt um rund ein Fünftel. Diese Entwicklung trifft die Generationen jedoch ganz unterschiedlich. So wird die Zahl der Kinder bis 14 Jahre um fast 40 Prozent sinken, die Zahl der 30- bis 44-Jährigen sogar um 48 Prozent und die der 15- bis 29-Jährigen um 21 Prozent. Nur die Altersgruppe der über 75-Jährigen, die schon heute elf Prozent der Einwohner stellt, wächst um weitere acht Prozentpunkte. Osterode und Goslar vergreisen in einem Ausmaß wie kein anderer Landstrich in Niedersachsen. Auch ohne weitere Abwanderung würde die Bevölkerung schrumpfen, weil einfach viel mehr Menschen sterben als geboren werden.

Wer weiß schon, dass der Harz das erste Industriegebiet Deutschlands war? Es bestand vorwiegend aus Gießereien und Metall verarbeitenden Betrieben. Nach dem Zweiten Weltkrieg kamen eine Menge großer Unternehmen in den Harz. Angelockt wurden sie durch die hohen Sonderabschreibungen fürs Zonenrandgebiet und durch die Gewissheit, hier gut ausgebildete Industriearbeiter zu finden. Nur die Forschungs- und Entwicklungsabteilungen ließen sie an den Heimatstandorten. Auf diese Weise ist die Region zu einem reinen Produktionsstandort degeneriert, durch und durch proletarisiert.

Und als mit dem Fall der Mauer auch die Subventionen wegbrachen, weil Osterode plötzlich ja kein Zonenrandgebiet mehr war, ging es bergab in Deutschlands nördlichstem Mittelgebirge. Von den 33 000 Arbeitsplätzen zur Wendezeit sind 25 100 geblieben. Das ist der höchste Arbeitsplatzverlust in ganz Niedersachsen. »Mit weiter sinkender Tendenz«, wie es in einem vertraulichen Papier der Kreisverwaltung heißt. Solche Zahlen werden ungern öffentlich gehandelt. Das ist in Osterode nicht anders als im Rest der Republik.

Noch stärker als der Einbruch beim Tourismus, auf den ich später zu sprechen komme, hat die Region der Wegfall von 5000 Jobs in den industriellen Produktionsstätten getroffen. Plötzlich standen 1500 Beschäftigte der Elektrotechnikbranche auf der Straße. Die Gießereien entließen 600, die Stahlverformer 300 und die Papierhersteller 500 Mitarbeiter.

Zuerst wurden diese Arbeitnehmer entlassen, dann holte sich die Krise die kleinen mittelständischen Betriebe mit über 20 Mitarbeitern. Ihre Zahl sank von 14 800 auf 9484. Trotz dieser Entwicklung stellt das verarbeitende Gewerbe immer noch 38 Prozent der gesamten Arbeitsplätze im Kreis. So kommen in Osterode auf 1000 Bürger immer noch mehr Industriebeschäftigte als sonst irgendwo in Niedersachsen.

Das erstaunt, da gut 60 Prozent der Kreisfläche aus Wald besteht. Dreißig Prozent werden landwirtschaftlich genutzt. Wie in anderen Gegenden auch, hat die Landwirtschaft hier ihren früheren Stellenwert schon vor Jahren eingebüßt. Etwa 200 landwirtschaftliche Betriebe zählt die Statistik im Landkreis. Die Wahrheit ist, dass 118 nur noch als Nebenerwerb dienen. Sie sind so klein, dass die Bauern allein von der Landwirtschaft nicht mehr leben könnten. Nebenerwerb heißt, dass der Landwirt hauptberuflich einen sozialversicherungspflichtigen Arbeitsplatz in einem Unternehmen hat und nach Feierabend seinen Hof bewirtschaftet. Ein Flächenzukauf, durch den der Betrieb vielleicht rentabel betrieben werden könnte, scheitert in der Regel daran, dass die Nachbarn, denen es genauso geht, nicht verkaufen oder verpachten wollen. Nicht einmal Kooperationen, die am Ende beiden Seiten helfen würden, kommen zustande. Stattdessen wurschtelt jeder so weiter wie bisher. Weil das für die Nachkommen keine Option sein kann, werden die Höfe spätestens mit dem Tod der Eltern ganz aufgegeben. Die Kinder entscheiden sich für ein Leben in der Stadt, weil sie keine Lust auf diese Doppelbelastung haben. Nicht zuletzt auch deshalb hat der Beruf des Landwirts in den vergangenen Jahren stark an Attraktivität eingebüßt.

Mitte 2006 standen bereits 50 ehemals landwirtschaftlich genutzte Gebäude leer. Mangels Nachfrage potenzieller Käufer verfallen nicht wenige mitten in den Ortskernen der winzigen Harzvorlanddörfer, weil die Erben die Kosten für den Abriss scheuen.

Solche Anblicke oder auch der des verrammelten Kurhauses in Wieda, das nur für private Feiern ab und zu mal aufgeschlossen wird, sind untrügliche Zeichen der Auflösung ehemals gesunder Dorfgemeinschaften. Wieda ist ein Luftkurort und gehört zur Samtgemeinde Walkenried. In den Sechziger- und Siebzigerjahren war der Ort ein beliebtes Reiseziel für Westberliner. Nach dem Fall der Mauer aber blieben die alten Gäste aus. In der Gemeinde Walkenried ist der Tourismus seit 1995 um sage und schreibe 54 Prozent eingebrochen. Mit einem Rückgang von sogar 61 Prozent ist der Kurort Bad Grund noch stärker betroffen. Die Zahl der Übernachtungen stürzte von 135 000 im Jahr 1995 auf nur noch 53 000 im Jahr 2005. Nur um aufzuzeigen, dass es sich dabei nicht um ein Phänomen der kleinen Bergorte handelt, will ich noch hinzufügen, dass die Kreisstadt Osterode im Jahr 2005 mit 42 Prozent nahezu ebenso hohe Verluste bei den Übernachtungszahlen hinnehmen musste. Nimmt man die Zahl für das gesamte Kreisgebiet, wird das ganze Ausmaß der Katastrophe offenbar. Zählte die Tourismuswirtschaft 1990 noch rund zwei Millionen Übernachtungen, so sind es heute gerade mal 1,13 Millionen. Und diejenigen, die dem Harz bislang die Treue hielten, bleiben nicht mehr so lange wie früher. Statt vierzehn oder zehn Tage zählt der durchschnittliche Harz-Urlaub heute fünf Tage. Geht man von einem Tagesumsatz von 75 Euro pro Gast aus, verlor der Kreis allein im Jahr 2006 gegenüber 1990 einen Bruttoumsatz von 60 Millionen Euro.

Bislang ist es der Region nicht gelungen, diese Beschäftigungslücke durch andere Branchen zu füllen. Nach wie vor ist das Kur- und Gastgewerbe einer der größten Arbeitgeber im Landkreis Osterode. Über 3400 Osteroder haben einen sozialversicherungspflichtigen Arbeitsplatz in der Gesundheitswirtschaft, rund 1000 in der Gastronomie. Viele in der Branche arbeiten als Selbstständige. Handwerk, Handel und andere Dienstleister sind in hohem Maße auf Aufträge der Tourismusbranche angewiesen.

So hat der Einbruch der Übernachtungszahlen jene Orte, in denen der Tourismus die Haupteinnahmequelle ist, gar an den Rand ihrer Existenz gebracht. Das »Integrierte Ländliche Entwicklungskonzept Region Osterode am Harz« vom März 2007 zählt dazu neben Sieber, Lonau, Herzberg und der Samtgemeinde Walkenried auch Zorge und Wieda, wo das Kurhaus seinen Namen schon lange nicht mehr verdient und das Hotel »Zur grünen Tanne«, einst das repräsentativste Haus am Platz, seit Jahren geschlossen ist und verfällt.

Dort, wo Pensionen und Gasthäuser vergeblich auf Touristen warten und die Landwirtschaft keine Familie mehr ernähren kann, ist die ökonomische Basis des dörflichen Lebens weggebrochen. Wenn dann noch Demografie und Abwanderung das Gleichgewicht der Generationen bedrohen, reißt dies tiefe Risse in das Gemeinschaftsgefüge und gerät zur tödlichen Bedrohung eines jahrhundertealten Bergidylls.

»Der Tourismus wird durch das Fördergefälle zwischen uns und den ostdeutschen Bundesländern quasi vernichtet. Überwiegend Luxushotels können sich einigermaßen halten«, sagt der Geograf Bergmann und kommt damit zu demselben Schluss wie der stellvertretende Bürgermeister und Metzger Hans-Dieter Lambertz aus Sankt Andreasberg. Drüben, wie es früher einmal hieß, auf der anderen Seite der längst nicht mehr existierenden innerdeutschen Grenze, arbeitet die Konkurrenz mit hohen Zuschüssen und Investitionsgrundlagen aus Brüssel sowie aus dem Solidarzuschlag. In ehemals westdeutschen Grenzregionen, ob im Harz, Hessen oder Bayern, fühlen sich die Menschen gegenüber den ostdeutschen Nachbarn benachteiligt. Ihnen wurde die Sonderförderung genommen, der Osten hat alles bekommen, damit er zu westdeutschen Standards aufschließen kann. Am Anfang sahen auch die Menschen in Goslar oder Osterode darin eine Selbstverständlichkeit. Doch das Verständnis schwand mit den ausbleibenden Touristen und der Erkenntnis, mit dem Bauboom auf der Ostseite des Harzes nicht mithalten zu können.

Als Mitte der Neunzigerjahre die ersten 5-Sterne-Bauten in Thüringen standen, zeigte sich, wie wenig die Osteroder in den fetten Sechziger und Siebzigerjahren in die eigene Zukunft investiert hatten. Pensionszimmer mit Nierentischchen und Tütenleuchten unter der Zimmerdecke aus den frühen Jahren des Kalten Krieges nahmen auch die anspruchslosesten Wandertouristen nicht mehr klaglos hin. Inzwischen war der Renovierungs- und Modernisierungsstau in vielen Gasthäusern und Pensionen, vor allem im direkten Vergleich mit den Neubauten, unübersehbar. Aber es kam noch dicker. Denn längst hatten es die Osteroder und Goslarer Bürger nicht mehr nur, wie sie dachten, mit dem Problem der unterschiedlichen Förderquoten in Ost und West zu tun. All die Jahre hatten sie die rückläufigen Geburtenzahlen ebenso wenig wahrgenommen wie die zunehmenden Abwanderungen. Als die Regionalplaner in Osterode, Goslar und Göttingen zu Beginn des neuen Jahrtausends erstmals die verhängnisvolle Kombination aller Faktoren erkannten und vor irreparablen Folgen warnten, schenkten ihnen Bürger und Kommunalpolitiker kaum Beachtung. Sogar heute noch ist die ganze Tragweite der Entwicklung nur wenigen bewusst.

»Unstrittig ist, dass die Entwicklung unabwendbar ist. Sie kann höchstens abgeschwächt werden«, sagt Bergmann. »Diese Erkenntnis setzt sich insbesondere in der Kommunalpolitik leider nur schwer durch.«

So meinten bis vor Kurzem noch einige Gemeinden, mit der massiven Ausweisung zusätzlicher Wohnungsbauflächen Bevölkerung gewinnen zu können. Ein fataler und vor allem teurer Trugschluss. Heute liegen die erschlossenen Flächen vielerorts brach.

Es fehlt schlicht ein Oberzentrum, von dem die Region wirtschaftlich und durch Bevölkerungszustrom profitieren könnte. Nicht einmal die altehrwürdige Universitätsstadt Göttingen ist in der Lage, diese Rolle zu übernehmen. Wirtschaftlich gesehen hätte sie sogar Hilfe von anderen nötig. »Im Grunde genommen ist Göttingen ein Dorf mit einer Universität, in der zudem die Geisteswissenschaften dominieren«, sagt mir Bergmann. »Da setzt kein Unternehmen einen neuen Betrieb mit einer Forschungseinrichtung hin.« Für Osterode oder auch Goslar sei es fast unmöglich, noch einmal neue Betriebe in die Region zu holen, stellt Bergmann nüchtern, ohne jeden Unterton der Resignation fest. Er ist ein Mann der Fakten. Und die weiß er zu werten.

Schon Mitte der Neunzigerjahre kletterte die Arbeitslosenquote in Osterode auf 14,2 Prozent. Im Jahr 2007 liegt sie immer noch bei zwölf Prozent und damit deutlich über dem Bundesschnitt von 9,9 Prozent. Der niedersächsische Durchschnitt ist mit 9,7 Prozent noch niedriger. Zu dem Osteroder Ergebnis trägt in besonderer Weise eine große Zahl von Einpendlern aus Thüringen bei. Denn die Thüringer nehmen auch dann einen Arbeitsplatz in Osterode an, wenn ihre Bezahlung dabei unter dem ortsüblichen Lohngefüge liegt. Auf diese Weise stechen sie heimische Bewerber aus und treiben so die Arbeitslosenquote in die Höhe.

Übrigens leiden auch die ortsansässigen Handwerksbetriebe unter dem Lohngefälle zwischen Ost und West. Etliche nehmen an öffentlichen Ausschreibungen schon gar nicht mehr teil, wenn sie annehmen, dass auch die Konkurrenz aus Thüringen Angebote abgibt. Mit deren Lohnkosten können sie nämlich nicht konkurrieren.

Weder die Zahl der Arbeitslosen noch das Lohngefälle zu Thüringen sind eine Empfehlung für den Standort Osterode. Dabei loben die ortsansässigen Unternehmen der Metallbranche durchaus die Qualität der in ihren Betrieben geleisteten Arbeit. Außerhalb ihrer Produktionsstätten aber schinden sie damit offensichtlich wenig Eindruck. Denn Betriebe, die auf der Suche nach neuen Standorten sind, schlagen weiterhin einen großen Bogen um den Harzkreis. Also versuchen die Bürgermeister wenigstens die Betriebe am Ort zu halten, die den Menschen noch Arbeit geben.

Was fehlt, sind Jobs für Hochqualifizierte etwa in den Forschungs- und Entwicklungsabteilungen größerer Unternehmen. Gelänge es, solche Firmen nach Osterode zu holen, bekäme der Landkreis endlich den überfälligen Innovationsschub, der ihn zumindest wieder zurück in die Gegenwart katapultierte. Warum die Wirtschaftsförderer in der Vergangenheit an dieser Aufgabe gescheitert sind, erstaunt umso mehr, da die Universität Clausthal-Zellerfeld gerade mal 20 Kilometer entfernt ist, Göttingen 50 Kilometer und auch die Fachhochschulen Nordhausen und Wernigerode mit einer Entfernung von 50 Kilometern in nur etwas mehr als einer halben Stunde zu erreichen sind. Wer so nah an der Wissenschaft ist und dennoch keinen Vorteil daraus ziehen kann, sollte ins Grübeln kommen. Zumindest ein Teil der Absolventen dieser Hochschulen könnte mit Forschungsjobs in der Region gehalten werden. Aber es wurden ja nicht einmal überall die für moderne Kommunikationstechnologie notwendigen Datenleitungen verlegt. Wie sollen unter solchen Voraussetzungen hochwertige Arbeitsplätze entstehen?

Eigentlich bräuchte die Region eine integrative Zukunftsstrategie, eine Art Agenda 2020 oder 2050. Es müsste ein Konzept sein, das Familienpolitik und Demografie, Ökonomie und Bildung, Stadt- und Regionalplanung zielorientiert bündelt. »Für so ein ambitioniertes Vorhaben fehlen dem Landkreis sicher die Ressourcen«, sagt Bergmann. Irgendjemand müsste versuchen, die klügsten Köpfe aus Politik, Verwaltung und Wirtschaft an einen Tisch zu bringen. Auch gibt es immer noch die Möglichkeit, Expertenwissen einzukaufen. »Immerhin haben wir mittlerweile auf verschiedenen Ebenen die interkommunale Zusammenarbeit forciert, um Kosten zu sparen«, sagt der Regionalplaner beim Landkreis Osterode. »Oft stehen aber, wie etwa bei dem Fernziel der Zusammenlegung von Kommunen, auch schwierige juristische Fragen im Wege.«

An dem Plan, aus der finanziellen Not heraus näher zusammenzurücken, ändert das allerdings nichts. Über ihre Grenzen hinweg wirken einige Landkreise nun in der Stiftung Südniedersachsen und im Regionalverband Südniedersachsen daran mit, eine Gesamtregion Göttingen zu entwickeln. Wenngleich das Zusammenfinden ein zäher Prozess ist, erzielten die Beteiligten schon erste, kleine Erfolge. So werden die Abfallwirtschaft und der öffentliche Personennahverkehr bereits in Zweckverbänden für die Gesamtregion organisiert. Auch eine Regionalplanung ist angedacht. Bis sie umgesetzt wird, dürften jedoch noch einige Jahre vergehen.

»Man darf auch nicht vergessen, dass die Bindung an das Oberzentrum Göttingen und umgekehrt historisch bedingt sehr schwach ist«, sagt Bergmann um Verständnis werbend. Wirtschaftlich sei das sicher problematisch. »Aber«, räumt er im gleichen Atemzug ein, »regionales Denken ist in Südniedersachsen auch nicht besonders hoffähig.« Da hat er recht. Schließlich gestaltet sich die Arbeit im Rahmen der Metropolregion Hannover-Braunschweig-Göttingen mindestens genauso schwierig.

»Für uns kommt es darauf an, das Angebot an Arbeitsplätzen in Industrie und Gewerbe zu erhöhen«, sagt Bergmann. Die Wirtschaftsförderung setze Zuschüsse aus dem Topf der Bund-Länder-Gemeinschaftsaufgabe hauptsächlich zur Bestandssicherung und weniger für die Neuansiedlung von Unternehmen ein. »Wie gesagt: Echte und nennenswerte Neuansiedlungen sind hier fast unmöglich«, sagt Bergmann. Übrigens sei auch dies nicht zuletzt eine Folge des massiven Fördergefälles zu den neuen Bundesländern. »Wenige Kilometer entfernt gibt es einfach erheblich mehr finanzielle Anreize«, sagt Bergmann erstmals erregt. Für diese Ungleichbehandlung habe er schon lange kein Verständnis mehr. »Dieses Gefälle muss beendet werden«, fordert er unmissverständlich.

Es wird große Anstrengung und viel Kraft kosten, den Strukturwandel in der Region zu bewerkstelligen. Milliardenschwer geförderte Umstrukturierungen wie im Ruhrgebiet in den Achtziger- und Neunzigerjahren kann der Harz nicht erwarten. Der niedersächsische Landeshaushalt gibt so etwas einfach nicht her. Und glaubt man dem »Integrierten Ländlichen Entwicklungskonzept Region Osterode am Harz«, dann ist alles vielleicht auch nur halb so schlimm. Denn darin finden sich Sätze wie: »Die Wirtschaft der Region profitiert von der zentralen Lage in Deutschland und Europa und von großen Gewerbe- und Industrieflächen mit überwiegend guter Infrastrukturanbindung.« Oder auch: »Insgesamt verfügt die ILEK-Region über eine vielfältige Wirtschaftsstruktur … Auffällig ist die Vielzahl an innovativen Unternehmen und der Hightech-Produktion, die zum Teil weltweite Absatzmärkte finden. So hat die globale Nummer Eins im Offsetdruckplattenmarkt in Osterode ihr weltweit modernstes Werk, und auch ein marktführender Verpackungshersteller sowie der weltmarktführende Betrieb zur Herstellung von Bleibatterien haben ihren Sitz im Landkreis Osterode am Harz … Deutschlands führender Hersteller von Malerpinseln und -bürsten ist im Landkreis ansässig, und das Harzer Stammholzwerk ist weltweit bekannt.«

Zwar ist das alles richtig, und doch vermittelt diese

Darstellung ein allzu positives Bild. Denn im Städte-Ranking der Initiative Neue Soziale Marktwirtschaft (INSM) schneidet der Landkreis alles andere als rosig ab. Auch wenn die INSM die überdurchschnittliche Produktivität im Landkreis sowie die Höhe des Durchschnittseinkommens lobt, so zählt sie doch gravierende Mängel auf. Danach ist Osterode »mit 50,9 Punkten beim Demografieindex Schlusslicht in Niedersachsen«. Der Demografieindex ist ein Sammelindikator, der die Altersstruktur der Bevölkerung, zum Beispiel das Zahlenverhältnis zwischen Jung und Alt heute und in Zukunft, beschreibt. Der Index hat im Bundesmittel 100 Punkte. Während das Integrierte Ländliche Entwicklungskonzept von einer »Vielzahl innovativer Unternehmen« spricht, beklagt die INSM-Studie den geringen Anteil der Beschäftigten in Wachstumsbranchen. Bundesweit arbeiteten 8,4 Prozent der Beschäftigten in schnell wachsenden Branchen. In Osterode seien es »nur 3,5 Prozent«. Zudem sei die kommunale Investitionsquote mit »einem Wert von 5,8 Prozent« im Jahr 2005 deutlich geringer als der Bundesschnitt in Höhe von 13,2 Prozent der Gesamtausgaben gewesen.

Von daher war es ein richtiger und wichtiger Schritt, dass der Landkreis im Jahr 2000 zusammen mit zunächst acht Unternehmen den Verein MEKOM e.V. gegründet hat. Dieser Verein soll eine Art Regionalmanagement übernehmen. Ziel ist es, die ökonomischen Kräfte zu bündeln, Netzwerke zu bilden und so gemeinsam einen Schritt in die Zukunft zu tun. Inzwischen zählt der Verein 79 Mitglieder. Mit jedem Mitglied wird er schlagkräftiger.

»Es gibt zahlreiche Initiativen, die vielleicht als Gesamtheit einen gewissen positiven Effekt erzeugen«, sagt mein Gesprächspartner Bergmann. »Ich meine das MEKOM-Regionalmanagement für die Wirtschaft, das Ländliche

Regionalmanagement für die Dörfer und die Landwirt-schaft. Wir haben ein Bündnis für Familie.« Letzterem sind seit der Gründung im Mai 2006 bis zum Sommer 2007 rund 60 Organisationen und Institutionen beigetre-ten. Sie wollen die Kinderbetreuung verbessern, vor allem Ganztagsangebote schaffen. »Das sind allesamt Projekte, die durchaus durch die Europäische Union und das Land Niedersachsen gefördert werden«, sagt Bergmann. »Aber letztlich sind die Summen, die dort eingesetzt werden, minimal im Verhältnis zu den umfangreichen Problemen, die sie lösen sollen.«

Darum will der Landkreis nun verstärkt seine »endoge-nen Potenziale« nutzen. Darin sieht die Kreisverwaltung unter anderem die Qualität ihrer Schulen, obwohl der Anteil der Schulabgänger ohne Abschluss mit 11,5 Prozent deutlich über dem niedersächsischen Durchschnitt (9,1 Prozent) liegt. Auch Bergmann glaubt an die »Qualität der sicher überdurchschnittlichen Berufsschulen«. Vielleicht haben sie ja recht. Aber die Absolventen werden wie ihre Vorgänger nach beendeter Ausbildung abwandern, wenn sie keine beruflichen Perspektiven vor Ort finden. Mit Bil-dung allein ist die Zukunft der Region noch nicht ge-wonnen.

Abstecher nach Nordhessen

Nach einem meiner Harz-Besuche mache ich noch einen kleinen Abstecher nach Nordhessen, genauer nach Borken. Die Route führt an Göttingen und Kassel vorbei. Erst geht's auf die A 7, dann auf die A 44 und schließlich auf die A 49. Nach der Anschlussstelle Borken weist mich das Navigationssystem über die B 3 zur Landstraße 3150, was immer diese Zahl zu bedeuten haben mag. Jedenfalls beschleicht einen auf der Anreise das Gefühl, auf dem Weg in das Örtchen hinter den sieben Bergen mit den sieben Zwergen zu sein.

Und dann taucht nach einer Straßenbiegung unvermittelt die Stadt auf, in der vor 18 Jahren 51 Bergleute durch ein Grubenunglück ihr Leben verloren. Durch diese Tragödie erlangte Borken eine traurige Berühmtheit. Außerhalb der Region ist die Katastrophe längst in Vergessenheit geraten. Im Gedächtnis der Menschen dort aber ist sie noch heute allgegenwärtig. Ehefrauen, die morgens ihre Männer verabschiedet hatten und abends Witwen waren, brauchten Jahre, bis sie ihre Traumata überwanden und über jenen 1. Juni des Jahres 1988 reden konnten.

Der Tag des Unglücks war ein Mittwoch. Er begann wie jeder andere Tag. Ehemänner machten sich auf den Weg zur Schicht, der Briefträger packte seine Tasche, und die ersten Einzelhändler schlossen ihre Geschäfte auf. Alles ging seinen gewohnten Gang, bis zur Mittagszeit eine ungeheure Explosion den Untergrund erschütterte und die Normalität auf lange Zeit zerstörte. Unwillkürlich rannten die Menschen auf die Straße und sahen sofort die schwarze Wolke aus Rauch und Kohlenstaub über der zwei Kilometer entfernten Zeche Stolzenbach aufsteigen. Dann ging alles ganz schnell. Die Grubenwehr, Ärzte, Sanitäter und Angehörige der eingefahrenen Bergleute liefen hin und her, es herrschte eine unglaubliche Betriebsamkeit ängstlicher, verzweifelter und trauriger Gesichter.

Nach diesem Ereignis verbannten die Borkener die Braunkohle ins Museum. Lange hätten sie unter Tage eh nicht weiterarbeiten können, denn die Kohlevorräte waren weitgehend abgebaut. Drei Jahre später schalteten sie auch das Kraftwerk ab, in dem die Borkener Braunkohle »verstromt« worden war. Für die Region war dies ein historischer Schritt. Es war der Abschied von einer Industrie, die die Menschen dort ernährt und ihr Selbstverständnis geprägt hatte. Niemandem war klar, was danach kommen sollte.

Wirtschaftlich lief es nicht mehr allzu gut. Rund 700 Arbeitslose sind für eine 13 400 Einwohner zählende Stadt mit 14 Stadtteilen vielleicht nicht übermäßig viele, aber es sind eben auch nicht gerade wenige. Jedenfalls wurde bis heute kein adäquater Ersatz für die Grubenarbeitsplätze gefunden. Vielleicht können sich Regionen, denen der Haupterwerbszweig auf diese Weise wegbricht, so lange nicht richtig von dieser Katastrophe erholen, wie die betroffene Generation die Geschicke der Kommune leitet. Es ist nur eine Annahme, aber die Erfahrungen des Harzes und auch einiger ostbayerischer Gebiete legen diese Vermutung zumindest nahe. Vielleicht werden die Menschen von der Erinnerung, von zu viel Trauer und Nostalgie gehindert.

Die Sonne steht schon ziemlich tief, als ich das Ortsschild passiere. Es ist später Nachmittag, etwa gegen 17 Uhr. In gut einer Stunde soll im Bürgerhaus eine interne SPD-Wahlveranstaltung stattfinden. Auf ihrer Tour durch Hessen stellen sich die beiden Bewerber um die Spitzenkandidatur zur Landtagswahl 2009, Andrea Ypsilanti und Jürgen Walter, dem örtlichen Bezirk vor. Auch das interessiert mich.

Das Bürgerhaus und ein Parkplatz sind schnell gefunden. Drinnen wird es bereits gesellig. Etwa 300 Stühle hat die örtliche SPD in den Saal stellen lassen. Viel zu viele, dachte man anfangs. Doch jetzt müssen sogar noch reichlich Stühle aus anderen Räumen geholt werden. Genau 475 Sozialdemokraten sind es am Ende, die diese Veranstaltung verfolgen wollen. »So viele kamen zuletzt, als Franz Müntefering im Februar 2005 bei uns gesprochen hat«, sagt mir Muhammad Talesch vom Ortsverband Borken.

Einige Tage zuvor in Kassel kamen 319, im Unterbezirk Main-Kinzig 261 Parteimitglieder. Wer hätte das gedacht, in einer Zeit, in der die Mehrheit der Deutschen das Vertrauen in die Politik verloren hat und sogar an der Demokratie zweifelt? Vielleicht ist es das Gefühl, ernst genommen zu werden. Vielleicht ist es die Tatsache, nicht nur mitmachen, sondern sogar darüber mitentscheiden zu können, wer der künftige Spitzenkandidat wird, der der Politik der hessischen Sozialdemokraten eine neue Faszination verleihen soll.

Vor dem Saal duftet es nach heißer Gulaschsuppe, die an die SPD-Mitglieder ausgegeben wird. Ich bekomme Appetit und entscheide mich dafür, bis zum Beginn der Veranstaltung schnell noch eine Kleinigkeit zu essen. Zum Glück hat das Restaurant vorhin geöffnet. Eine Handvoll Männer trinkt an der Theke noch schnell ein Bier, bevor sie in die Veranstaltung gehen. Es ist ein einfaches Lokal, dunkel bestuhlt und mit kräftigen Holzleuchtern über den Tischen. Während ich auf mein Essen warte, klärt mich Muhammad Talesch über die politischen Verhältnisse in Borken auf.

Die haben sich seit den Tagen des Grubenunglücks, seit einem halben Jahrhundert, nicht wesentlich verändert. Bei der Kommunalwahl im März 2006 kam die SPD immer noch auf 52,2 Prozent. Mit 21 Prozent blieb die CDU von Ministerpräsident Roland Koch sogar noch hinter der Freien Wählergemeinschaft. Nordhessen ist durch und durch sozialdemokratisch. Ein wenig wundert mich das, da es doch seit Jahren wirtschaftlich nicht gut steht um die Region. Mit über zehn Prozent Arbeitslosigkeit liegt

Borken über dem Landesdurchschnitt von neun Prozent im August 2007. Besorgniserregend dabei ist, dass ein Fünftel der jungen Leute im erwerbsfähigen Alter hier keine Arbeit findet. Angesichts dieser Rahmendaten staune ich über die geringen Bevölkerungsverluste. Bis zum Jahr 2020 prognostiziert das Statistische Landesamt einen Rückgang von maximal fünf Prozent. Damit steht der Schwalm-Eder-Kreis, zu dem Borken gehört, ganz gut da. Erst nach 2020 nimmt der Bevölkerungsschwund Fahrt auf. Dann drohen Verluste zwischen zehn und zwanzig Prozent. Gleichwohl schrumpft in Spangenberg, Homberg oder Schwalmstadt bereits heute die innerstädtische Infrastruktur.

Die großen Verlierer in Hessen aber sind die Nachbarn, der Werra-Meißner-Kreis und Hersfeld-Rotenburg. Bis 2020 werden sie im schlimmsten Fall örtlich 20 Prozent ihrer Bevölkerung verlieren. Danach aber bricht die Einwohnerzahl richtig weg. Bis zu 50 Prozent Verluste drohen einigen Gebieten. Genauso hart trifft es die bis dahin weitgehend verschonten Kreise Vogelsberg und Marburg-Biedenkopf.

Hessen zählte zu den ersten westdeutschen Bundesländern, in denen das verhängnisvolle Zusammenspiel von wirtschaftlichem Abstieg und Bevölkerungsschwund erkannt wurde. Daher ist jeder Landrat, jedes Kreistagsmitglied in Nord- und Osthessen für die Problematik sensibilisiert. In Broschüren und Hochglanzprospekten preisen sie ihre Lage in der Mitte Deutschlands als herausragenden strategischen Vorteil. Tatsächlich haben sich etwa in Hersfeld-Rotenburg zahlreiche Logistikfirmen niedergelassen. Unternehmen wie die Internetbuchhändler Libri oder Amazon, aber auch der Paketdienst UPS oder der Postdienst DHL sind dort ansässig. Aber wenn der Bad

131

Hersfelder Bürgermeister Hartmut H. Boehmer sagt, in seiner Stadt warteten noch 50 Hektar Logistikflächen auf ihre Betreiber, dann heißt das schlicht, dass er die Flächen nicht loswird. Und wenn dann noch herauskommt, dass auch Wildeck, Friedewald, Niederaula oder Kirchheim Gewerbeflächen ganz in der Nähe der Autobahnen anbieten, wird klar, wie schwierig es auch in der Mitte Deutschlands ist, neue Gewerbeflächen zu besetzen.

Vielleicht hat das auch mit der Verkehrspolitik zu tun. Durch die Sperrung von Bundesstraßen für den Schwerlastverkehr müssen die in der Region ansässigen Transportunternehmen erhebliche Mehrkosten und längere Fahrzeiten in Kauf nehmen. »Nachdem die B 7 zwischen Kassel und Wehretal, die B 27 zwischen Friedland und Fulda und die B 400 von Wichmannshausen bis Wommen seit August 2005 für den LKW-Verkehr gesperrt wurden, soll ab dem Herbst dieses Jahres auch noch die B 3 vom A 49-Anschluss Borken bis zur B 3-Kreuzung mit der B 62 bei Cölbe, die B 252 von Diemelstadt bis Cölbe und die B 254 vom A 49-Anschluss Felsberg bis Fulda für LKWs ab 12 Tonnen gesperrt werden«, klagte die IHK Kassel im Juli 2006. Damit stünden der heimischen Transportwirtschaft in Nord- und Mittelhessen gut 400 Kilometer Bundesstraße weniger zur Verfügung. Den Unternehmen falle es zunehmend schwerer, die Anforderungen der Auftraggeber zu erfüllen.

»Die Logistikbranche ist ein sehr wachstumsstarker Wirtschaftszweig für Nordhessen, da die Region aufgrund der zentralen Lage in Europa für diese Branche besonders attraktiv ist«, sagt Dieter Lehmann, Verkehrsexperte der IHK Kassel. Eine regionale Sperrung von 400 Straßenkilometern sei für Investoren im Logistikbereich allerdings ein denkbar schlechtes Signal und mache die Bestrebungen,

Nordhessen als einen international anerkannten Logistik-
standort zu etablieren, teilweise wieder zunichte.

Wirtschaft und Politik im Werra-Meißner-Kreis setzten
vor allem auf den Tourismus. Zweifellos hat die Mittel-
gebirgslandschaft ihren Reiz. Damit aber die Leute auch
kommen und diejenigen daheim, die den Tourismus an-
kurbeln sollen, auch bleiben, muss sich noch einiges ändern.

»Ohne eine Verbesserung der Verkehrsinfrastruktur geht
da gar nichts«, sagt Michael Ludwig vom Servicezentrum
der Industrie- und Handelskammer (IHK) in Eschwege.
Schulen und Kindergärten bräuchten flexible Ganztagsangebote, und auch die Einzelhandelsstruktur müsse sich
verändern. Mit einer aufsehenerregenden Aktion hat der
Handel die Bürger darauf aufmerksam gemacht, dass sie
ihre Produkte im Kreis einkaufen sollten. Die Initiative
nennt sich »Tu's hier« und existiert seit 2006. In ihr engagieren sich zahlreiche Unternehmen. Auch ein lokales
Bündnis des bundesweiten Forums »Familien stark machen« hat sich gegründet. Es soll alle Familienpotenziale
bündeln und die Menschen in ihrer Heimat halten.

Diesbezüglich macht sich der Schwalm-Eder-Kreis keine
Sorgen. Er stützt sich in puncto Familie auf eine Studie des
Schweizer Prognos-Instituts, die dem Kreis gute Noten
gibt. Auch wirtschaftlich glaubt sich der Kreis gut aufgestellt. Was die Kleinbetriebe angeht, hat er damit gar nicht
mal unrecht. In etwa 2000 Handwerksbetrieben arbeiten
rund 15 000 Menschen. Damit sind sie ebenso eine Stütze
des Arbeitsmarktes wie die B. Braun AG. Das Unternehmen der Medizintechnikproduktion beschäftigt weltweit
über 30 000 Mitarbeiter, davon alleine 4000 in Melsungen.
Chef in der fünften Familiengeneration ist Ludwig Georg
Braun, der vielen als Präsident des Deutschen Industrie-

und Handelskammertages (DIHK) bekannt ist. Seine Firma ist das Aushängeschild der gesamten Region. Hervorgegangen ist sie aus einer Apotheke, in der Julius Wilhelm Braun 1839 diverse Wässerchen und Heilmittel verkaufte. Zum Welterfolg führte die Entwicklung der ersten Kunststoffspritze. Heute betreibt das Unternehmen Produktionsstätten auf fünf Kontinenten und erwirtschaftet einen Umsatz in Höhe von 2,8 Milliarden Euro.

So ein Unternehmen schmückt die Stadt und fördert den Arbeitsmarkt – über das eigene Angebot an Arbeitsplätzen hinaus – durch eingekaufte Dienst- und Handwerkerleistungen. Da wundert es nicht, dass Melsungen im Sommer 2007 gerade mal 6,1 Prozent Arbeitslose verzeichnet. Ein Jahr zuvor lag die Zahl zwar noch bei acht Prozent, aber immer noch deutlich unter dem Bundesdurchschnitt. Und im August 2007 waren bei der örtlichen Arbeitsagentur 275 offene Stellen gemeldet, 78 mehr als im Jahr zuvor. Zweifellos partizipierte der Ort also am allgemeinen Aufschwung.

Borken kann von solchen Zahlen bislang nur träumen. Es ist einer der Orte, die zu den wenig befriedigenden 9 Prozent Erwerbslosen im gesamten Kreis beitragen. Ohne die große Bereitschaft der Bürger, für einen Job auch weite Wege in Kauf zu nehmen, wäre die Zahl der Arbeitssuchenden sogar noch höher. Da die Arbeitsplätze vor Ort nicht ausreichen, müssen viele nach Marburg, Gießen oder gar Frankfurt zur Arbeit fahren. Jedenfalls ist die Zahl der Pendler nicht zu unterschätzen. Perspektivisch betrachtet stellen sie die größte Risikogruppe des Kreises, weil sie die potenziellen Abwanderer von morgen sind. Wer sie halten will, muss entweder gleichwertige Jobs in der Region anbieten oder den Wohnort durch Familien- und Freizeitleistungen deutlich aufwerten. Deshalb rät die

134

IHK Kassel, Existenzgründern bessere Chancen zu bieten. Junge Familien sähen im Schwalm-Eder-Kreis nicht die alleinige Perspektive.

Letztere Botschaft scheint auch bei der Borkener SPD angekommen zu sein. Jedenfalls sehen die Sozialdemokraten Handlungsbedarf bei den jungen Familien. »Die Borkener Kindergärten bieten derzeit noch keine Betreuungsplätze für unter Dreijährige an«, stellte die SPD-Geschäftsstelle im Engelhardtschen Hof im Dezember 2006 alarmiert fest. »Eine Inanspruchnahme der vollen Erziehungszeit, um die Betreuung in den ersten drei Jahren selbst zu übernehmen, kommt für viele Eltern nicht infrage, weil die entstehenden Gehaltsausfälle ein nicht zu stopfendes Loch in die Familienkasse reißen würden.«

Weil weder Stadt noch Kirche oder ein Sozialverband ein entsprechendes Angebot machte, versuchten die Eltern, sich selbst zu helfen. Sie organisierten eine private Krippe, die sie »Borkener Stadtmäuse« nannten. Dort können Kinder unter drei Jahren von morgens 7.30 Uhr bis 13.30 Uhr abgegeben werden. Aus Kostengründen ist die Mitarbeit der Eltern unerlässlich. Mit monatlichen Beiträgen von 185 Euro bleibt der finanzielle Aufwand auf diese Weise erträglich. Da die Kapazitäten der »Stadtmäuse« begrenzt und andere Plätze nicht zu haben sind, versuchen die Eltern, die von den »Stadtmäusen« abschlägig beschieden werden, ihre Kinder in dem Ort unterzubringen, in dem sie arbeiten. In der Praxis ist dies allerdings vielfach mit großem Aufwand verbunden, weil ein Elternteil täglich vor und nach der Arbeit zwischen Schule, Kindergarten und der Betreuung der ganz Kleinen hin und her fahren muss.

Die SPD sieht ein, dass dies »keine befriedigende Lösung« sein kann. »Wohnortnahe und der Arbeitszeit angepasste Betreuungsmöglichkeiten wären wünschenswert«, heißt es in einem Papier der SPD-Geschäftsstelle im Engelhardtschen Hof. »Sie können mitunter ausschlaggebend für die Entscheidung mancher Familien sein, in Borken wohnhaft zu werden bzw. zu bleiben ... Das Betreuungsangebot kann – ganz allgemein betrachtet – bei der Abwägung für einen Wohnsitz in unserer Stadt also entscheidend sein.« Geradezu zaghaft tastet sich die SPD Borken auf diese Weise an das Thema Demografie und Bevölkerungsschwund heran.

Deutlichere Worte findet der Vorstand des SPD-Bezirks Nordhessen. In seinem Leitantrag mit dem Titel »Demografischer Wandel – Herausforderung und Chance« zum Bezirksparteitag am 16. Juni 2007 in Baunatal schreibt er: »Wirtschaftlicher Strukturwandel, demografische Entwicklung und Integrationsprobleme fordern unsere Städte, Kommunen und Landkreise in bisher nicht gekanntem Umfang heraus. Wollen wir sie als lebenswerte und sichere Heimat erhalten und weiterentwickeln, brauchen wir ehrliche und tragfähige Antworten.«

Im Zentrum des Antrages steht der Komplex Arbeit. Ohne Arbeitsplätze werde es nicht gelingen, junge Menschen an Nordhessen zu binden. Neben den Arbeitsplätzen bereitet der SPD aber auch die Versorgung der Region mit Waren und Dienstleistungen Sorgen. Sie verweist auf die zunehmende Konzentration im Einzelhandel und das langsame Sterben der »Tante-Emma-Läden«. »Gerade in peripheren Räumen müssen Menschen jetzt schon teilweise große Strecken zum Einkauf oder zur Post zurücklegen, denn in vielen ländlichen Gemeinden gibt es schon heute keine Nahversorger mehr«, schreibt die SPD. »Durch den demografischen Wandel wird sich diese Tendenz weiter verstärken. Die drohende Benachteiligung insbesondere von Menschen mit Behinderungen, älteren Menschen und Haushalten mit einem geringen Einkommen aufgrund ihrer geringeren Mobilität macht hier besondere Maßnahmen im ländlichen Raum, aber auch in innerstädtischen Randlagen erforderlich.« Schließlich zieht der Vorstand das Fazit: »Der demografische Wandel ist eine politische Herausforderung für Nordhessen, der wir mit Mut, Entschlossenheit und Strategie begegnen sollten. Damit die kommunale Ebene diese Herausforderung annehmen und bewältigen kann, muss ihre Handlungsfähigkeit unbedingt gesichert werden. Europa, Bund und Länder stehen deshalb in der Pflicht, die Rahmenbedingungen kommunalen Handelns so zu gestalten, dass die Finanzausstattung der Städte, Kreise und Kommunen gesichert ist und sie im Rahmen der kommunalen Selbstverwaltung frei darüber entscheiden können.«

Auch die Freie Wählergemeinschaft, die in Hessen Tausende Mitglieder zählt und bei den Kommunalwahlen vor allem für die CDU eine Konkurrenz ist, hat sich ihre Gedanken gemacht. So schreibt etwa die Fraktion im Kreistag Schwalm-Eder: »Die Zukunftsentwicklung in Nordhessen und im Schwalm-Eder-Kreis erfüllt uns mit großer Sorge.« Die Kommunalpolitiker verweisen auf die Zahlen des Statistischen Landesamtes, wonach im Regierungsbezirk Kassel der stärkste Bevölkerungsrückgang in ganz Hessen zu erwarten sei. »Das Absinken der Bevölkerungszahlen lässt uns für die weitere Entwicklung Schlimmes befürchten, dem müssen wir entgegenwirken, um unsere Standards zu halten«, sagt der FWG-Fraktionschef Willi Werner. Er warnt vor dem mit den Veränderungsprozessen in den Bestandszahlen der Einwohner einhergehenden erheblichen Alterungsprozess der Bevölkerung. Werner glaubt, dass als Folge davon die Wirtschaftskraft abnehmen wird, weil durch die Veränderungen des Arbeitskräfteangebots ein Mangel an Fachkräften und die Verlängerung der Lebensarbeitszeit zu erwarten seien.

An dieser Stelle sei ein Einspruch erlaubt. Sicherlich ist mit einer im Schnitt älter werdenden Belegschaft bei körperlich anstrengenden Tätigkeiten auch eine sinkende Produktivität nicht auszuschließen. Oftmals kann die nachlassende Vitalität der Arbeitnehmer aber durch den technischen Fortschritt so weit ausgeglichen werden, dass es nicht zwangsläufig zu einer Einschränkung der Produktivität kommen muss.

Weitaus größer ist die Gefahr, nicht mehr genügend Fachkräfte anbieten zu können. Ein Mangel ist dann zu befürchten, wenn die Unternehmen und Arbeitsagenturen auf die ständige Weiterbildung der Arbeitnehmer und Arbeitsuchenden verzichten. Lebenslanges Lernen ist in einer alternden Gesellschaft die einzige – wenn auch geringe – Chance, nicht vollständig von den Innovationsprozessen junger, dynamischer Wirtschaftsregionen abgehängt zu werden.

Völlig richtig ist Werners Annahme, dass die kommunalen Finanzen – also die Haushaltssituation der Gebietskörperschaften – durch den Bevölkerungsschwund beeinflusst werden. »Denn die Einwohnerzahl bestimmt die Einnahmen der Kommunen aus den Einkommensteueranteilen entscheidend«, sagt der FWG-Politiker. »Eine abnehmende Einwohnerzahl hat also negative Auswirkungen auf die kommunalen Finanzen.«

Auch seine Hinweise zu den sozialen Infrastruktureinrichtungen machen deutlich, dass Werner sich ausführlich mit dem Problem auseinandergesetzt hat. In Zukunft würden Kindergärten und Schulen zum Teil nicht mehr ausgelastet sein. Die Finanzierbarkeit von Sport- und Freizeiteinrichtungen könne problematisch werden. »Hingegen werden mehr Alten- und Pflegeheime gebraucht, da der Hilfs- und Pflegebedarf der Bevölkerung zunimmt«, sagt Werner. Und auch die Frage der bei sinkenden Bevölkerungszahlen überdimensionierten Versorgungssysteme spricht er an: »Daher müssen wir Antworten auf die offenen Fragen finden – wie können wir den hier wohnenden Menschen die Zukunft mit den heutigen Standards sichern?«

Die Freien Wähler präsentieren auch Lösungsvorschläge, die zum Teil in Ostdeutschland schon umgesetzt oder in der politischen Debatte sind. So wollen sie etwa Aufgaben »des Staates« bündeln und so die Staatsquote zurückfahren. Sie treten dafür ein, die Regierungspräsidien abzuschaffen und Aufgaben von Ministerien auf die Landkreise zu verlagern. Auch die Idee der Großgemeinden, die es in Sachsen-Anhalt als Einheitsgemeinden bereits gibt, findet sich in ihren Papieren. Gar nicht gefallen dürfte Landräten und Bürgermeistern der Vorschlag, keine neuen Baugebiete mehr auszuweisen und stattdessen wieder die Innenstädte als Wohnquartiere zu beleben.

»Andererseits werden interkommunale und regionale Abstimmung immer wichtiger, zum Beispiel bei der Vorhaltung von Infrastruktureinrichtungen, die eine Kommune allein nicht mehr finanzieren kann. Mit Ausnahme von Oberzentren wird nicht mehr jede Kommune alle Angebote vorhalten können, wie Schwimmbad, Schule, Kindergarten, Bibliothek, Dorfgemeinschaftshaus usw.«, schreibt die Kreistagsfraktion. Mit den Nachbarn müsse darüber geredet werden, wie »überhaupt Angebote in guter Qualität« vorstellbar wären, »die von den Bewohnern mehrerer Kommunen gemeinsam genutzt und bezahlt werden können«.

Mit diesem Papier weist die Freie Wählergemeinschaft

zweifellos den richtigen Weg. Eigentlich müsste an dieser Stelle auch die CDU zu Wort kommen. Aber die ist in Nordhessen einfach viel zu schwach aufgestellt, als dass sie tiefschürfende Papiere zu solchen Themen vorlegen könnte. In der Wiesbadener Staatskanzlei von CDU-Ministerpräsident Koch wächst allerdings schon seit Langem die Sorge über die Zukunft der nordöstlichen Landesteile. Koch steht zudem in engem Kontakt mit seinem sächsischen Amtskollegen Georg Milbradt – mit dem Ziel, die bei der Schrumpfung sächsischer Regionen gewonnenen Erkenntnisse für sein Land zu nutzen (siehe auch Seite 257 ff. »Das Koch-Milbradt-Papier«). Die demografische Herausforderung durchzieht zudem das Regierungsprogramm »Hessen 2008 bis 2013«. Sie taucht überall einmal auf, wird allerdings nicht als großer Einzelpunkt abgehandelt. Unter Punkt VIII. »Stark vor Ort« heißt es dort: »Die demografische Entwicklung führt dazu, dass die interkommunale Zusammenarbeit immer mehr Bedeutung erlangt. Strukturschwache ländliche Gegenden, aus denen junge Mitbürger abwandern, werden mit diesem Instrument Synergieeffekte und Effizienzsteigerungen erzielen und den Folgen des demografischen Wandels entgegentreten können. Die Kommunen müssen selbst entscheiden können, wie sie dem demografischen Wandel begegnen. Freiwilligkeit ist hier der Schlüssel zum Erfolg.«

Ob das Wort Freiwilligkeit noch angebracht ist, wo es für einige Kommunen ums nackte Überleben geht und somit schon die Selbsterhaltung zum Handeln zwingt, sei einmal dahingestellt. Recht hat die CDU auf jeden Fall damit, dass beide Prozesse, die zur Schrumpfung führen, nämlich Abwanderung und sinkende Geburtenzahlen, zu einem großen Teil in den Dörfern, Städten und Gemeinden selbst erfolgreich beeinflusst werden können. Diese müssen initiativ werden und für alles, was über die eigenen Möglichkeiten hinausgeht, die Unterstützung der Kreise und des Landes einfordern.

Oft genug habe ich gestaunt, wie wenig die Kommunalpolitiker in Westdeutschland Abwanderung und Demografie als Bedrohung für die eigene Heimat zur Kenntnis nahmen. Ausgerechnet auf der untersten politischen Ebene, wo die Auswirkungen zuerst und am stärksten zu spüren sein werden, fehlt die nötige Sensibilität für die Sorgen der Zukunft. Das ist im Harz nicht anders als in Nordhessen, dem Hochsauerland oder sogar dem Ruhrgebiet. Vielmehr wird das Thema innerhalb der Parteien und der Verwaltungsebenen von oben nach unten durchgedrückt. Inzwischen ist es, wie wir an der SPD Nordhessen und der Freien Wählergemeinschaft gesehen haben, auf der Kreisebene angekommen.

Ins weiß-blaue Abseits

So ist das mit Erwin Huber. Immerzu steckt Bayerns Wirtschaftsminister bis über beide Ohren in Arbeit. Und dann muss er sich mit den Parteifreunden in der CSU auch noch über die Verteilung der regionalen Fördermittel streiten.

»Es dauert noch ein paar Minuten«, bittet mich Angela Burglechner höflich um Verständnis. Sie ist so etwas wie seine rechte Hand im bayerischen Wirtschaftsministerium. Eigentlich hätte der Minister schon vor einer Dreiviertelstunde auf dem Weg ins fränkische Weißenburg sein sollen. Denn dort muss er pünktlich um 17 Uhr Vertretern der örtlichen Wirtschaft Rede und Antwort stehen. Außerdem sind für den Nachmittag Unwetter angesagt.

Frau Burglechner tritt einen Schritt vor die Tür, legt den Kopf zur Seite – und mir scheint, als suche sie am Horizont nach den ersten Vorboten des drohenden Ungemachs. Doch ihr Blick haftet an dem Mannschaftsbus des FC Bayern, der sich im dichten Verkehr langsam am Ministerium in der Münchner Prinzregentenstraße vorbeischiebt. Und dann grummelt es tatsächlich einmal leicht, aber nicht vom immer noch blauen Himmel herab, sondern aus dem Herzen von Frau Burglechner. »Do schaun's her, der FC Bayern«, sagt sie. »Hier kriegen's ja noch richtig was geboten.«

Freundlich klang das keineswegs. Eher so, als hätte sie
»diese Deppen« sagen wollen. Aber so etwas sagt Frau
Burglechner natürlich nicht. Doch wenn die Bayern heuer
vom Münchner Erfolgsklub reden, dann ist's vorbei mit
eitel Sonnenschein. Denn der FC Bayern hat in dieser Sai-
son alles verspielt. Der ist raus aus der Champions League,
der gehört nicht mehr zu den ganz Großen. Nicht einmal
Meister ist er geworden.

Darunter leidet nicht nur Frau Burglechner. Ganz Bayern empfindet das Saisonergebnis als einen Abstieg, als
wär's ein Rutsch in die Zweite Liga. Und manche fußball-
begeisterten Politiker beschleicht in diesen Tagen schon
mal ein mulmiges Gefühl. Da versteigen sich urkatholi-
scher Glaube und Aberglaube zu der bangen Frage: Sollte
das schlechte Abschneiden des FC Beckenbauer gar ein
schlechtes Omen für die Zukunft der Freistaates, zumindest aber seines Regierungsbezirkes sein? Liegt darauf
etwa kein Segen mehr? Und das, obwohl doch inzwischen
sogar der Papst ein Bayer ist?

Ein mittelgroßer Mann mit je einem Aktenkoffer in der
linken und der rechten Hand unterbricht derartige Gedan-
kenspiele. Erwin Huber steht im Torrahmen seines Minis-
teriums. »Grüß Gott z'amm'.« Er trägt ein helles Jackett,
dunkle Hose und auf dem braun gebrannten Gesicht ein
feinsinniges Lächeln. Sein Fahrer, der ihm seit 20 Jahren
treu ist, nimmt ihm das Gepäck und das Jackett ab. Endlich kann es losgehen. Türen zu, Blinker links und mit
Vollgas auf die Überholspur.

Huber ist es gewohnt, schnell ans Ziel zu kommen. Als
er vor 60 Jahren in Reisbach im Landkreis Dingolfing als
drittes Kind einer Tagelöhnerin zur Welt kam, hätte niemand gedacht, dass aus ihm mal einer der mächtigsten
Männer im Freistaat werden könnte. Schon bald aber

143

zeigte sich, dass der jüngste Spross herausragende Fähigkeiten besaß und diese auch nach Kräften einsetzte. Er beschreibt das so: »Mein ganzes Denken war immer auf die Mobilisierung der eigenen Kräfte gerichtet.«

So macht er auch Politik. Bayern, die Regierungsbezirke und Landkreise sollen aus dem, was ihre Standorte zu bieten haben, das Bestmögliche machen. Als Wirtschaftsminister will er sie dabei gern unterstützen. Aber der Wille zum Aufstieg, der muss schon von der Kreisebene selbst kommen.

Huber besitzt diesen Willen. Ihm ist alles gelungen, was er sich vorgenommen hat. Er war Musterschüler. Die Realschule schloss er mit einem Notendurchschnitt von 1,1 ab, die Ausbildung zum Steuerinspektor absolvierte er als Jahrgangsbester in Bayern. Auf der Abendschule holte er das Abitur nach, anschließend studierte er Volkswirtschaftslehre. Es war ein weiter Weg bis nach ganz oben. Und wer einen solchen Weg hinter sich hat, der wird niemals vergessen, wo er hergekommen ist.

Seine Heimat Niederbayern gehörte zu den ärmsten Landstrichen des Freistaates. Die Menschen lebten von der Landwirtschaft oder besaßen ein kleines Gewerbe, etwa eine Tischlerei, einen Baubetrieb oder ein kleines Ladengeschäft. Erst die enormen Zuweisungen, die Bayern in den Nachkriegsjahren aus dem Länderfinanzausgleich und später aus Brüssel bekam, leiteten auch in dieser Region einen langsamen Wandel ein, mit dem die Zahl der sozialversicherungspflichtig Beschäftigten wuchs. Wichtigster Arbeitgeber ist seit 1967 der Automobilhersteller BMW mit seinem Werk in Dingolfing. Es ist übrigens der größte der weltweit 24 Produktionsstandorte von BMW. In Dingolfing arbeiten rund 22 000 Beschäftigte aus dem gesamten Regierungsbezirk Niederbayern. Hubers Ministerium zog

2003 das Fazit: »Niederbayern ist ohne Zweifel eine Aufsteigerregion.«

Tatsächlich schaffte es die Region, das Image des Armenhauses abzustreifen. Im Sommer 2006 brummte das Gastgewerbe und drückte die Arbeitslosenquote auf nur noch 4,4 Prozent. Im Jahresschnitt kamen Niederbayern/Oberpfalz auf 6,7 Prozent. Das war der geringste Wert in ganz Bayern. Innerhalb von fünf Jahren steigerten die Niederbayern ihr Inlandsprodukt um 15 Prozent. Damit war der Regierungsbezirk die dynamischste Region im Freistaat.

Lediglich zwei Kreise blieben hinter der allgemeinen Entwicklung zurück. Beide liegen im Osten und grenzen unmittelbar an Tschechien. Wie die bereits beschriebenen Harz-Regionen leiden Freyung-Grafenau und Regen unter dem Wegfall der ehemaligen Zonenrandförderung. In einer Regionalanalyse aus dem Jahr 1996 stellt das Münchener ifo-Institut erstmals die gravierendsten Probleme der genannten Landkreise dar. »Die Wirtschaftskraft der Region lag im Jahr 1992 mit 23 606 DM deutlich unter dem bayerischen Durchschnitt. Die überregionale Verkehrserschließung der Region ist als weit unterdurchschnittlich zu bewerten.« Die Arbeitsmarktregionen Freyung und Regen hätten mit dem bayerischen Wachstumstempo nicht mithalten können. Die Bruttowertschöpfung habe sich »längerfristig und auch im Vergleich der Jahre 1990 und 1992 schlechter als der bayerische und der klasseneigene Durchschnitt« entwickelt.

Bis heute hat sich daran nichts geändert. Nehmen wir allein die Beschäftigung im Regierungsbezirk. Sie entwickelt sich in den Landkreisen teilweise sogar gegenläufig. Von 1995 bis zum Jahr 2005 etwa stieg die Zahl der sozialversicherungspflichtig Beschäftigten im Landkreis Dingol-

145

fing-Landau nach Angaben der Industrie- und Handelskammer Niederbayern um unglaubliche 17,8 Prozent an. Straubing verzeichnete ein Plus von 10,4 Prozent. Freyung-Grafenau dagegen verlor in dem genannten Zeitraum 18,3 Prozent der sozialversicherungspflichtig Beschäftigten, Regen verlor 9,3 Prozent.

Ganz ähnlich fällt die Betrachtung der Bevölkerungsentwicklung im Regierungsbezirk aus. Während alle anderen Landkreise bis zum Jahr 2024 sogar noch Bevölkerungsgewinne verzeichnen, schrumpfte die Einwohnerzahl in Freyung-Grafenau und in Regen um jeweils acht Prozent, wie das Bayerische Landesamt für Statistik ermittelte. Verglichen mit den Verlusten in Ostdeutschland oder auch den ehemaligen Zonenrandgebieten des Harzes verläuft dieser Schrumpfungsprozess zwar noch moderat. Dennoch drohen die Kreise in dem immer härter werdenden Wettbewerb um Attraktivität, Einwohner und Wirtschaftsunternehmen unter die Räder zu kommen.

Denn auch bei der Zahl der Arbeitslosen fallen die beiden Kreise völlig aus dem Rahmen. Freyung-Grafenau kommt im Jahresschnitt auf 8,6 Prozent Arbeitslose, Regen auf 7,9 Prozent.

Nach Einschätzung des bayerischen Wirtschaftsministeriums zählen die beiden Kreise auch heute noch zu den »strukturschwächsten Regionen im Freistaat«. Auf der Suche nach den Ursachen für diese negative Entwicklung sind Erwin Huber und seine Mitarbeiter allerdings nicht etwa in Bayern selbst fündig geworden. Sie sehen darin primär eine Folge der nationalen oder sogar weltwirtschaftlichen Rahmenbedingungen. »Die gegenwärtigen wirtschaftlichen Probleme, die sich vor allem in diesen Regionen manifestieren, können somit nicht etwa auf nachteilige strukturelle Veränderungen zurückgeführt werden.

Sie sind vielmehr das Ergebnis der schlechten gesamtwirt-schaftlichen Rahmenbedingungen und der wirtschafts-feindlichen bundespolitischen Vorgaben, die in den letzten beiden Jahren auch in Niederbayern die Wirtschaftsdynamik empfindlich gedämpft haben«, schrieb das Ministerium in dem bereits erwähnten Sachstandsbericht aus dem Jahr 2003. Unabhängig von der Schuldfrage stand sowohl für die Kreise als auch für das Wirtschaftsministerium fest, dass Hubers niederbayerische Heimat weiterer Hilfe bedarf.

Zu Hause sind sie stolz auf ihn, weil er sich für sie einsetzt. Er selbst redet darüber nur ungern. Lieber erzählt er mir auf der Fahrt von München nach Weißenburg von seiner Zeit beim Kolping-Verein und von der Philosophie des einfachen Lebens. »Was ich da gelernt habe, ist: Du brauchst nicht viel zum Glücklichsein«, sagt Huber, während der Wagen an der malerischen Kulisse von Eichstätt vorbeibraust, der einzigen deutschen Stadt mit einer katholischen Universität. Wenn es in dem Tempo weitergeht und kein Regenschauer die Fahrbahn in eine Rutschbahn verwandelt, dann könnte er in einer halben Stunde pünktlich bei den Unternehmern in Weißenburg-Gunzenhausen sein.

Unbeirrt davon, dass der Fahrer ein höllisches Tempo fährt, studiert der Minister immer wieder Akten, die ihm die Mitarbeiter für den Ortstermin mit auf den Weg gegeben haben. Die Wirtschaftsvertreter wollen mit ihm über eine Regionalplanung sprechen und darüber, wie sie ihre Region besser vermarkten können.

Beim Geld hört die Freundschaft auf

Punkt 17 Uhr stoppt die Regierungslimousine vor der Gutmann Werke AG, einem mittelständischen Unternehmen in Weißenburg-Gunzenhausen. Draußen empfangen ihn einige Wirtschaftsvertreter, selbstverständlich allesamt CSU-Mitglieder. »Grüßt's euch«, sagt Huber, schüttelt Hände und folgt den Gastgebern in die Kantine. Drei Stunden werden sie ihn mit Fragen löchern. Und einer versteigt sich gar in die Forderung, das Land könne doch bitteschön sämtliche Kosten der Entwicklung einer neuen Vermarktungsstrategie übernehmen. Huber schüttelt den Kopf. Wenn er sich auf solche Vorschläge einließe, wären die Fördertöpfe schnell leer, sagt er. Zwar nicken einige der Anwesenden verständnisvoll, doch der Mann, der die Forderung erhoben hatte, setzt noch einmal nach. »Jedenfalls möchte ich Sie bitten, sich mit einer stattlichen Summe zu beteiligen«, sagt er.

Das Auftreten des Mannes ist nicht untypisch. Zunehmend wächst der Egoismus in den bayerischen Regionen. Meist aber wird dabei, wie in Weißenburg-Gunzenhausen, auf hohem Niveau geklagt. Denn von den fränkischen Verhältnissen in puncto Wirtschaftsentwicklung und Demografie können andere Regionen nur träumen. Freyung-Grafenau und Regen habe ich bereits erwähnt. Mehr noch als sie aber sind die Landkreise Königshofen im Grabfeld, Kronach, Hof und Wunsiedel im Fichtelgebirge vom Bevölkerungsschwund betroffen. Abnahmen zwischen 8 und 15 Prozent prognostiziert das Bundesamt für Bauwesen und Raumordnung. Dabei nähert sich die Gesamtsituation in Wunsiedel, einem der weltweit berühmtesten Standorte der Porzellan-Herstellung, bereits dem einiger ostdeutscher Kreise an. Verglichen mit den bayerischen Boom-Regionen ist die Lage dort bereits mehr als kritisch.

Wohl jeder kennt die Wunsiedler Porzellan-Traditionsmarken Hutschenreuther, Rosenthal aus Selb oder Arzberg aus der gleichnamigen Stadt. Sie haben diese Region und ihre Menschen geprägt. Kaum mehr als die Erinnerung an diese Zeit ist ihnen allerdings geblieben.

Als nach dem Zweiten Weltkrieg die Porzellanindustrie einen starken Aufstieg erlebte, holten die Firmen von überall her Arbeitskräfte nach Selb. So stieg die Zahl der Einwohner auf über 24 000 an. Da die Porzellanunternehmen sich als Teil der Region verstanden, übernahmen sie eine heute kaum noch anzutreffende Verantwortung für die kulturelle und sportliche Entwicklung. Dank ihrer Hilfe wurde überall in Selb gebaut und verschönert. Aus der ganzen Welt kamen Künstler und Designer ins Fichtelgebirge. Selb und Arzberg waren kleine, aber feine Wirtschaftsstandorte.

Erste Wettbewerbsschwierigkeiten in den Siebzigerjahren überstanden die Firmen noch nahezu unbeschadet. Doch mit der deutschen Einheit drängten Billiglohn-Angebote aus Osteuropa auf den deutschen Markt und führten zu einem Absatzeinbruch. Allein in Selb sank die Zahl der Arbeitsplätze in den Porzellanfirmen um 4000 auf einige Hundert Beschäftigte. Parallel dazu schrumpfte die Stadt von ehemals 24 000 auf nur noch 17 500 Einwohner. Zeitweise lag die Arbeitslosenquote bei 15 Prozent. Sichtbare Zeichen des schmerzhaften Strukturwandels der Region waren zahlreiche leer stehende Fabrikanlagen. Einige von ihnen konnten von Betrieben aus anderen Branchen neu genutzt werden, andere jedoch wurden abgerissen und hinterließen tiefe Wunden im Stadtgefüge.

Ähnlich erging es dem Landkreis Hof durch den Niedergang der Textilindustrie, die mit den Angeboten aus Fernost und Osteuropa einfach nicht mehr konkurrieren konnte. Doch Hof musste noch weitere Rückschläge einstecken. Denn Anfang des neuen Jahrtausends stellte der bis dahin größte Hofer Bauunternehmer Augsten & Scheuerlein Insolvenzantrag, im Mai 2002 folgte der Regionalfernsehsender Oberfranken TV.

Trotz wegbrechender Steuereinnahmen konnten die Kommunen in den Neunzigern noch notdürftig die Finanzlöcher stopfen. Aber mit Anbruch des neuen Jahrhunderts waren die meisten schließlich pleite. Zwölf der 27 Gemeinden mussten Kredite aufnehmen, um die laufenden Gehaltsrechnungen zu bezahlen. Im Landkreis Wunsiedel waren sogar 15 der 17 Gemeinden von solchen Krediten abhängig. Insgeheim hatten in dieser Zeit alle darauf gehofft, dass BMW in der Region einen Produktionsstandort aufbauen würde. Doch der bayerische Autokonzern entschied sich für Leipzig – wohl auch wegen der höheren Förderquote in Sachsen. Die Absage war ein herber Schlag für die Oberfranken, der die Menschen wirklich deprimierte.

Seither haben vor allem junge Leute der Region den Rücken gekehrt. Inzwischen ist der Altersdurchschnitt in Wunsiedel mit heute 45,1 Jahren der höchste in Bayern. In zwanzig Jahren liegt er sogar bei 49,3 Jahren. Die Region vergreist, da gibt es keine Zweifel mehr. Gleichzeitig dürfte Wunsiedel in diesem Zeitraum etwa acht bis zehn Prozent seiner heutigen Einwohner verlieren. Nur die Alten blieben der Gegend treu.

Nun will der Bürgermeister der Kreisstadt, Karl-Willi Beck, aus der Not eine Tugend machen. Inspiriert von der amerikanischen Rentner-Metropole Sun City plant er das Alten-Paradies Wunsiedel. Rentner aus ganz Deutschland sollen ihren Wohnsitz dorthin verlegen. Motto: »Willkommen in der Greisstadt Wunsiedel!« Das klingt fast zynisch, ist jedoch angesichts der Altersstruktur der Stadt eh schon bald Realität. Schließlich wird im Jahr 2020 rund ein Viertel der Einwohner älter als 60 Jahre sein. Für sie will Beck die Stadt so attraktiv wie möglich gestalten.

Also beauftragte er seine Verwaltung, Vorschläge zu erarbeiten. Die Verwaltung nahm etliche der Anregungen des eigens eingerichteten Seniorenparlaments auf und empfahl Beck, Erste-Hilfe-Kurse, eine Rechtsberatung und Bus-Shuttles zu Ausflugszielen einzurichten. Genial jedoch fand Beck die Idee, die Bordsteine abzusenken – als sichtbares Zeichen der Seniorenfreundlichkeit. Sofort ließ er die Idee umsetzen und über alle Medien verbreiten.

Auch auf den steigenden Pflegebedarf hat der Ort schnell reagiert. Eine Reha-Klinik wurde in ein Altenheim umgebaut. Das Haus liegt mitten in der Stadt. Nur ein paar Meter daneben entstand ein großer Supermarkt, um eine leicht zu erreichende Einkaufsmöglichkeit zu schaffen. Eine Anlage für Betreutes Wohnen ist auch ganz in der Nähe. Einmal im Monat versammeln sich die Vorsitzenden der einschlägigen Vereine und Verbände vom Sozialverband VdK über das Rote Kreuz bis zum Behindertenclub um den Kachelofen im Großen Ratssaal und überlegen, was sie für die Senioren tun können.

Solche Aktivitäten werden auch im Münchener Wirtschaftsministerium goutiert. Huber selbst sagt, er wisse wohl, dass der Landkreis Wunsiedel »stärker als andere unter den Folgen des Strukturwandels seiner traditionellen Industrien und unter der Konkurrenz der angrenzenden Niedriglohnländer« leide. Auch in Zukunft werde der Kreis daher ein Gebiet mit einem besonderen Förderbedarf sein. Er kündigt sogar höhere Höchst-Fördersätze an. »Das

Fördergefälle zur Tschechischen Republik wird zukünftig auf maximal 20 Prozentpunkte beschränkt sein«, sagt Huber.

In der Zeit von 2007 bis 2013 kann Bayern zu diesem Zweck in Brüssel 491 Millionen Euro abrufen. Etwa die Hälfte davon will Huber in Ostbayern investieren. So hat es der Ministerrat beschlossen. »Wir hätten in Ostbayern keine Chance für Investitionen, wenn dort nicht erhöht gefördert würde«, sagt Huber.

Auf das Verständnis der anderen Regionen kann er bei solchen Aussagen nicht hoffen. Stattdessen wird dort der Neid geweckt. Allerorten gibt es solche Begehrlichkeiten, alle Regionen möchten einen möglichst großen Betrag für ihre regionale Wirtschaftsförderung erhalten.

»Immer wieder Ostbayern. Das kann es nicht sein«, moniert der frühere Staatssekretär im Finanzministerium, Alfons Zeller. Der Landtagsabgeordnete aus dem Allgäu rechnet aus, dass 2007 mehr als 80 Prozent der Wirtschaftsförderung nach Ostbayern fließen. Hubers Ministerium rechtfertigt die Aufteilung des Geldes durch verbindliche Vorgaben des Bundes und der Europäischen Union. Auf diese Weise seien für die Bezirke Niederbayern, Oberpfalz und Oberfranken 114 Millionen Euro vorgesehen. Zeller wiederum hält dem Ministerium entgegen, das Land gebe den Ostbayern zusätzliches Geld, über das die Staatsregierung frei verfügen könne. Allein für 2007 seien dies über 20 Millionen Euro.

An diesem Punkt der Auseinandersetzung wagt sich auch Franz Pschierer vor. Er konstatiert »große Ungleichgewichte« bei der Vergabe der Fördermittel. Seine Aussage wiederum – immerhin ist Pschierer Vorsitzender des Wirtschaftsausschusses im Landtag – stachelt die Landräte auf. So kündigt der Oberallgäuer Gebhard Kaiser an, er werde

»heillos Krach schlagen«, wenn die bisherige Praxis nicht zugunsten anderer Regionen, sprich der seinen, geändert werde.

Vielleicht war es politisch einfach nicht besonders klug von Erwin Huber, bei jeder sich ergebenden Gelegenheit den wirtschaftlichen Aufstieg Niederbayerns und Oberfrankens zu verkünden. »Die Förderbilanz der letzten Jahre für Oberfranken ist ein Erfolg«, sagte er mehrfach. »Im Rahmen der Gewerbeförderung wurden von 1997 bis 2006 mit Zuwendungen in Höhe von 213 Millionen Euro Investitionen mit einem Gesamtvolumen von 1,6 Milliarden Euro angestoßen. Damit wurden knapp 5400 Arbeitsplätze neu geschaffen und gut 43 000 gesichert. Allein in Selb wurden mit knapp 18 Millionen Euro Investitionen von 86 Millionen Euro gefördert und damit 275 Arbeitsplätze neu geschaffen sowie fast 2400 Arbeitsplätze gesichert.«

Den Absteiger-Landkreisen tut er mit solchen Reden im innerbayerischen Gerangel um Wirtschaftssubventionen jedenfalls keinen Gefallen. Nicht umsonst warnt der Landrat eines Kreises aus der Oberpfalz, der viele Jahre gegen den Abstieg gekämpft hat, vor schwerwiegenden Folgen, falls die bedürftigen Regionen künftig nicht mehr so stark gefördert würden wie früher. »Es geht nicht um Besitzstandswahrung. Es ist ein Prozess in Gang gekommen, der nicht gestoppt werden darf«, sagt Theo Zellner aus Cham. Denn sonst wäre auch das wieder verloren, was in den vergangenen Jahren mit großer Mühe aufgebaut worden ist.

Und das will ja auch Huber um jeden Preis verhindern.

Im Pott, da brodelt's

Stau. Fünf Kilometer sind es diesmal. Und ich stecke mittendrin. Das Navigationssystem hat versagt. Heute schon zum zweiten Mal. Aber vermutlich habe ich es nur falsch eingestellt. Keine Ahnung, wie die Menschen zwischen Duisburg, Gelsenkirchen und Essen den täglichen Stillstand klaglos erleiden. Sogar das Radio nervt. Drei Minuten Nachrichten, fünf Minuten Verkehrsmeldungen. Das gibt es nur in Nordrhein-Westfalen. Nirgendwo sonst wurden mehr Autobahnen gebaut, mehr Straßenkilometer ins Land asphaltiert. Wer dieses Verkehrsnetz einmal aus der Luft betrachtet hat, der weiß, wovon ich spreche. Gerade bei Dunkelheit ist es ein fesselnder Anblick. Da gleichen die Fahrbahnen unzähligen Ameisenstraßen, auf denen leuchtende Tierchen sich unaufhörlich aneinander vorbeischieben wie millionenfach wimmelndes Ungeziefer, das die Lebensadern einer Region befällt. Lebensadern, die für ein unaufhörlich wachsendes Verkehrsaufkommen geschaffen wurden, die den Wunsch nach grenzenloser Mobilität verwirklichen sollten und die doch immer wieder verstopfen wie die Blutbahnen eines übergewichtigen, verfetteten und alternden Leibes, dem jeden Moment der Infarkt droht.

Es geht vorwärts. Endlich. Langsam nur, aber alles ist besser als zu stehen. Nun mal zu, da vorne! Wir fahren im Reißverschlussverfahren an einer Baustelle vorbei. Sie also war der Grund für diese Quälerei. Ein paar hundert Meter noch, dann ist der Weg durchs Ruhrgebiet wieder frei.

Ruhrgebiet. Diesen Begriff verbinde ich mit kohlenschwarzen Gesichtern, die zu Köpfen mit gelben Helmen gehören, aber auch mit rauchenden Schloten, mit Stahlgerüsten, -verstrebungen und -verschraubungen, mit Förderanlagen und Fußball, mit der Bude »anne Ecke« und Currywurst. Und weil ich nun einmal mit dem Auto unterwegs bin, habe ich ein ganz besonderes Verhältnis zu den Straßen, die mal vier-, mal sechsspurig, immer aber mindestens so »großzügig« angelegt sind wie die Gastfreundlichkeit der Menschen dort.

Übrigens: Woran merkt ein Autofahrer, dass er im Ruhrgebiet nicht mehr auf der Autobahn ist? An den roten Ampeln. Blöder Spruch, ich weiß. Aber solche Sachen fallen mir manchmal ein, wenn ich auf der mittleren Spur an der Ampel einer Einfall- oder Ausfallstraße stehe. Rechts von mir kein Wagen, links von mir kein Wagen. Nur direkt vor mir stemmt sich eine ältere Frau gegen den Wind, damit sie bis zum Ende ihrer Grün-Phase den Mittelstreifen erreicht.

Ästheten kommen hier allerdings auf den Hund. Ehrlich. Genau betrachtet, verfügt nicht einmal eine einzige Geschäftsstraße über jenes stilistisch notwendige Mindestmaß an Homogenität, ich meine schlicht dieses Grundmuster an architektonischer und städteplanerischer Geschlossenheit, die einem Ort, einer Häuserflucht, einem Viertel und letztlich einer ganzen Stadt ein formvollendetes Gesicht geben. Manche mögen das Ruhrgebiet als Gesamtkunstwerk verstehen. 53 Städte, 4,5 Millionen Einwohner auf einer Fläche von 4,435 Quadratkilometern. Ganz sicher aber war es das architektonisch-städteplanerische Experimentierfeld der alten Bundesrepublik. Formen, Materialien, Farben und Strukturen – hier wurde alles bunt zusammengeworfen, scheinbar ohne darüber nachzudenken, wie das eine sich zum anderen fügt.

Nehmen wir das Beispiel Dortmund. Als die Stadt nach dem Krieg am Boden lag, lehnte der Stadtrat den Wiederaufbau oder auch nur die Rekonstruktion der zerstörten Architektur kategorisch ab. Großzügig und luftig sollte es werden, auch wenn am Ende nichts mehr an die alte Stadt erinnern würde. Zwar hatten diesen Auftrag die Bomben schon weitgehend besorgt. Wo aber noch ein Rest im Wege stand, räumten ihn die Bagger der Nachkriegszeit weg. So wurden 1800 Grundstücke mal eben so zu 800 zusammengelegt. Die Dortmunder wollten weg vom Klein-Klein.

Damals waren die Architekten beseelt vom Geist der neuen Rationalität. Wer etwas auf sich hielt, berief sich auf die 1941 veröffentlichte »Charta von Athen«. Sie war unter dem maßgeblichen Einfluss des Schweizer Architekten und Stadtplaners Le Corbusier entstanden. Einfachheit, Übersichtlichkeit und Funktionalität bestimmten fortan das neue Denken ebenso wie die Trennung von Wohnen, Arbeiten und Erholen. Corbusiers Denken ersetzte in den Plänen der Stadtbauräte die vier- oder fünfgeschossigen Gründerzeitbauten durch weiträumig auseinander stehende Hochhäuser und schuf so ungewollt Platz für den extensiven Straßenbau.

Zu allem Überfluss wurde die Stadtplanung damals auch noch ideologisch überhöht und als Mittel der Abgrenzung zwischen Ost und West instrumentalisiert. Dabei galten dem Westen die offenen Räume als das Sinnbild eines demokratischen Neuanfangs.

Für das Ruhrgebiet standen 1945 aber noch viel spannendere Fragen auf der Agenda. Sollte es nun zu einer Kolonialstadt der Alliierten oder zu einer Deutschland dominierenden Metropole aufgebaut werden? Oder sollte man etwa eine Stadt wie Dortmund einfach ganz woandershin verlegen? Nach dem Krieg wurde Letzteres ernsthaft erwogen.

Mit welcher Erneuerungswut die Stadtplaner damals zur Sache gingen, wird auch am Beispiel Duisburgs deutlich. In der Zeit der Industrialisierung war die Stadt zwar über ihre jahrhundertealten Grenzen hinausgewachsen, hatte dabei aber ihr städtebaulich-historisches Erbe bewahrt. So war die Struktur des mittelalterlichen Stadtkerns bis zum Ausbruch des Zweiten Weltkriegs vollständig erhalten geblieben. Erst die Bombardierungen während des Krieges zerstörten weite Teile der jahrhundertealten Bausubstanz. Nur wie durch ein Wunder überstanden einige wertvolle historische Gebäude den Bombenhagel so weit unversehrt, dass sie durchaus hätten wiederaufgebaut werden können. Zu diesen zählte etwa das Wohnhaus des Kartografen und Theologen Gerhard Mercator. Nun hätten die Stadtplaner dies als Chance einer zumindest teilweisen Rekonstruktion der historischen Stadt begreifen können. Statt jedoch Geschichte lebendig werden zu lassen, riss die Stadtverwaltung das Wohnhaus Mercators nieder und schuf so ganz bewusst Raum für breitere Straßen. Der Rest der Altstadt auf dem historischen Platz wurde umstrukturiert und von der neu geplanten City isoliert.

Alle Ruhrgebietsstädte sahen sich in der Wiederaufbauphase nach dem Krieg unter enormem Zeitdruck, und jede wollte bei der Schaffung neuer Stadtstrukturen und der Wiederbelebung der Wirtschaft die Nase vorn haben. Und während die Bürger in Frankfurt, München oder Hamburg angeregt über die Stadtentwicklung diskutierten, stieß der Wiederaufbau des Ruhrgebietes kaum auf Anteilnahme in der Öffentlichkeit. Somit plante und baute jeder nach seinem Gusto. Dabei wurde die Chance einer konzertierten Regionalentwicklung vertan.

Und das kann sich vielleicht in naher Zukunft rächen. Denn die Städte des Ruhrgebiets sind die am stärksten von Geburtenrückgang und Abwanderungen betroffenen Großstädte Westdeutschlands. Ausgerechnet diesem Ballungsraum, in dem Wohnungs- und Straßenbau für eine ungebrochen wachsende Bevölkerung dimensioniert wurden, droht nun ein schmerzhafter Schrumpfungsprozess, der die ohnehin schon heillos zerklüftete urbane Region noch weiter zu zerlegen droht, der zusätzliche Brachflächen und leer stehende Trabantensiedlungen schafft und den Kommunen gigantische Kosten für den Rückbau und die Instandhaltung der Abwasserkanäle und Kläranlagen bescheren könnte.

Vielleicht aber handeln sie ja dieses Mal anders als nach dem Krieg und gehen die unabwendbare Schrumpfung in einer gemeinsamen Regionalplanung an.

Das Ruhrgebiet steht vor Herausforderungen, die jede Stadt für sich allein genommen überfordern und zu jenem Zusammenhalt zwingen, dem sich die Städte jahrzehntelang verweigert haben. Diese Weigerung ist umso unverständlicher, als doch die wirtschaftlichen Voraussetzungen nach dem Krieg für den Aufbau einer europäischen Metropolregion außerordentlich günstig waren. Unter strenger Aufsicht der Alliierten begann sofort die notwendige Modernisierung der Montanindustrie. Schon zum Jahreswechsel 1947/1948 übertraf das Ruhrgebiet die gesamte französische Stahlproduktion. In dieser Zeit strömten Flüchtlinge aus den vormaligen deutschen Gebieten und

Umsiedler aus der DDR in die Region an Ruhr und Emscher. Insgesamt kamen etwa eine Million Menschen, die Wohnungen und Arbeitsplätze benötigten.

Heute würde ein derartiger Bevölkerungszuwachs die Region restlos überfordern. Massenarbeitslosigkeit und soziale Verwerfungen wären die Folge. Damals jedoch kam jede Arbeitskraft gelegen. Mit Hilfe des Marshall-Plans begann der rasche wirtschaftliche Wiederaufstieg der jungen Bundesrepublik. In diesen Jahren erlebte sie ihr Wirtschaftswunder. Und das Ruhrgebiet war dessen Motor.

Doch schon Mitte der Fünfzigerjahre gab es erste Warnsignale, die ankündigten, wie gefährlich eine einseitige Wirtschaftspolitik zugunsten der Montanindustrie werden könnte. Mit dem Erdöl drängte mehr und mehr ein zweiter, in Deutschland nicht vorhandener fossiler Energieträger auf die internationalen Märkte. Seine beständig fallenden Preise brachten die Kohle unter Druck. Gleichzeitig stieg weltweit das Kohleangebot. Obwohl schon 1954 Kurzarbeit nötig wurde, erste Feierschichten gefahren wurden und fünf Millionen Tonnen auf Halde lagen, erhöhten die Unternehmen im Ruhrgebiet noch 1957 die Kohlenpreise. Damit war die Ruhrkohle nur noch begrenzt wettbewerbsfähig. Kokskohle aus den USA etwa war in Deutschland preiswerter zu haben als die heimische Steinkohle. Vor allem aber sank der Erdölpreis immer weiter. Anders als die USA, Großbritannien und Frankreich schaffte die Bundesregierung nahezu alle Einfuhrzölle auf Heiz- und Mineralöl ab. Jetzt brach die Nachfrage nach heimischer Steinkohle ein, die 1957 noch 60 Prozent des deutschen Primärenergieverbrauchs deckte.

Zechenstilllegungen wurden unumgänglich. Zuerst traf es am 30. September 1958 die Zeche »Liselotte« in Bochum.

Noch im selben Jahr folgte mit »Thyssen 4/8« in Duisburg-Meiderich das erste Großbergwerk. In den folgenden Jahren gaben immer wieder kleinere Zechen auf. Eine Zäsur aber bedeutete am 30. September 1966 die Schließung des Bergwerkes »Graf Bismarck« in Gelsenkirchen. Immerhin galt es als eines der erfolgreichsten Flaggschiffe des Ruhrbergbaus. Das Ende der Zeche fiel genau in die erste bundesweite Wirtschaftskrise. Nach der Schließung von »Bismarck« war die Notwendigkeit eines ersten Strukturwandels im Ruhrgebiet nicht mehr zu leugnen.

Wenngleich die Zeit der Zechen ablief, blieben schwerwiegende Folgen für den Arbeitsmarkt zunächst aus. Die Bergleute kamen bei anderen Arbeitgebern unter. Zwischen 1950 und 1970 entstanden allein im Ruhrgebiet 3,6 Millionen neue Arbeitsplätze. Erst in den Siebzigerjahren schlug die beginnende Krise der Hüttenindustrie voll auf den Arbeitsmarkt durch. Als erste schloss 1972 die Klöckner-Hütte in Hagen-Haspe. Von den Mitte der Siebzigerjahre produzierenden selbstständigen Hüttenwerken überlebten bis 1988 nur acht. Und von diesen fertigten nur noch vier die gesamte Produktpalette vom Roheisen bis zum Endprodukt. Im gleichen Zeitraum fielen 130 000 Arbeitsplätze weg.

Als 1987 die Henrichshütte in Hattingen und ein Jahr darauf die Friedrich-Alfred-Hütte in Duisburg-Rheinhausen schließen sollen, beginnt einer der größten Arbeitskämpfe des Ruhrgebietes. Am 10. Dezember 1987 legen über 100 000 Menschen in der Region ihre Arbeit nieder und beteiligen sich an den Protesten zum Erhalt der Arbeitsplätze in der Stahlindustrie. Dabei besetzen sie die wichtigsten Verkehrsknotenpunkte zwischen Dortmund und Duisburg. Es folgen Gottesdienste, Mahnwachen, Rockkonzerte und die Besetzung der Rheinbrücke. Im Februar 1988 schließlich bilden rund 80 000 Bürger eine Menschenkette, die von Duisburg-Rheinhausen bis zur Westfalenhütte in Dortmund reicht. Doch all diese Aktionen können das Ende der Abwicklung des Werkes in Rheinhausen nur verzögern. Am 14. März 1993 schließen sich die Werkstore für immer. Bis heute sind die Folgen nicht bewältigt, noch immer liegt die Arbeitslosigkeit örtlich bei bis zu 20 Prozent.

Gelsenkirchener Innenleben

Wenn ich durch das Ruhrgebiet fahre, merke ich oft nicht, wann eine Stadt aufhört und die nächste anfängt. Die Grenzen sind fließend. Eigentlich ist das Ruhrgebiet längst eine einzige große Stadt, auch wenn es das noch immer nicht wahrhaben will. Denn es gibt so vieles, was die einzelnen Städte verbindet oder hier wie dort ähnlich aussieht. Angefangen von den Zechensiedlungen mit den Reihenhäuschen, an deren Rauputz früher der Ruß »der guten Jahre« haftete und die heute zumeist hübsch saniert ein ebenso wichtiger Bestandteil der industriegeschichtlichen und kulturellen Identität des Ruhrgebietes sind wie die draußen im Grünen errichteten Villen für die Vorstände der großen Industrieunternehmen. Leider aber besitzen die Städte alle auch die an Weltkriegsbunker erinnernden Betonbausünden der Sechziger- und Siebzigerjahre. Entweder handelt es sich um eine Stadthalle, einen Schulkomplex oder ein Einkaufszentrum. Ganz zu schweigen von den als sozialer Wohnungsbau deklarierten hochgeschossigen Mietskasernen wie in Duisburg-Neumühl oder Gelsenkirchen-Mitte. Irgendetwas davon hat jede Stadt, zuweilen dann auch noch in orangefarbener Kunststoffverkleidung. Gerade jetzt, da das Geld zur Instandhaltung fehlt, sind diese Bauten besonders unansehnlich.

Eine dieser fürchterlichen Betonlandschaften war für mich immer der Gelsenkirchener Hauptbahnhof. Es war gar nicht nötig zu hören, wie der Wind durch die Hallen pfiff, schon beim Anblick dieser gigantischen Betonmasse fröstelte es einen. Wer hier ankommt, dachte ich jedes Mal, der steigt gleich wieder ein und fährt Gott weiß wohin. In Gelsenkirchen aber bleibt er bestimmt nicht. Der Fußball-Weltmeisterschaft sei Dank, dass dieser Bahnhof saniert wurde!

Auch auf der Bahnhofstraße hat sich etwas getan. Gebäude wurden an internationale Investoren verkauft und sind inzwischen renoviert. Doch auch heute noch bleibt niemandem verborgen, dass es dieser Stadt nicht gut geht. Leere Ladenlokale zeugen davon. Seit Jahren sind sie kein ungewöhnlicher Anblick. Wo den Menschen das Geld fehlt, können sie auch nichts kaufen. Da geht es den Leuten nicht anders als der Stadt selbst. Zum 31. Dezember 2006 stand sie mit 348 Millionen Euro in der Kreide. Seit 1992 sanken die Einnahmen kontinuierlich. Gleichzeitig stiegen die Ausgaben für die Sozialhilfe rapide. Das passte nicht zusammen.

Auch mit Beginn des neuen Jahrtausends zeichnete sich keine Wende ab. Die Steuereinnahmen dümpelten weiter auf niedrigem Niveau. Zwischen 160 und 190 Millionen Euro, mehr nahm die Stadt nicht ein. Und auch wenn der Kämmerer im Jahr 2006 dank der anziehenden Konjunktur 273 Millionen Euro verbuchen konnte, wird Gelsenkirchen das Gespenst der Pleite nicht los, das vor bald zwei Jahrzehnten aus der verglühenden Kohle- und Stahlproduktion aufstieg und das gesamte Ruhrgebiet heimsuchte. Die Angst vor dem Absturz ist allgegenwärtig. Sie schleicht durch die rußgeschwärzten Bergarbeitersiedlungen und lauert auf den Fluren der Verwaltung.

Hoffnung auf Hilfe gibt es nicht. In den Achtzigerjahren half das Land Nordrhein-Westfalen mit einem kräftigen Zuschuss, in Gelsenkirchen ein finanzielles Desaster zu verhindern. Inzwischen muss das Land selbst an allen Ecken sparen. Aus eigener Kraft aber, so fürchten die Menschen, werde sich die Stadt aus dieser Krise nicht mehr befreien können. Das sah allerdings auch die Landesregierung so und wies Gelsenkirchen eine Art Vormund in Finanzfragen zu. Seither ist Gelsenkirchens Bürgermeister Frank Baranowski ein Gefangener der münsterschen Kommunalaufsicht. Gelsenkirchen steht, wie jede Kommune mit einem Nothaushalt, unter der Aufsicht der Bezirksregierung.

Früher blickten die Gelsenkirchener eher mitleidig oder gleichgültig auf die ihrer Meinung nach bürgerlich-piefige, stockkatholische Beamtenstadt, in der es mehr Studenten als Einwohner mit Erstwohnsitz gab. Diese Einstellung hat sich gründlich geändert. Inzwischen ist Gelsenkirchen mit knapp 270 000 Einwohnern kleiner als Münster. Der Stadt sterben die Menschen weg. Seit Jahren liegt die Zahl der Todesfälle über der Geburtenrate.

Da kann es niemanden verwundern, wenn die Menschen vor der Gegenwart am liebsten die Augen verschließen und sich schon seit geraumer Zeit in Erinnerungen an gute Tage flüchten. Ich erinnere mich noch gut an einen bierseligen Abend in der »Gaststätte Hilkenbach«, einer jener Kneipen unweit der ehemaligen Bismarck-Zeche, in denen sich die Kumpel einst nach der Schicht den Staub aus der Kehle spülten. »Damals, vor dreißig, vierzig Jahren, war das Leben hier anders«, erzählte mir der katholische Berufsschulpfarrer Egon Martin an diesem frostigen Win-

163

terabend 2003. Mitte Sechzig war er damals. Er gehörte also zu den Jahrgängen, die erst den Aufstieg miterlebten und dann den Niedergang. »Stahlkocher und Bergarbeiter nahmen ein gutes Gefühl mit heim, wenn sie nach Feierabend in den glutroten Nachthimmel sahen. Dann wussten sie, dass unsere Kohle in den Stahlöfen noch brannte.« Und die Wirtschaft brummte.

Heute ist die Glut in den Stahlöfen erloschen, die Zechen sind geschlossen. In den südlichen Bezirken Rotthausen, Ückendorf und Neustadt ist fast jeder Fünfte ohne Arbeit, jeder Zehnte lebt von Hartz IV. Und auf den vierspurig gebauten Ausfallstraßen erlöschen abends um neun die Lichter. Die Stadt kann den Strom nicht mehr zahlen. So finster sieht es aus.

Auch wenn die Stadt vieles gern in ein anderes Licht rücken möchte, indem sie behauptet, die Beleuchtung der Ausfallstraßen sei schlicht überflüssig: Damit kann sie ihre Bürger nicht täuschen.

»Die Politik hat sich an dieser Stadt versündigt«, schimpfte Pfarrer Martin an diesem Abend im Winter 2003. »Sie hat es verpasst, vor Jahren einen Strukturwandel einzuleiten, weil die SPD zu lange an das alte Industriezeitalter geglaubt hat.« Sein geistlich-moralisches Urteil war jedenfalls vernichtend, es diagnostizierte Verantwortungslosigkeit und sprach all jene schuldig, denen die Wähler die Geschicke ihrer Stadt anvertraut hatten.

»Mit dem Glauben kennt er sich aus«, flachste Erika Gemballa, die auch nicht viel jünger war und schon eine Ewigkeit in der Gaststätte kellnerte. »Aber recht hat er. Man sieht doch, dass es immer schlechter wird. Überall leere Geschäftsräume. Und den Kindergarten in der Crangerstraße haben sie auch schon vor einigen Jahren zugemacht.«

Niemand sollte die Symbolkraft solcher Entscheidungen unterschätzen. Signalisieren sie doch den Abstieg, bestätigen den latent vorhandenen Pessimismus und erhöhen die Zahl derer, die fortgehen. Auch Gelsenkirchen steckt drin in diesem Teufelskreis aus demografischer Katastrophe, Abwanderung und wirtschaftlichem Abstieg. Wer jung ist, sieht für sich in dieser Stadt wenig Perspektive.

Bis zum Jahr 2020 wird die Einwohnerzahl Gelsenkirchens um 13 Prozent sinken, hat das Statistische Landesamt Nordrhein-Westfalen errechnet. In ganzen Zahlen sind das 36 000 Menschen. Das ist nach Hagen und Wuppertal der drittstärkste Rückgang im gesamten Ruhrgebiet. In dieser Prognose schneidet Dortmund mit nur etwa einem Prozent Rückgang am besten ab. Der Verlust von 36 000 Menschen bedeutet noch weniger Steuereinnahmen und Tausende leer stehende Wohnungen. Das bedeutet noch mehr geschlossene Kindergärten und im Gegenzug ein ständig wachsender Bedarf an Altenwohnungen und Pflegeeinrichtungen. Deshalb wird schon jetzt etwa der Hochhaus-Komplex im Tossehof zurückgebaut und modernisiert. Am Ende sind es weniger, dafür hochwertige Wohnungen. Eine Chance sind sicher auch die notwendigen Arbeitsplätze für haushaltsnahe Dienstleistungen und in den Pflegeberufen. Die gesamte innerstädtische Struktur wird sich radikal verändern.

Nachdem Leute wie der Duisburger Dezernent für Stadtentwicklung, Jürgen Dressler, nicht müde wurden, die Ruhrgebietsstädte vor dem drohenden Wandel zu warnen, wurde auch der Gelsenkirchener SPD irgendwann klar, dass es so nicht weitergehen kann, dass jede Geburt, jeder neue Gelsenkirchener fast schon eine Art Lottogewinn für die Stadt ist. Seither steht Familienpolitik ganz oben auf der sozialdemokratischen Agenda. Während die Kinderbetreuung in der Crangerstraße nach der Schließung des Kindergartens nur durch das private Angebot der »Kinderhaus Rasselbande gem. GmbH« aufrechterhalten werden konnte, übernimmt die Stadt derzeit sogar Kindergärten, die von den Kirchen geschlossen werden.

Als die Landesregierung von CDU-Ministerpräsident Jürgen Rüttgers 2007 die Zuschüsse für die Kindergärten kürzte und den Städten empfahl, den Ausfall durch höhere Gebühren wieder auszugleichen, weigerte sich der SPD-Politiker Baranowski, dieser Anweisung zu folgen. Wieder wurde er in Münster vorstellig, konnte aber gegen die Haushaltsargumente der Kommunalaufsicht wenig vorbringen. Also suchte die Sozialdemokratie nach anderen Lösungen. Seither öffnen einige Kindergärten bereits morgens um sechs und schließen erst abends um acht. Nach jeder Geburt besuchen die Leute vom Jugendamt die Mütter zu Hause und sehen nach dem Rechten.

Welch ein Engagement nach jahrzehntelanger Lethargie! Als Baranowskis Vorgänger, der am 26. September 1999 überraschend gewählte CDU-Politiker Oliver Wittke, das Bürgermeisteramt antrat, steckte der Karren so tief im Dreck, dass Wittke sich nur noch mit Radikalmaßnahmen zu helfen wusste. Die Horster Straße, eine der wichtigsten Verkehrsadern, war holprig wie ein tiefgefrorener Winteracker. Die Bäder schrieben rote Zahlen, und der traditionsreiche Zoo drohte zu verrotten. Wittke gab die Devise aus, was Kosten verursache, müsse abgestoßen werden. Vier der fünf defizitären Bäder wurden an die Gesellschaft für Energie und Wirtschaft (GEW) verschenkt. Den Ruhr-Zoo mit 800 Tieren bekam sie gleich mit dazu. 70 Millionen Euro hätte die Stadt für die Rettung aufbringen müssen. Lieber versorgte sie die GEW mit einem Darlehen zur Überbrückung der Sanierungsphase. Heute heißt der Tierpark

»ZOOM Erlebniswelt«. Die alten Gebäude wurden abgerissen, Glasfronten aufgebaut und künstliche Bäche angelegt, die in eben jene Erlebniswelten zerfließen, die schon
nach nur einem Jahr eine Million Besucher anlockten.

Doch Wittke machte beim Zoo nicht halt. Verkäufe sollten die Löcher im Etat stopfen. Unter ihm entstand der
Plan, rund zwei Millionen RWE-Aktien mit einer Wandel-
schuldanleihe zu versilbern und auch den Anteil an der
Deutsche-Städte-Medien GmbH zu Geld zu machen.

Aber am Hans-Sachs-Haus ist auch Wittke kläglich
gescheitert. Diese Residenz der Stadtverwaltung, benannt
nach dem Nürnberger Meistersinger, war einmal das größte
und wichtigste Gebäude Gelsenkirchens. Neben dem
Musiktheater im Revier und der Heilig-Kreuz-Kirche ist es
das bedeutendste Kulturdenkmal Gelsenkirchens. Darin
wurde nicht nur Politik gemacht, im großen Konzert- und
Theatersaal feierten die Menschen, kamen im kleinen
Schwarzen und im Frack.

Dann wurde es der traurigste Ort der Stadt. Verfallen
und verriegelt, eine Großbaustelle. Ein Schild am Eingang
warnte: »Betreten verboten«. Im Herbst 2002 musste die
Verwaltung den Klinkerbau »wegen Baufälligkeit und ekla-
tanter Brandgefahr« räumen. Solche heruntergekomme-
nen Flure, sagte einer der letzten Besucher, habe er vorher
nur einmal gesehen. Das sei 1990 im Moskauer Wirtschaftsministerium gewesen.

Was tun? Abreißen? Verkaufen? Ich besuchte den damaligen Kämmerer Rainer Kampmann, um ihn zu fragen.
Dabei traf ich auf einen fülligen Mittdreißiger mit einer
kantigen, schwarzrandigen Brille und bartstoppelkurz ra-
siertem Haar. Wir saßen an einem gut fünf Meter langen
Konferenztisch in einem schmucklos-nüchternen Büro
mit Fünfzigerjahre-Mobiliar, das die Stadt nach dem Aus-

zug aus dem Hans-Sachs-Haus von der Deutschen Bank gemietet hatte.

Kampmann lächelte spitzbübisch. »Wer diese Stadt retten will, muss neue Wege gehen«, sagte er. Im Prinzip sei alles erlaubt, was Geld bringe. »Wir haben das Hans-Sachs-Haus vermietet«, erklärte er mir. »An einen Investor, der es auf eigene Rechnung für rund 43 Millionen Euro saniert und nach Fertigstellung auf 25 Jahre an uns zurückvermietet.« Billig sei das zwar trotzdem nicht. Jährlich drei Millionen Euro müsse die Stadt künftig an den Investor zahlen. Dafür erhalte sie allerdings ein »modernes Dienstleistungszentrum als neue Heimat für Rat und Verwaltung mit umfangreichem Bürgerservice, attraktiver Kultur- und Feststätte, freundlichen Büros für die Dienstkräfte«.

Inzwischen ist bekannt, dass die Pläne nicht aufgingen. Immer neue Debatten um Mängel und Kosten belasteten das Projekt. Schließlich kündigte die Stadt den Vertrag mit dem Investor. Im Dezember 2005 beschloss der Rat der Stadt auf Vorschlag Baranowskis und gegen den erbitterten Widerstand von Bürgern und der linken Opposition, das Haus endgültig abzureißen. Sogar die Denkmalschützer stimmten zu. Doch die Proteste zeigten Wirkung. Ende 2006 erklärte sich die Stadtspitze bereit, zumindest die Fassade zu erhalten, und schrieb einen Architektenwettbewerb aus.

»Das musste alles so kommen«, sagt mir Norbert Schwietering. Früher war der Rentner Malermeister. Er hatte einen Betrieb in Bismarck und gehört noch heute zu den Stammgästen bei »Hilkenbach«. Er erzählt mir, dass Pfarrer Martin krank sei und schon lange nicht mehr zum abendlichen Pils in die Gaststätte komme. Ohne dessen aufwühlende »Theken-Predigten« sei es anders. Es fehle etwas.

Früher, sagt mir Schwietering, habe er viel für die Stadt gearbeitet. Deshalb traue er sich ein Urteil über den Zustand der Gebäude zu. »Ich weiß doch, was da los war«, sagt er. »Bis 1974 lief mein Geschäft ganz gut. Alle fünf Jahre ließ die Stadt nämlich ihre Gebäude renovieren.« So hatte auch er immer zu tun. Irgendwann aber wurden die Abstände zwischen den Aufträgen größer. »Und als ich schließlich gar keine mehr bekam, hab ich dichtgemacht, bin nach Düsseldorf gegangen.« Jetzt ist er im Ruhestand – und das Hans-Sachs-Haus ein Fanal des Niedergangs.

Die Stadt lebt nicht nur auf Pump, sie betreibt einen Großteil ihrer Einrichtungen nur noch als Mieter. So wurden 31 Gebäude, davon 27 Schulen, an amerikanische Investoren vermietet und zurückgeleast. Für das gesamte Abwasserkanalnetz bestehen solche Cross-Boarder-Verträge mit US-Geschäftsleuten. Einmalig hat die Stadt damit 21 Millionen Euro eingenommen. Über das, was an Folgekosten auf sie zukommen kann, streiten sich die Experten. Das Cross-Boarder-Prinzip funktioniert so: Gelsenkirchen vermietet Kanäle und Gebäude für mehrere Jahrzehnte an einen US-Trust. Dadurch kann sie der Trust als wirtschaftliches Eigentum geltend machen, wofür der amerikanische Fiskus ihm Steuern stundet. An diesem Vorteil lässt der Trust Gelsenkirchen teilhaben.

Kämmerer Kampmann hatte mir damals auch erzählt, was er mit den vielen Krediten gemacht hat. »Für die gesamten 330 Millionen Euro haben wir durch Zinssicherungsgeschäfte im Euro-Raum billige Zinsen eingekauft, einen kleinen Teil davon auch in der Schweiz«, sagte er. Weil Zinsen in der Schweiz niedriger und seinerzeit im Euro-Raum ohnehin auf einem historischen Tiefstand waren, rutschte die Gelsenkirchener Zinslast um einen Punkt auf unter sechs Prozent. »Macht drei Millionen

Euro Ersparnis im Jahr«, rechnete Kampmann vor. Zwei Jahre zuvor hatte er klammheimlich 20 000 Gelsenwasser-Aktien an der Börse zu Geld gemacht. »Immer in kleinen Tranchen, damit der Kurs nicht in den Keller sackt«, gestand er. Auf diese Weise verbuchte die Stadt kurzzeitig 3,6 Millionen Euro auf ihren Konten.

Am Tresen der »Gaststätte Hilkenbach« machten solche Börsengeschäfte kaum Eindruck. »Die CDU hat es nicht besser gemacht als die SPD«, sagte Pfarrer Martin. »Und ich will Ihnen sagen, warum: Weil sich das Wichtigste für die Menschen nicht geändert hat. Die sind nämlich immer noch arbeitslos und stehen Schlange im Sozialamt.«

Unter solchen Bedingungen fällt es schwer, die Menschen zum Bleiben zu bewegen. Oberbürgermeister Baranowski weiß das. Deshalb hält er unbeirrt an den Zuschüssen für das Theater fest. Jedes Jahr zahlt die Stadt 13 Millionen Euro an die Bühne. Baranowski gibt das Geld aus, damit die ohnehin dünne Mittelschicht bleibt, Lehrer, Ärzte, Ingenieure und Rechtsanwälte. Der Wochenzeitung »Die Zeit« sagte der Oberbürgermeister, er biete jungen Familien beim Bau oder Kauf eines Einfamilienhauses Unterstützung. »Für die Vermögenden« sollen Baugrundstücke »am Waldesrand« entstehen. Und die Unternehmer, die ein neues Zuhause suchen, lässt er persönlich zu den schönsten Villen der Stadt fahren, schrieb die »Zeit«.

Gewiss leidet Baranowski darunter, dass Gelsenkirchen so dasteht, wie es dasteht. Auf der Internetseite der Stadt schreibt er regelmäßig eine Kolumne. Im September 2007 bringt er darin seinen Ärger über »sogenannte Rankings« zum Ausdruck, die er vornehmlich in Zeitschriften ausgemacht hat, »die sich mit Freizeit und Lebensgefühlen beschäftigen«. Baranowski schreibt: »Hier werden Städte in Deutschland in eine Rangfolge gebracht, die oft nur schwer nachzuvollziehen ist. Ein Ergebnis scheint allerdings meist schon festzustehen: Gelsenkirchen muss am unteren Ende stehen.«

Kein Bürgermeister mag es, wenn schlecht über seine Stadt geredet wird. Ich habe keinen Landrat einer Absteigerregion erlebt, der mit seiner Platzierung zufrieden gewesen wäre. Doch was will Baranowksi sagen, wenn Gelsenkirchen bei der Initiative Neue Soziale Marktwirtschaft mit 41,6 Punkten Platz 382 von insgesamt 435 untersuchten Kreisen und kreisfreien Städten belegt? Er sagt, dass er bei Prognos in puncto Zukunftsfähigkeit immerhin auf Platz 306 gelandet ist.

In seiner Kolumne versucht er, das ganze Getue um diese Ranglisten durch den Kakao zu ziehen. »Wieder so ein Ranking«, schreibt er, bei dem unter anderem ermittelt werde, dass in Gelsenkirchen die Sonne zu wenig scheine. Dazu sei natürlich jeder Kommentar überflüssig. Auch die Anfrage einer bekannten Autozeitschrift, die wissen wollte, wie viele Ampeln es in Gelsenkirchen gebe, spreche für sich. Baranowski: »Auf das Ergebnis darf man gespannt sein!«

Einige Zeilen weiter spricht er von Tabellen, in denen seine Stadt »ganz oben« stehe, die aber leider wenig beachtet würden. »Erst jüngst lobte etwa der Bund der Steuerzahler die günstigen Müllgebühren. Die meisten Kommunen in NRW sind deutlich teurer. Auch bei den Abwassergebühren liegt Gelsenkirchen glänzend. Nur Herne und Münster sind noch etwas günstiger«, schreibt der Oberbürgermeister. Zum Schluss kramt er gar noch die Kriminalstatistik des Bundesinnenministeriums über die sichersten Städte Deutschlands hervor. Denn da liegt Gelsenkirchen im Jahr 2007 auf Rang 5. Vor dem Hintergrund

der sozialen Lage und dem damit verbundenen Konflikt-
potenzial ist das wirklich erstaunlich.

Baranowski will seine Stadt ins rechte Licht rücken und
den Leuten Mut machen. Er will sie zum Bleiben bewegen,
zum Kinderkriegen ermutigen. Das ist nicht nur aller
Ehren wert, sondern die Pflicht eines engagierten Bürgermeisters in Zeiten des demografischen Wandels.

Bismarcks Abstieg

Wie sehr einzelne Stadtteile vom Aufstieg und Niedergang
der Montanindustrie geprägt wurden, möchte ich am Beispiel von Gelsenkirchen-Bismarck und Schalke-Nord darstellen. Diese Stadtteile gehörten zu den ersten, die Mitte
der Neunzigerjahre in das Bund-Länder-Programm »Stadtteile mit besonderem Entwicklungsbedarf – Die soziale
Stadt« aufgenommen wurden.

Ohne den Bergbau hätte es den Stadtteil Bismarck vielleicht nie gegeben. Mit der Gründung der Bergwerke
»Consolidation« im Jahr 1863 und »Graf Bismarck« sechs
Jahre später begann auch der Bau der Bergarbeitersiedlungen. Bis zu diesem Zeitpunkt war die Gegend ausschließlich landwirtschaftlich genutzt worden. Damit aber war es
nun vorbei. Denn der Unternehmer Friedrich Grillo investierte kräftig. Er gründete die Glas- und Spiegelmanufak-
tur, ein Chemie- und ein Gaswerk. Über Jahrzehnte waren
Bismarck und Schalke-Nord das Herz des Ruhrgebiet-
Bergbaus. Die Zeche Bismarck hatte gar symbolischen
Charakter.

Hundert Jahre später zählten Bismarck und Schalke-
Nord 34 000 Einwohner. Die Stadtteile erlebten den Höhe-
punkt ihrer Entwicklung. Mit ihnen war eine bis dahin

nicht gekannte urbane Industriekultur entstanden. Straßen, Wohn- und Geschäftsviertel umschlossen riesige Produktionsflächen mit mächtigen Anlagen der Zechen, der Hütten- und Chemieindustrie. Doch schon 1966 war der Zenit überschritten. Mit der Schließung des Traditionsbergwerkes »Graf Bismarck« setzte ein bis heute nachwirkender Erosionsprozess ein. Seinen Tiefpunkt erreichte der wirtschaftliche Niedergang mit dem Aus für das Bergwerk »Consolidation« schließlich im Jahr 1994.

Insgesamt verloren Bismarck und Schalke-Nord in diesen Jahren etwa 8000 Arbeitsplätze. Rund 180 Hektar zum Teil verseuchter Industriefläche inmitten der Stadtteile fielen brach. Sie wurden zu unübersehbaren Friedhöfen einer nicht mehr wettbewerbsfähigen industriellen Monokultur. Infrastruktureinrichtungen rund um die Zeche, etwa die Bergbau-Berufsschule, das Gesundheitshaus oder die Zechenbahn, ehemals nicht wegzudenkende Bestandteile des Alltags, verloren ihre Bedeutung.

Die Lebensader der Stadtteile war zerstört. Auch wenn die meisten Arbeitnehmer dank der bis 2006 weiter fließenden Kohlesubventionen von Vorruhestandsregelungen oder Umsetzungen auf andere Bergwerke profitierten, blieben die gesellschaftlichen Folgen gravierend, die sozioökonomische Situation in den Stadtteilen kippte. Die Arbeitslosigkeit, vor allem bei Jugendlichen, stieg auf 20 Prozent. Die jungen Leute hatten weder die Aussicht auf einen Ausbildungsplatz noch auf eine geregelte Arbeit. In einer Studie im Auftrag des Regionalverbandes Ruhr stellte eine Arbeitsgruppe des Geografischen Instituts der Ruhr-Universität Bochum fest: »Der Stadtteil verliert wesentliche Anteile seiner Kaufkraft, seiner jüngeren Arbeitskräfte und Haushalte, seiner Familien mit Kindern. Der Verlust betrifft auch seine ehemals durch den Bergbau geprägte nachbarschaftliche Solidarität und Lebensform, seine räumliche und identifikatorische Mitte.«

Parallel zum wirtschaftlichen Niedergang erlitten die Stadtteile deutliche Bevölkerungsverluste. Zur Jahrtausendwende zählte die Stadtverwaltung noch 17 000 Einwohner. Der Ausländeranteil war mit 21 Prozent einer der höchsten in ganz Gelsenkirchen. Die stärkste Gruppe der Ausländer stellten mit 75 Prozent die Türken. Angesichts des gesellschaftlichen Zerfallsprozesses war auch diese Relation problematisch. Entstanden war sie auch durch das Wanderungsverhalten einzelner gesellschaftlicher Gruppen.

Junge Familien, gebildete und mobile Jugendliche, aber auch viele Menschen im erwerbsfähigen Alter verließen die Stadtteile. Allein zwischen 1999 und 2003 sank die Einwohnerzahl auf diese Weise um acht Prozent. »Zurück bleiben zunächst die Alten, wohl auch im Muster der selektiven Abwanderung die immobilen, eher schwach ausgebildeten Menschen. Die leeren Wohnungen werden nicht instand gesetzt, Wohnwert und Viertel-Image sinken, Neuerungs- und Investitionsstau ist die Folge«, schreiben die Geografen der Uni Bochum. Wenn überhaupt, dann zogen Alleinstehende, Arbeitslose oder Ausländer in die sanierungsbedürftigen Wohnungen ein. Oftmals lebten dabei viel zu viele Menschen auf engem Raum. Und noch einmal möchte ich in diesem Zusammenhang die Wissenschaftler aus Bochum zitieren: »Angesichts leerer kommunaler Kassen gerät der Stadtteil in den Sog eines Circulus vitiosus, eines sich selbst verstärkenden Verfalls.«

Erst als es schon so weit gekommen war, suchten die Verantwortlichen fieberhaft nach Rettungsmaßnahmen. Da kam das Bund-Länder-Programm »Stadtteile mit besonderem Entwicklungsbedarf – Die soziale Stadt« wie gerufen. Mit ihm verbanden sie große Hoffnungen, die sich bis heute nur zum Teil erfüllten. Die Stadt formulierte sechs Kernziele für das Gebiet: 1. Sie wollte die Wohnqualität insgesamt verbessern und zu diesem Zweck Eigentümer und Investoren dazu ermutigen, Wohnungen zu sanieren, zu modernisieren und neu zu bauen. 2. Die Bürger sollten in den Planungsprozess aktiv eingebunden werden. 3. Beschäftigungs- und Qualifizierungsmaßnahmen sollten Stadterneuerung und Arbeitsmarktpolitik miteinander verknüpfen. 4. Vorgesehen war die »Entwicklung sozial-integrativer Maßnahmen und Projekte zur persönlichen Stabilisierung und Integration benachteiligter Bewohnergruppen«. 5. Man wollte »die Lebenswelt« der besonders benachteiligten Kinder und Jugendlichen neu gestalten. 6. Das Büro für Wirtschaftsentwicklung erhielt den Auftrag, die lokale Ökonomie zu stärken.

Seitdem die Stadt diese Ziele formulierte, ist einiges erreicht worden. Eine zentrale Rolle bei der sozialen Erneuerung spielt die neue evangelische Gesamtschule Bismarck. Ihr werden eine Fülle von Aufgaben zugeschrieben. Sie soll der Ort sein, an dem ökologisch orientierte Nachhaltigkeit ebenso gelernt wird wie das Zusammenleben von Menschen aus unterschiedlichen Kulturen und mit unterschiedlichen religiösen Überzeugungen. Zugleich ist sie das kulturelle Zentrum des Stadtteils Bismarck, zu dem auch ein Bürgerbegegnungszentrum, ein Bürgerbüro und Räume für soziale Dienste gehören. Und ganz nebenbei ist die Schule der Arbeitsplatz vormals arbeitsloser Frauen geworden. Ein Teil von ihnen übernahm den Reinigungsdienst, 24 betreiben die Mensa und Cafeteria.

Auch sonst ist eine Menge passiert in Bismarck und Schalke-Nord. Unmittelbar neben der Gesamtschule entstanden 72 moderne Reihenhäuser, die 40 Prozent ihres

Strombedarfs durch auf dem Dach montierte Solaranlagen decken. An der Bismarckstraße und an, wie die Stadt es nennt, »städtebaulich prägnanten Straßensituationen« wurden Fassaden-, Haus- und Hofarbeiten bezuschusst. Wohnstraßen wurden verengt, zum Teil sogar für den Verkehr gesperrt. Die Stadt pflanzte Bäume auf Bürgersteigen, gestaltete Spielplätze um oder baute neue. Die Begegnungsstätte Haverkamp entstand, und die Sprachförderung für Kinder in Tagesstätten und Grundschulen wurde verbessert.

Wirtschaftlich hat all das leider nur geringe Wirkung gezeigt. Zwar gelang es, einen weiteren signifikanten Verlust von Arbeitsplätzen zu verhindern, aber verbessert hat sich die Lage leider auch nicht. »Vergleichsweise hoch ist auch das Verhältnis der Arbeitslosen zu den Erwerbsfähigen, sodass von einer sich erhöhenden Arbeitslosenquote ausgegangen werden kann«, schrieb das Büro für Wirtschaftsentwicklung Gelsenkirchen-Bismarck/Schalke-Nord in seinem Abschlussbericht »Sieben Jahre Förderung der lokalen Ökonomie vor Ort – April 1998 bis Dezember 2004«.

Erschwert werde die wirtschaftliche Gesundung durch die demografische Situation im Stadtteil. Nach dem Wegzug der gut ausgebildeten Kräfte im erwerbsfähigen Alter überaltere der Stadtteil schneller als die Gesamtstadt. Gleichzeitig sei der Anteil der Bewohner mit Migrationshintergrund noch weiter angestiegen. Unter anderem dadurch und über die von außen nach wie vor stattfindende Identifikation der Stadtteile mit der Montanindustrie ergebe sich ein Imageproblem. »Das Außenbild der Stadtteile Bismarck und Schalke-Nord war durch die montanindustrielle Vergangenheit und die schlechten Nachrichten im Zusammenhang mit der Schließung des Bergwerksstandortes eher negativ geprägt. Gegen dieses Image konnte nur langsam und stetig angegangen werden. Am Anfang der lokalökonomischen Förderung war dieses Image naturgemäß ein größerer Hemmschuh«, schreibt das Büro.

Auch 13 Jahre nach dem Beginn der Stadtteilarbeit ist der Strukturwandel in Bismarck und Schalke-Nord noch in vollem Gang. Die wichtigste Veränderung ist sicherlich die neue Nutzung des früheren Zechengeländes. Sieben Jahre hat es gedauert, bis die gesamten Anlagen abgeräumt waren und sich mitten in Bismarck ein riesiges städtebauliches Loch auftat. Heute befinden sich dort ein Einkaufszentrum, das Consol-Theater und Räume, in denen Musikgruppen ungestört proben können. Gut ausgelastet sind auch die Gewerbegebiete.

Resümierend sagt das Wirtschaftsbüro vor Ort: »Angesichts der Rahmenbedingungen gilt es, eine realistische, maßvolle Bewertung der Maßnahmen und des Erreichten vorzunehmen. In der Summe hat die Übertragung des Instrumentariums der Wirtschaftsförderung auf den Stadtteil und die enge Einbindung der örtlichen Akteure sich als nachahmenswert herausgestellt.«

Ganz sicher sind Bismarck und Schalke-Nord nur der Ausschnitt aus einem großen industriell geprägten Ganzen, in dem es eine Vielzahl anderer Entwicklungen gegeben hat und in dem mit der Ansiedlung der Automobilindustrie und von Herstellern modernster Kommunikationstechnologie Versuche gemacht wurden, die Monostruktur zu durchbrechen und einen breiteren, vor allem aber zukunftsfähigen Branchenmix zu etablieren. Auch spielte der Energiesektor in meiner Darstellung keine Rolle. Aber es ging mir ja auch nicht darum, die wirtschaftliche Situation eines Ballungsraumes bis in seine letzten Verästelungen darzustellen, sondern darum, die Probleme einer durch Bergbau und Hüttenwesen historisch gewachsenen und am Niedergang eben dieser Industrien sowie an kräftigen Bevölkerungsverlusten krankenden Region zu zeigen.

Villen zu verkaufen in Duisburg

Rein demografisch gesehen macht sich Duisburgs Planungsdezernent Jürgen Dressler um den Norden keine Sorgen. »Die Bezirke Walsum und Hamborn kommen bei der ganzen Sache noch am besten weg«, sagt mir Dressler. »Unten im Süden, dort wo die Villen stehen, schlägt die demografische Katastrophe voll zu. Da werden irgendwann Häuser leer stehen.« Und warum nicht in Hamborn? »Im Norden leben die meisten Migranten. Bei denen funktioniert das noch mit der Fertilität.«

Duisburg-Marxloh, an einem heißen Juni-Nachmittag. Wer noch nie in Duisburg war, erkennt Marxloh schon von Weitem an der gewaltigen Hochofensilhouette. Der Stadtteil gehört zum Bezirk Hamborn, dem Dressler Zukunftspotenzial bescheinigt. Obwohl die Schwüle kaum zu ertragen ist, sind viele Menschen auf der Weseler Straße unterwegs. Sie ist die Flaniermeile im Duisburger Norden. Junge Türken mit schweren Halsketten und ebensolchen Armbändern kurven in tiefergelegten Audis und BMWs hin und her. Durch die offenen Fenster dröhnt türkische Popmusik. Auch auf dem Bürgersteig sind fast nur Türken oder Deutsche türkischer Herkunft unterwegs. Frauen schieben Kinderwagen an prächtig dekorierten Schaufenstern vorbei. Einige tragen lange Gewänder und Kopftücher, andere enge Jeans und T-Shirts. Vor einem dieser Geschäfte stehen zwei sommerlich-leicht gekleidete Frauen und rauchen. Sie verkaufen Brautmoden und Abendgarderobe wie die meisten hier. »Unsere Kunden kommen aus Belgien, Frankreich, Holland und sogar aus England«, erzählen mir die beiden Türkinnen. Das hatte ich schon von anderen gehört. Die Weseler Straße, so hieß es, habe sich zur europäischen Einkaufsmeile für muslimische Brautmoden gemausert. So richtig vorstellen konnte ich mir das nicht. Nun, da ich sehe, wie viele dieser Geschäfte es in dieser Straße gibt, glaube ich es sofort. Nicht einmal die Hälfte der Kaufleute könnte überleben, wären sie ausschließlich auf Duisburger Kunden angewiesen.

Hier wundert es niemanden, dass in einer Seitenstraße Deutschlands größte Moschee entstand und dass die katholische Kirche St. Paul vom Bistum Essen mehr oder weniger aufgegeben wurde. Zuletzt kam kaum noch jemand in die heilige Messe. Daraufhin strich das Bistum die finanziellen Zuweisungen und damit die Existenzgrundlage. Die letzten Katholiken in Marxloh sind Migranten aus Polen, eine überschaubare Gruppe.

Geprägt wird das Stadtbild von den Bürgern türkischer Herkunft. Ich wüsste gern, wo sich die Deutschen aufhalten. Immerhin stellen sie statistisch gesehen immer noch gut 65 Prozent der Einwohner. Im Umkehrschluss heißt das: Die Türken und türkisch-stämmigen Marxloher machen etwas mehr als ein Drittel der Bevölkerung aus. Differenziert man allerdings nach Generationen, dann ergibt sich ein ganz anderes Bild. Bereits 70 Prozent der Jugendlichen haben heute einen Migrationshintergrund. In 20 bis 30 Jahren stellen sie die Einwohnermehrheit in Marxloh. Der Stadtteil ist kein Einzelfall. In Duisburg-Beeck etwa dürfte es genauso sein und auch in einigen Gelsenkirchener, Berliner, Hamburger oder Frankfurter Stadtteilen. Übrigens gibt es heute schon Stadtgebiete, in denen Migranten die Mehrheit der Bevölkerung stellen. Das ist etwa in Duisburg-Bruckhausen so. Dort beträgt ihr Anteil 83 Prozent. Obwohl Marxloh, Beeck und Bruckhausen aufgrund ihrer Nähe zu Industrieanlagen starken Lärm- und Luftemissionen ausgesetzt sind, zogen die meisten Ausländer nach Bruckhausen. Schon früh zog daher die deutsche Bevölkerung fort und schuf so Raum für eine weitere Segregation der zum großen Teil türkischen Migranten. In der Folge verweigerten die Wohnungseigentümer wichtige Instandhaltungsinvestitionen. Heute weisen viele Wohnhäuser starke Verfallserscheinungen auf. Sowohl im Wohnbereich als auch an den Fassaden sind schwere Mängel unübersehbar. Kein Wunder, dass etwa 30 Prozent des gesamten Wohnungsbestands leer steht. In Marxloh und Beeck ist die Situation ähnlich. Natürlich sind auch die dort lebenden Migranten mit dem Zustand der Wohnungen unzufrieden. Sie ziehen aber dennoch nicht fort, weil sie in diesen Stadtteilen ihre eigenen Wirtschafts- und Sozialstrukturen aufgebaut haben. Sie haben sich ihre eigene kleine Welt geschaffen. Auch wenn die Elterngeneration noch enge Kontakte in die Türkei pflegt, zu Hause sind sie in Bruckhausen, Beeck oder Marxloh. Und für ihre Kinder sind diese Orte Heimat. Ohne die Kinder der früheren Gastarbeiter, da darf man sich nichts vormachen, hätten Stadtteile wie Marxloh, Bruckhausen oder Beeck überhaupt keine Zukunft. Genau genommen sind es ihre Viertel geworden.

Spätestens zu dem Zeitpunkt, als nach den Zechen unter internationalem Konkurrenzdruck ein Stahlwerk nach dem anderen seine Pforten schließen musste, war klar, dass die ehemaligen Gastarbeiter als fester Bestandteil der Gesellschaft gesehen werden mussten. Denn die Mehrheit ging nicht, obwohl es doch jetzt die Arbeit nicht mehr gab, wegen der sie einmal gekommen waren. Stattdessen

standen sie nun zu Tausenden »auf der Straße«. Doch
zurück in die Türkei wollten sie auch nicht mehr. Zu lange
schon waren sie weg, hatten die Heimat eingetauscht gegen
ein Leben in Deutschland, dessen Wohlstandsniveau auch
unter den Bedingungen der Arbeitslosigkeit oder der Sozialhilfe immer noch deutlich höher lag als das Leben in den
armen Dörfer Anatoliens, aus denen sie gekommen waren.

Der Niedergang der Stahlindustrie zog in Duisburg auch
andere Branchen mit in die Krise und forderte dort zusätzliche Arbeitsplatzverluste. Betroffen war etwa der durch
Zulieferverflechtungen eng mit der Stahlproduktion verbundene Maschinenbau. Heute sind von den ehemals
70 000 Arbeitsplätzen in der Duisburger Stahlindustrie gerade mal 16 000 geblieben. Nimmt man alle Branchen
zusammen, sank die Zahl der sozialversicherungspflichtigen Arbeitsplätze von rund 280 000 auf nur noch 150 000.
So etwas steckt keine Stadt einfach so weg.

Zumal dann nicht, wenn sie neben den Arbeitsplätzen
auch noch kräftig Einwohner verliert. In den Boomjahren
1945 bis 1961 wuchs die Einwohnerzahl durch Flüchtlinge,
Arbeitsuchende und Gastarbeiter von 141 000 auf 502 000
Einwohner. Doch schon 1970 war die Zahl wieder auf
450 000 gesunken. Diesem Trend versuchte die Stadtspitze
durch Eingemeindungen entgegenzuwirken und schraubte
die Einwohnerzahl Mitte der Siebzigerjahre sogar auf bis zu
608 000 hoch. Schnell jedoch entlarvte sich dieses Vorgehen
als reine Kosmetik. Denn 1980 fehlten schon wieder 45 000.

Was waren die Gründe für die sinkenden Bevölkerungszahlen? Die naheliegende Vermutung, dass Arbeitnehmer
auf der Suche nach einem neuen Arbeitsplatz in andere
Teile Deutschlands gezogen sind, mag im Einzelfall zutref-
fen, für die Mehrzahl der Ruhrgebietler gilt das nicht. Sie
sind zu bodenständig, als dass sie ihr Revier verließen.

Der größte Teil der Menschen hat es schlicht und einfach in den Städten nicht mehr ausgehalten und ist in die Umlandgemeinden gezogen. Das gilt laut einer Studie der Universität Dortmund mit dem Titel »Stadt-Umland-Wanderungen im Ruhrgebiet« ganz besonders für die Städte Gelsenkirchen, Duisburg und eben Dortmund. Erstaunlich ist, dass Familien die kleinste Gruppe der ins Umland abwandernden Haushalte stellen. Die größte Gruppe sind Alleinstehende oder Paare ohne Kinder. Aber alle sind gegangen, weil sie größere und attraktivere Wohnungen suchten.

Diese Abwanderungen hatten maßgeblichen Anteil an den Bevölkerungsverlusten bis zu Beginn der Neunzigerjahre. Heute sind die natürlichen Verluste ausschlaggebend, das heißt, die immer weiter auseinandergehende Schere zwischen Geburten und Todesfällen. Erstmals überstieg die Zahl der Sterbefälle die der Geburten zu Beginn der Siebzigerjahre. Doch war die Differenz noch so gering, dass sie nicht weiter beachtet wurde. Inzwischen jedoch marschieren wir geradewegs in die demografische Katastrophe.

Auch wenn das Ruhrgebiet insgesamt an Bevölkerung verliert, vollzieht sich dieser Schrumpfungsprozess in den einzelnen Städten sehr unterschiedlich. Auf diese Weise werden die Entwicklungsdifferenzen der Kommunen zunehmen. Die Studie der Universität Dortmund sagt Gelsenkirchen und Duisburg eine Kombination aus weiteren Wanderungsverlusten und zusätzlich negativen Geburtensalden voraus. Mülheim hat demnach zwar auch ein gravierendes demografisches Problem, kann dieses aber zum Teil durch Zuwanderer wieder ausgleichen.

Bis zum Juli 2007 sank die Einwohnerzahl Duisburgs auf 496 788 und erreichte damit fast schon wieder den Stand der Siebzigerjahre. Bis zum Jahr 2025 sagt das Statistische Landesamt einen weiteren Verlust von 10,8 Prozent voraus. In den Jahren danach ist der Schwund noch größer.

Rückblickend betrachtet erscheint es unbegreiflich, wie Politiker und hohe Beamte die Bevölkerungsentwicklung in den vergangenen Jahrzehnten übersehen oder, wenn sie diese erkannt haben sollten, so falsch einschätzen konnten. Angefangen vom christdemokratischen Arbeitsminister Norbert Blüm (»Denn eines ist sicher: die Rente«) bis hin zu den Kommunalpolitikern, die doch derartige Veränderungen in ihrem unmittelbaren Umfeld als Erste hätten spüren müssen, wiegten sie sich selbst und das Volk in Sicherheit. Vielleicht war es auch schlicht nur eine Art Autosuggestion, mit der sie die verhängnisvolle Verbindung zwischen Bevölkerungsverlusten, Ökonomie und Sozialsystemen einfach aus ihrer Erkenntniswelt verbannten. Vielleicht war das Ruhrgebiet aber auch lediglich so sehr mit seiner wirtschaftlichen Misere beschäftigt, dass es außerstande war, die nächste schon drohende Gefahr mit möglicherweise noch einschneidenderen Folgen wahrzunehmen.

Der einfache Mann auf der Straße konnte es nicht sehen. Der hatte in der Tat genug damit zu tun, seine eigene kleine Welt wieder ins Gleichgewicht zu bringen. Oftmals gelang das nicht. Auch Ingenieure und leitende Angestellte wurden mit der Arbeitslosigkeit nicht fertig und bescherten den Trinkhallen »anne Ecke« eine Sonderkonjunktur.

Die Türken sind mit der Misere irgendwie besser fertig geworden. Ein Grund dafür, warum die Türken oder türkischstämmigen Deutschen die Arbeitslosigkeit mental besser weggesteckt haben, ist sicher der nach wie vor größere Zusammenhalt der Familien. In Zeiten der Not sind ihre intakten Strukturen dem deutschen Individualismus zweifellos überlegen. Da werden die Familienmitglieder aufgefangen, bis sie sich eine neue Existenzgrundlage schaffen konnten. Niemand ist oder bleibt auf sich allein gestellt. Andererseits kann im Prinzip auch keiner gegen den erklärten Willen der Sippe handeln. Außerdem kamen viele aus so ärmlichen Verhältnissen, dass sie auch die Arbeitslosigkeit nicht als das größte Unglück auf Erden betrachteten.

Nach einer Phase der Orientierungslosigkeit suchten viele arbeitslos gewordene Türken mithilfe ihrer Angehörigen den Weg in die Selbstständigkeit. Sie eröffneten Obst- und Gemüseläden oder auch eines der vielen Geschäfte für Braut- und Abendmoden in der Weseler Straße mitten in Duisburg-Marxloh. Inzwischen haben die Duisburger Geschäftsleute türkischer Abstammung sogar einen eigenen Unternehmerverein gegründet.

Auch architektonisch ist ihre Präsenz in Marxloh nicht mehr zu übersehen. An der Warbruckstraße ist die größte Moschee Deutschlands entstanden. Die zur Türkisch-Islamischen Union der Anstalt der Religion e.V. (DITIB) gehörende Gemeinde nennt sie »Das Wunder von Marxloh«. Zum einen, weil sie darauf stolz ist, zum anderen, weil gegenüber, in der inzwischen abgerissenen Arbeitersiedlung, Szenen des Films »Das Wunder von Bern« gedreht wurden.

»Unsere Moschee soll auch ein Zentrum für interkulturellen Dialog werden«, sagt mir Züfisiyah Kaykin. Dieser Dialog soll in einer Begegnungsstätte stattfinden, die in der Moschee untergebracht wird und deren Geschäftsführerin die zierliche Frau Kaykin ist. »Wir wollen nicht mehr Gast, sondern auch Gastgeber sein«, fügt Mehmet Özay, Vorsitzender der türkisch-islamischen Gemeinde, hinzu.

Während der Bauphase trafen sich die beiden mehrmals wöchentlich auf einen Tee mit Vertretern der Stadt und der Muslime im Bau-Container auf dem Moscheegelände. Die

Wände des Containers waren mit Bauplänen »tapeziert«. Der Entwurf stammte von einem Architekten in der Türkei, die Bauausführung haben sie einem deutschen Büro übertragen. Proteste wie in Köln oder andernorts gab es hier nur am Anfang. »Im Gegenteil, die christliche Gemeinde ist nach dem Karfreitagsgottesdienst zu uns gekommen und hat mit uns gemeinsam den ersten Spatenstich gefeiert«, betont Frau Kaykin in aufgekratztem niederrheinischem Singsang.

Vieles spricht dafür, dass sie bald die einzige religiöse Gemeinde in Marxloh sein werden. Erstens, weil der Anteil türkischer Jugendlicher ungleich größer ist als jener der deutschen. Und zweitens, weil die Deutschen längst »vom Glauben abgefallen« sind. Sie haben den Kirchen schon lange den Rücken gekehrt. Religiosität spielt für sie kaum noch eine Rolle. Somit könnten schon in naher Zukunft aufgrund der demografischen Entwicklung und der fortgeschrittenen Säkularisierung der Deutschen ganze Stadtteile frei von christlichen Gemeinden, Einrichtungen oder anderen christlichen Bezügen sein.

Das gilt sicher nicht für den Süden der Stadt mit seinen von der kaufkräftigen Mittelschicht bevorzugten Wohnlagen. Hier ist die Zahl der Kirchensteuerzahler noch immer hoch, auch wenn der Glaube bei den meisten nur noch auf dem Steuerbescheid auftaucht. Ausländer gibt es hier kaum. Es ist diese Gegend mit den gepflegten Rasenflächen, den sorgsam geschnittenen Hecken und den PS-starken Autos vor den Garagentoren, die Stadtentwicklungsdezernent Jürgen Dressler Sorgen bereitet. Anders als der sozial-schwache Norden, der zwar keine Arbeitsplätze, dafür aber viele türkische Jugendliche besitzt, hat der Süden keine Zukunftsperspektive. Dort ist die Stadt reich und alt. Hier umweht sie der Geist eines Seniorenheims.

Dressler warnt schon lange vor diesem »raschen Alterungs-prozess«, durch den der Süden die »sozioökonomischen Konsequenzen der demografischen Veränderungen früher und stärker zu spüren« bekomme.

Irgendwann wird es dort Häuser geben, die nicht mehr vererbt werden können, weil es keine Erben gibt. Villen werden leer stehen, die Preise sinken. Aber wer soll diese Häuser kaufen? Und warum? Es ist nicht davon auszuge-hen, dass dem Duisburger Süden ein ähnliches Schicksal widerfährt wie dem Berliner Grunewald, dessen Villen zu einem Großteil von reichen russischen Geschäftsleuten aufgekauft wurden. Dabei würden einige Duisburger, sofern sie nicht gänzlich vom bundesweiten Trend abwei-chen, sicher gern verkaufen. Die Immobiliendienstleis-tungstochter Planet Home der Hypovereinsbank befragte 1519 Immobilienbesitzer nach ihren Plänen. Heraus kam, dass 64 Prozent aller Grundeigentümer, die älter als 60 Jahre sind, ihr Eigenheim veräußern möchten. Mit dem Alter ändert sich nämlich nicht nur die Lebenssituation der Menschen, sondern auch ihr Bedarf an Wohnraum. Oft wird Witwen und Witwern die Pflege der Immobilien und der Gärten zur Last. Ein weiterer Grund sind die lan-gen Wege zum Arzt, zum Einzelhandel oder auch zu kultu-rellen Einrichtungen.

Der Verkaufswunsch ist allerdings auch abhängig von der Lage. Vor allem in ländlichen Eigenheimsiedlungen stünden schon heute sehr viele Eigenheime zum Verkauf, weil die Erben kein Interesse am Eigenheim der Eltern haben, dem Haus, in dem sie aufgewachsen und mit dem ihre gesamten Kindheitserinnerungen verbunden sind, berichtet der Immobiliendienstleister. Mehr als ein Fünftel aller von Planet Home befragten Grundeigentümer im Alter zwischen 20 und 29 Jahren sagte, sie wollten die ererbten Immobilien verkaufen. Nach dem Grund gefragt, gaben die meisten an, sie würden aus beruflichen Gründen anderswo wohnen. Das heißt, sie finden in ihrem Heimatort einfach keine Arbeit.

Etwa seit der Jahrtausendwende steigt die Zahl der zum Verkauf stehenden Altimmobilien, die von der Nachkriegsgeneration unter großen Anstrengungen zusammengespart und aufgebaut wurden. Glaubt man den Maklern, wird das Angebot schon bald die Nachfrage bei Weitem übersteigen. Bei einer immer geringer werdenden Bevölkerungszahl sinkt der Wohnraumbedarf. Früher war dieser knapp, bald schon gibt es zu viel davon. Die Folgen liegen auf der Hand. Bereits heute fallen die Preise für Eigenheime aus den Fünfziger- und Sechzigerjahren. In den kommenden Jahren könnte es zu einem regelrechten Preisverfall kommen. Das von den Eltern Geschaffene, dessen ideeller Wert gar nicht hoch genug angesetzt werden kann, verkommt dann zum Ramschobjekt.

Diese Entwicklung wird von anderen Faktoren noch verstärkt. Dort wo Städte und Gemeinden neue Baugebiete ausweisen, geraten die Preise für die Altimmobilien zusätzlich unter Druck. Auch die sich verändernden Lebensgewohnheiten, der Wunsch, wieder in großen Stadtwohnungen zu leben, auf das Auto verzichten zu können und das Büro oder die Werkstatt vor der Tür zu haben, machen die Eigenheime im Grünen zur Schleuderware. Schon heute gleichen die Satteldachsiedlungen, jedes Haus mit zwei Kinderzimmern, Garage, einige mit Fischteich im Garten, reinen Rentnerkolonien. Wo vor dreißig, vierzig Jahren Kinder tollten, spazieren jetzt nur noch Alte. Genau genommen steht dort draußen vor den Toren der Stadt das Lebensideal der Nachkriegsgeneration zum Ausverkauf.

So dürfte wohl auch die alternde gehobene Duisburger Mittelschicht unter sich bleiben. Denn die jungen Familien mit Migrationshintergrund aus dem Duisburger Norden werden ihren Kiez nicht verlassen. Für kinderlose, berufstätige Paare sind die alten Einfamilienhäuser von vornherein uninteressant. Und die als potenzielle Käufer infrage kommenden dynamischen Jungmanager werden sich fragen, ob sie in einer teuren Umgebung unter ausschließlich alten Leuten wohnen wollen, die von Pflegern mit dem Rollstuhl durch den Garten geschoben werden. Letztlich werden sie sich doch lieber für einen Loft in einer sanierten Fabriketage entscheiden.

Weniger Schulen, mehr Pflegeplätze

Städte gehen mit der Diagnose, dass sie schrumpfen, so unterschiedlich um wie Patienten, denen der Arzt sagt, ihr Lebenswandel werde einen Herzinfarkt zur Folge haben. Die einen ändern tatsächlich etwas, die anderen machen so weiter und reden sich ein, dass letztlich doch alles nur halb so schlimm sei. Duisburg hat die Herausforderung angenommen und will etwas ändern. Die Stadtspitze beauftragte das Architektenbüro Albert Speer + Partner in Planungsgemeinschaft mit dem Ingenieurbüro Vössing GmbH mit einer Analyse der städtischen Infrastruktur. Denn sie wird neben dem Wohnungsmarkt die größten Anpassungsprozesse durchlaufen müssen. Es geht schlicht um die Frage, wie die Stadt in Zukunft bei sinkenden Einwohnerzahlen ein für die Bürger, die zudem im Schnitt deutlich älter sind als heute, attraktives und dennoch bezahlbares Angebot an öffentlichen Einrichtungen bereitstellen kann.

Dabei stehen schrumpfende Städte zunächst einmal vor einem Kuriosum. Sie müssen feststellen, dass weniger Bürger künftig insgesamt mehr Wohnfläche beanspruchen. Ursache ist der ungebrochene Trend zum Zwei- bzw. Einpersonenhaushalt. Zum einen ist dies das Ergebnis der starken Individualisierung der Gesellschaft während der vergangenen drei Jahrzehnte. Hohe Scheidungsraten, der bewusste Verzicht auf Kinder und zunehmende Bindungsängste bzw. Bindungsunfähigkeit hatten bereits eine Zunahme der Einpersonenhaushalte zur Folge. In einer alternden Gesellschaft setzt sich dieser Trend durch die Zunahme der Rentnerhaushalte weiter fort.

Unsinnig wäre es, würden die Städte für den Bau der entsprechenden Wohnungen weitere Naturflächen verbrauchen. Sie schüfen damit nur die Brachflächen von morgen. Der Mehrbedarf tritt also nur vorübergehend ein. Für Duisburg errechnete das Büro Speer, dass die Stadt schon 2045 mit der heute existierenden Gesamtwohnfläche wieder auskommt. Daher empfiehlt es unter anderem die Bebauung von Brachflächen, also Flächen, die bereits städtebaulich genutzt waren. »Wir könnten auch Straßen verengen und den so gewonnenen Raum für Wohnungen nutzen«, sagt mir Stadtentwicklungsdezernent Jürgen Dressler.

Obwohl die Geburtenraten sinken, dürften jedoch zunächst auch noch die Ausgaben der Stadt Duisburg für die Kinderbetreuung steigen. Ausschlaggebend sind Vorgaben der Bundesregierung, die eine deutliche Ausweitung der Betreuungsmöglichkeiten für Kinder unter drei Jahren verlangt. Ohne diese Vorgaben hätte Duisburg das notwendige Einsparpotenzial längst erreicht.

Gemessen an den zukünftigen Klassenstärken werden an den Grundschulen bis zum Jahr 2020 Räume frei. Das entspannt die heute zum Teil beengte Situation. Dennoch könnten der Stadt auch bei den Schulen höhere Ausgaben drohen. Mit den steigenden Ansprüchen an das deutsche Bildungssystem und dem Wunsch nach mehr Ganztagsschulen steigt wiederum der Raumbedarf, sodass in der Bildungspolitik das letzte Wort noch nicht gesprochen ist.

Vorsorgen muss die Stadt auf alle Fälle für die starke Zunahme der über 80 Jahre alten Bürger in den kommenden Jahrzehnten. »Zurzeit mangelt es noch an altersgerechten Wohnformen, die eine Alternative zu einem Leben in einem kostenintensiven Altenpflegeheim mit stationärer Pflege darstellen und einen möglichst langen Verbleib im Wohnumfeld ermöglichen«, schreibt die Stadt. »Ziel muss es sein, eine bedarfsgerechte Unterstützung sowie ein entsprechendes Pflegeangebot zu schaffen und somit letztlich auch die finanziellen Auswirkungen auf die Stadt, die sich in den Kosten für die Hilfe zur Pflege und für das Pflegewohngeld widerspiegeln, zu reduzieren.«

Bei den Abwasserkanälen sehen die Stadtplaner zunächst wenig Einsparspielraum, da trotz sinkender Einwohnerzahlen die Versorgung aller Gebiete gewährleistet werden muss.

Stadtplanungsdezernent Dressler zieht folgendes Fazit: »Der Stadtumbau bietet insgesamt große Chancen, wenn die neuen Herausforderungen rechtzeitig erkannt und notwendige strategische Optionen zur räumlichen Steuerung der Stadtentwicklung und zur Anpassung der kommunalen Infrastruktur wahrgenommen werden.« Duisburg formulierte für sich das Ziel der »kompakten Stadt«.

Von nun an soll die Innenentwicklung Vorrang vor der Außenentwicklung haben. Wie ernst es den Duisburgern damit ist, beweist der Umstand, dass sie hierfür eigens das renommierte Londoner Design-Büro von Lord Norman Foster + Partners engagiert haben. Nachdem das Büro

schon Mitte der Neunzigerjahre einen Masterplan für den
Innenhafen entworfen hatte, der nahezu eins zu eins umgesetzt wurde, wird von ihm gar ein sogenannter Masterplan für den unmittelbaren Stadtkern erwartet. Oberbürgermeister Adolf Sauerland formuliert das so: »Mit der
Überplanung der Innenstadt und ihrer markanten Orte
wollen wir die Stadt als Lebensraum zurückgewinnen. Es
wird darum gehen, kommunikative Bezüge großflächig zu
stärken, urbane Funktionen zeitgemäß zu definieren und
zu entwickeln, den Bewohnern, Unternehmen und Gästen
unserer Stadt dort urbanen Raum zu erschließen, wo heute
Brachen oder überproportionierte Verkehrsflächen zu finden sind.«

Es klingt unglaublich, was der Oberbürgermeister da
sagt. In einem Atemzug nennt er Brachflächen und überproportionierte Verkehrsflächen. Endlich sollen die vier-
spurigen Straßen, die streckenweise nichts weiter waren
als zu kurze Rennpisten für Liebhaber tiefergelegter Mittel-
klasselimousinen, wieder sinnvoll genutzt werden. In den
Unterlagen zu diesem Masterplan spricht die Stadt von
einer »Neuinterpretation und Korrektur öffentlicher Räume«. Und weiter: »Straßen und Plätze, die in den Sechzigerjahren vornehmlich für den Autoverkehr eingerichtet
wurden, sollten künftig mehr als Orte des Bleibens und
der Begegnungen wahrgenommen werden. Gerade am
Marientor, am Hauptbahnhof und am Rathaus ist eine
aufmerksame Gestaltung der Straßen und Plätze angebracht.« Brachflächen, die nicht sofort bebaut werden können, will die Stadt in Grünflächen verwandeln. So sei es
möglich, Duisburg zu einer »Stadt der wachsenden Gärten« zu machen.

All das ist selbstverständlich nicht nur ein Geschenk der
Stadt an ihre Bürger. Zwar soll es auch das sein. Dieses

radikale Umdenken verfolgt auch den Zweck, Duisburg als Oberzentrum am Niederrhein neu zu definieren. Prämisse für den Masterplan, so heißt es in den städtischen Planungsunterlagen, sei es, »eine klare und unverwechselbare Identität aufzuzeigen«. Duisburg als Perle des Ruhrgebiets. Da ist es wieder, das Kirchturmdenken, die ewig währende Konkurrenz. Dabei gibt es inzwischen ein Projekt, das die Möglichkeiten eines weiteren Zusammenwachsens, die Optimierungschancen einer Metropolregion im Herzen Europas betont. Denn 2010 wird das Ruhrgebiet unter der Führung der Stadt Essen Kulturhauptstadt Europas.

Ruhrstadt – geht das?

Es war mehr als eine Überraschung, eigentlich war es ein Wunder, dass sich die Städte des Ruhrgebiets am 28. Juni 2001 tatsächlich einmal dazu durchringen konnten, gemeinsam eine Strategie zu verfolgen. An diesem Tag fiel die Entscheidung, sich als Kulturhauptstadt Europas 2010 zu bewerben. Seit über 60 Jahren leben die Städte zwischen Ruhr und Emscher in einer seltsamen Konkurrenz, die sie zwar räumlich immer näher aneinanderrückte, aber weder im Denken noch im Handeln ein Stück näherbrachte. Statt durch Kooperationen Vor- und Nachteile auszugleichen, beharrten die Stadtoberen auf ihrem tradierten Denken, das immerhin heute noch so weit geht, dass das Mitte der Siebzigerjahre eingemeindete Wanne-Eickel sich standhaft weigert, mit Herne identifiziert zu werden.

In den Parteien und in Teilen der Bevölkerung hingegen wird seit geraumer Zeit über eine neue Verwaltungsstruktur für das Ruhrgebiet nachgedacht. Prominentester Befürworter einer Kooperation der Städte war zur Jahrtau-

sendwende der damalige nordrhein-westfälische Ministerpräsident Wolfgang Clement. Damals zitierte der Westdeutsche Rundfunk den SPD-Politiker mit den Worten:
»Die Menschen der Region, die Wirtschaft, die Kommunen
müssen über Gemeindegrenzen hinweg zusammenarbeiten.« Ihm schwebte wohl so etwas wie eine Ruhrstadt vor,
ein urbanes Zentrum jedenfalls, das es mit Hamburg im
Norden, Berlin im Osten und München im Süden wirtschaftlich und kulturell aufnehmen kann. Auch die Grünen
und die FDP machten sich für den Zusammenschluss der
Ruhrgebietsstädte stark. Schließlich handele es sich längst
um einen eng verflochtenen urbanen Raum, argumentierten beide. In einem Beschluss des Grünen-Bezirksverban-
des Ruhr vom 25. Januar 2001 steht dazu Folgendes: »Die
Idee einer Ruhrstadt besticht durch zwei weitere Vorteile.
Zunächst ist sie flexibel: Der Einigungsprozess kann auch
von einer Gruppe von Städten begonnen werden, während
skeptische später von einer Anschlussoption Gebrauch
machen können. Zudem kommt eine Regionalstadt mit
ihren vielen Mitgliedsstädten dem polyzentrischen Aufbau
des Ruhrgebiets eher entgegen als eine einheitliche Region,
die lokale Eigenarten auf die Dauer eher ersticken würde.«
In einem Beschluss des FDP-Bezirksparteitages Ruhr vom
13. März 2004 argumentieren die Liberalen, mit einer »Metropolregion Ruhrstadt« könnten viele »Doppelzuständig-
keiten und Behörden abgebaut« werden. Und: »Die FDP
tritt unverändert für ... eine Ruhrstadt ein.«

Als das Ruhrgebiet am 11. April 2006 den Zuschlag der
EU-Expertenjury als Kulturhauptstadt 2010 erhielt, wuchs
der Zwang, sich nunmehr endlich doch als ein gemeinsames Ganzes zu betrachten. Seither müssen die Städte bewei-
sen, dass sie in Europa als eine Kulturmetropole neuen Typs
auftreten können. Das Ruhrgebiet als Metropole.

Immerhin war und ist die Bewerbung ein gemeinsames Bekenntnis zu der außergewöhnlichen, ausschließlich durch die Montanindustrie geprägten Geschichte, die die Kommunen zwischen Ruhr und Emscher zu einer Region wachsen ließ, in der heute 5,3 Millionen Menschen aus 140 Nationen zusammenleben. Allerorten wird man an diese großartige Geschichte erinnert. Überall stehen Überreste jener Stätten, in denen die Menschen früher Arbeit fanden und die heute Relikte einer vergangenen Zeit, einer untergegangenen Epoche sind. Imposante, maschinenleere Werkshallen mit barock-geschwungener oder jugendstilverspielter Fassade zeugen als Kathedralen von einer Industriekultur schwerer körperlicher Arbeit und hart erkämpften Mitbestimmungsrechten. Ausgediente, verschlungene Stahlkolosse haben ihren Frieden mit der Natur gemacht und rosten zwischen saftigem Grün. Obwohl das Neue, der Umbau zum Produktionsstandort moderner Technologien, schon im Werden ist, wird das Alte noch gebraucht, weil es das Einzige ist, das den Menschen dort Identität stiftet, und weil es verbindet, was andere immer noch trennt.

In 53 Rathäusern wachen 150 Bürgermeister vor allem über das Wohl und Wehe ihrer eigenen Kommune. 24 verschiedene Betriebe befördern Fahrgäste hin und her und stoßen dabei immer wieder an eigentümliche Grenzen. So verhindern unterschiedliche Spurweiten der Straßenbahnen, dass Passagiere aus Dortmund in Bochumer Stadtteile fahren können. Alle Städte zusammengenommen leisten sich ein ebenso gewaltiges wie unübersichtliches Kulturangebot. Anlässlich der 11. Jahresmitgliederversammlung der Union der Honorarkonsuln in Deutschland (U.C.C.) am 13. Oktober 2006 in Düsseldorf stellte der nordrhein-westfälische Minister für Bundesrats- und Europaangelegenheiten, Michael Breuer, fest: »Allein im Ruhrgebiet gibt es nicht weniger als 200 Museen, 100 Kulturzentren, 100 Konzerthäuser, 120 Theater, 250 Festivals und etwa 3500 Kulturdenkmäler. Das ist eine kulturelle Vielfalt ohne Ihresgleichen in Deutschland, die sich mit der Weltspitze messen kann. Nicht ohne Grund bewegt sich der Kulturstandort Ruhrgebiet laut der UNESCO auf einer Ebene mit den wichtigsten internationalen Kulturmetropolen London, Paris und New York.«

Leider sind die meisten Konzerthäuser und Theater nie richtig ausgebucht. Das kann vielfältige Ursachen haben. Möglicherweise gibt es zu viele Angebotsüberschneidungen, weil schlecht geplant wird, oder die Inszenierungen gefallen den Menschen ganz einfach nicht. Vielleicht ist auch das Angebot schlicht größer als die Nachfrage. In diesem Fall könnte eine gemeinsame Kulturpolitik unrentable Spielstätten zugunsten anderer schließen. Bis zu einem solchen Miteinander, bis zu einer sinnvollen Arbeitsteilung und einem gerechten Chancen-Lasten-Ausgleich aber ist es noch ein weiter Weg.

»Die Angst vor der Ruhrstadt beruht auf einem antibürokratischen Affekt«, sagte im September 2007 der Bochumer Historiker Klaus Tenfelde der »Neuen Ruhr/Rhein Zeitung«. »Da wird ein Übermonster befürchtet, das alles dirigieren will. Doch niemand will im Ernst etwa die kommunale Selbstverwaltung einschränken. Diese ist eine Erbgunst deutscher Geschichte und eine großartige Errungenschaft. Wir haben eine Region, deren eng benachbarte Riesenstädte kein Hinterland haben. Diesen Städten muss eine sachlich gebotene Kooperation mitunter zwingend verordnet werden.« Vielleicht sei der Name Ruhrstadt auch nicht glücklich gewählt. Immerhin aber werde mit ihm eine Vision der Kooperationsfähigkeit und der Leitbildorientierung eines Wirtschaftsraumes formuliert.

195

»Das Ruhrgebiet hat keinen Namen als Wirtschaftsraum weltweit. Diese Erkennbarkeit nach außen ist aber wichtig, denn vieles im wirtschaftlichen Handeln hat symbolische Qualität: Es orientiert sich an Standorten«, so Tenfelde.

Also bergen die Kooperation, der gemeinsame Auftritt und die gemeinsame Darstellung nach außen große Chancen für das Ruhrgebiet. Tenfelde sieht darin einen Attraktivitätsgewinn, der potenzielle Investoren anlockt und dem gesamten Raum zu Wachstum verhilft. Diese Argumentation klingt mithin genauso verlockend wie der Vorschlag, durch die zentrale Selbstverwaltung des Ruhrgebietes bürokratische Ebenen abzubauen.

Allerdings müssten die Politiker für diese Vision werben und die Vorbehalte bei all jenen abbauen, in deren Augen die »Weltstadt Ruhr« ein noch größeres Übel als der Abstieg ihres Lieblingsvereins ist. Fest steht, dass schnelles Handeln geboten ist. Denn wenn nichts geschieht, sinkt die Bevölkerung des Ruhrgebiets bis 2050 kontinuierlich weiter. Metropolregionen wie Hamburg oder München aber werden wachsen.

Herausforderung Landleben

Landleben online

Auf der Suche nach Konzepten, die Möglichkeiten aufzeigen, den Alltag auf dem Land in überalternden und schrumpfenden Regionen lebenswert zu gestalten, stieß ich unter vielen anderen auf ein Papier, das die Kreistage Stendal und Salzwedel im Herbst 2003 beschlossen hatten. Dabei handelt es sich um das »Regionale Entwicklungskonzept Altmark«, das in Zusammenarbeit mit dem Institut für Strukturpolitik und Wirtschaftsförderung Halle/Leipzig erarbeitet wurde und aus dem ich schon an anderer Stelle zitiert habe. Da es, wie ich finde, die notwendigen Maßnahmen unter den veränderten demografischen und wirtschaftlichen Bedingungen umfassend darstellt, will ich mit ihm beginnen.

Ziel aller Konzepte, so auch das des genannten, ist es, die betreffende Region wirtschaftlich in Schwung zu bringen, sprich Investoren anzulocken, Arbeitsplätze zu schaffen und sie auf diese Weise auch für Familien wieder interessant zu machen. Beispielhaft zeigen die Autoren des Entwicklungskonzeptes für die Altmark auf, was das im Einzelnen bedeutet. Zunächst mahnen sie, auf der Ebene der bevölkerungsnahen oder sozialen Infrastruktur das Verhältnis von stationärer und mobiler medizinischer Versorgung neu zu bestimmen. Denn ein »Weiter so« könne es nicht geben. Zudem müsse die Frage beantwortet werden, wie wohnortnahe Bildungsangebote aufrechterhalten werden könnten. Und auch die Frage, wie soziale Einrichtungen an eine alternde Bevölkerung »angepasst« werden könnten, sei von herausragender Bedeutung. Gemeint ist, Schulen oder Kindertagesstätten so umzugestalten, dass sie von jungen und alten Menschen parallel nutzbar sind. Schon aus Kostengründen muss die Verkehrsinfrastruktur unter anderem durch Rufbusse und Sammeltaxis flexibler und bedarfsgerechter werden. Es werden also nicht mehr alle Orte regelmäßig angefahren, sondern nur noch nach Bedarf. Inwieweit im Öffentlichen Personennahverkehr nebenher noch Optimierungsmöglichkeiten bestehen, ist im Einzelfall zu prüfen.

Auf der Ebene der technischen, sprich wirtschaftsnahen Infrastruktur sind Konzeptionen für die künftige Wasserver- und -entsorgung sowie die Abfallwirtschaft bei sinkenden Tragfähigkeitsgrenzen vonnöten. Dabei geht es um die Kapazitäten von Rohrleitungen und Kläranlagen. Es müssten private Dienstleistungen und Leistungen des Handels organisiert und angeboten werden, die beispielsweise »altersgerechte, vor allem auf die Erwartungen und Bedürfnisse Älterer zugeschnittene Leistungen und Produkte« anbieten. Möglich sei dies durch den Ausbau sogenannter multifunktionaler Einrichtungen wie Nachbarschaftsläden, die ehrenamtlich von den Dorfbewohnern betrieben werden.

Eine besondere Herausforderung sei der Umgang mit Siedlungen und Landschaften. So müsse geklärt werden, wie eine Kommune mit brachgefallenen Siedlungsflächen umgehe, wie sie leer stehende Wohnungen und funktionslos gewordene Gebäude abreiße und was sie mit leer ste-

henden Höfen in den Dörfern mache. Eine große Chance
für die ländliche Bevölkerung sehen die Gutachter in den
modernen Kommunikationsmitteln. Sie ermöglichten das
sogenannte eLearning und Fernlernen, aber auch Fern-
diagnostik- und -medikamentation. Online-Versorgungs-
angebote seien ebenso möglich wie Online-Angebote von
Stadt- und Gemeindeverwaltungen.

Der kleine Dorfladen

In Otersen fing alles an. Eigentlich brauchte man dieses
gerade mal 532 Einwohner zählende Dorf in der niedersächsischen Gemeinde Kirchlinteln nicht zu kennen. Obwohl es dort nicht nur sieben Seen, sondern auch 15 Höfe
mit insgesamt 34 Baudenkmälern gibt, allesamt schmucke
Bauten. Vielleicht kennt der eine oder andere Radwanderer
Otersen bei Verden an der Aller wegen seiner Solarfähre.
Sie ist übrigens die zweitkleinste Fähre Deutschlands. Und
1999 wurde sie gar mit dem Deutschen Solarpreis ausge-
zeichnet. Richtig Aufsehen aber erregte Otersen durch den
ersten kleinen Dorfladen in Niedersachsen. Das war im Jahr
2000.

Damals nämlich sollte das letzte von ehemals drei
Geschäften im Dorf schließen. Bei den ersten beiden hatten die Oterser das noch hingenommen. Nun aber wurde
die Versorgungslage nach Ansicht der Dorfbewohner kritisch. Sollten sie etwa künftig zum Brötchenholen acht
Kilometer bis zum nächsten Bäcker und 15 Kilometer bis
nach Verden zum Einkaufen fahren?

Und im Laufe der öffentlichen Debatte wurde ihnen
bewusst, dass sie mit dem Laden noch viel mehr verlieren
würden als den schnellen Weg zu den Waren des täglichen

Bedarfs. Kaum zu unterschätzen war der drohende Verlust des wichtigsten Treffpunktes, jenes Ortes, an dem sich die Dorfbewohner zufällig über den Weg laufen und genau das tun, was Menschen nun mal sehr gern tun: tratschen. Vor allem die Alten, für die der kurze Weg in den Dorfladen nicht nur willkommene Abwechslung war, sondern fester Bestandteil der Tagesplanung, hätten unter dem Verlust sehr gelitten.

Auch unter dem Aspekt der Dienstleistung ist so ein Laden meistens mehr als nur ein kleiner Supermarkt. Oft gibt es dort Postannahme- und -ausgabestellen, Lottostellen, Reinigungs- und Reparaturannahmen, ein »Schwarzes Brett«, das über dieses und jenes informiert, und zuweilen lassen sich dort sogar kleine Verwaltungsangelegenheiten erledigen. Wenn so ein Tante-Emma-Laden geschlossen wird, ist das also alles andere als eine kleine Sache in einem Dorf.

Kurz und gut: Die Oterser wollten einen solchen Verlust an Lebensqualität, nämlich um nichts anderes handelt es sich in letzter Konsequenz, auf jeden Fall verhindern. Günter Lühning, Sparkassenfilialleiter in Oyten, CDU-Fraktionschef im Kirchlintelner Gemeinderat und überzeugter Oterser, kam auf die Idee, das Geschäft als Gesellschaft bürgerlichen Rechts (GbR) weiterzubetreiben. Genau 70 000 D-Mark Eigenkapital würden ausreichen, um den Laden zu übernehmen, errechnete er damals. Gleichzeitig machte er den Menschen klar, dass ein Kredit nicht aufgenommen werden könne, denn dieser sei nicht refinanzierbar. Er verkaufte Anteilsscheine zu 500 D-Mark mit der klaren Ansage, dass mit einer Dividende nicht zu rechnen sei.

Doch das hielt die Dorfbewohner nicht davon ab, sich an dem Unternehmen zu beteiligen. Schnell waren sogar über 100 000 Mark zusammen. Inzwischen sind 70 Dorfbewohner Anteilseigner. Sie kauften sich ein, um in Otersen ein Stückchen dörflicher Infrastruktur zu erhalten. Nach drei Jahren schrieb die GbR erstmals schwarze Zahlen, und heute werden bei einem Umsatz von über 300 000 Euro im Jahr sogar kleine Überschüsse erzielt.

Der Laden befindet sich in einem kleinen Häuschen direkt hinter dem nördlichen Ortseingang. Wegen der großen Lottoreklame ist er nicht zu übersehen. Ansonsten aber ist er eher unscheinbar und könnte auf den ersten Blick auch ein Kiosk sein. Doch das Schild über dem Eingang weist die Kunden darauf hin, dass sie hier einen ganz besonderen Laden betreten: »Use lüttje Dörpsladen«, was so viel heißt wie »Unser kleiner Dorfladen«.

Was von außen so klein wirkt, erweist sich innen als ausgewachsener Supermarkt. Auf 150 Quadratmetern Verkaufsfläche wird mit über 2000 Artikeln fast alles angeboten, was wir aus den großen Supermärkten gewohnt sind. Der größte Teil kommt vom Großhändler. Brot und Brötchen liefert ein Bäcker aus der Region. Sogar am Sonntag gibt es frische Brötchen. Und eine Schlachterei bietet frisches Fleisch an. Vieles wird in Kooperation mit dem Dorfladen im benachbarten Bendingbostel organisiert.

Die Frau an der Kasse ist nicht mehr die jüngste. Sie ist eine von fünf Teilzeitverkäuferinnen, die für eine geringe Entlohnung hier arbeiten. Ihre Motivation ist die Überzeugung, dass Otersen so einen Laden als Versorgungsleistung und kommunikativen Ortsmittelpunkt braucht. »Man wird ja auch älter«, sagt eine nicht mehr ganz junge Dame. »Und wenn ich dann noch die Spritkosten nach Verden rechne, dann kann ich, glaube ich, genauso preiswert hier einkaufen.«

Außerdem kann sie im »Dörpsladen« inzwischen nicht nur Lotto spielen, sondern auch Päckchen eines Versandhandels für den Umtausch abgeben. Anfänglich wollte die Lottozentrale die Annahmestelle schließen, weil sie den Mindestumsatz nicht erreichte. Als sie aber dann vom bürgerschaftlichen Engagement hörten, drückten die Verantwortlichen der Lottogesellschaft beide Augen zu.

Inzwischen macht der Laden 300 000 Euro Umsatz jährlich. Die Bilanz ist plus-minus Null.

Bendingbostel, Otersen und Wulmstorf im Landkreis Verden wurden so zur Keimzelle des »Netzwerkes Dorfläden« in Niedersachsen. Auch in anderen Bundesländern gibt es heute vergleichbare Projekte. Da sich der Handel aus wirtschaftlichen Gründen aus überalternden und schrumpfenden Regionen zurückzieht, sind gerade die Bürger in schrumpfenden Regionen gezwungen, diese Lücke mit eigenen Kräften zu füllen. Denn die Entvölkerung, die für den Handel einen Verlust von Kaufkraft bedeutet, ist einer der Hauptgründe für die Aufgabe von Supermärkten. So wie sich Verwaltungen, öffentliche Einrichtungen wie Schulen und Krankenhäuser immer weiter aus der Region entfernen, reagiert auch der Handel.

Ein Beispiel aus Bayern. Im unterfränkischen Unsleben verhielt es sich fast genau so wie in Otersen. Ende der Neunzigerjahre gab es noch drei Tante-Emma-Läden. Es zeichnete sich jedoch ab, dass alle drei aus Altersgründen aufgegeben werden sollten. Doch anders als in Otersen reagierte die Gemeinde Unsleben auf den drohenden Verlust. Sie entschloss sich, selbst die Grundversorgung aufrechtzuerhalten. Nach Gesprächen mit Großhändlern und Lieferanten wurde am 1. Januar 1999 der erste gemeindeeigene Dorfladen als Agentur eröffnet. Betrieben wurde der Laden von einer Geschäftsführerin und drei Mini-Jobberinnen. Sie verkauften Obst, Gemüse, Frischeartikel, Biobackwaren, Getränke, Zeitungen, Lotto und nahmen Textilien für eine Reinigung an. Damit machten sie 250 000 Euro Umsatz im Jahr.

Allerdings wollte die Gemeinde nicht dauerhaft Betreiber eines Geschäftes sein und forcierte 2003 die Gründung eines Gemeindevereins, der den Laden betreiben soll. Inzwischen hat er 50 Mitglieder, die fünf Euro Jahresbeitrag zahlen. Und seit 2004 schreibt der Laden schwarze Zahlen.

In einem Papier mit dem Titel »Wiederbelebung von Ortsmitten« lobt die Regierung Oberbayerns ausdrücklich das Engagement der Gemeinde Unsleben und ermuntert andere, es ihr gleichzutun. Durch den Dorfladen seien in Unsleben auch der Bestand einer Metzgerei, einer Bäckerei und einer Drogerie gesichert worden.

Bundesweit wurden in den vergangenen zehn Jahren mehr als 20 000 Geschäfte geschlossen, darunter viele Tante-Emma-Läden. Auf dem Land fehlte ihnen die Kundschaft, um rentabel arbeiten zu können. In der Stadt ruinierte der Preiskampf mit den großen Einkaufszentren die kleinen Einzelhändler. Aus diesem Grund tritt in strukturschwachen Stadtvierteln oder an der Peripherie das gleiche Phänomen auf wie in den sich entvölkernden Landstrichen: Der Weg zum nächsten Einkaufladen wird immer weiter. Aber immer mehr Bürger organisieren inzwischen die Selbsthilfe.

Auch im hessischen Oberellenbach. Dort eröffneten die Bürger ebenfalls einen Dorfladen. Sie waren die weiten Wege bis zum nächsten Supermarkt leid. Acht Männer und Frauen teilen sich heute die Arbeit im Laden. Ihre treuesten und besten Kunden sind – wie in den Dorfläden Bayerns und Niedersachsens auch – die Alten. Mittwochs treffen sie sich dort sogar zu Kaffee und Kuchen. Und wenn einer von ihnen stirbt, sagen die Oberellenbacher, dann merken sie es sofort in der Kasse. Das ist das Teuflische an

Herausforderung Landleben

der Demografie. Wenn es den Dörfern und Gemeinden nicht gelingt, zusätzliche Bürger hinaus in die Natur zu locken, dann werden irgendwann auch die bürgerschaftlich betriebenen Dorfläden nicht mehr zu bewirtschaften sein. Und ohne diese Läden werden auch die anderen irgendwann gehen, weil die Ausgaben für das Auto steigen, weil die Wege beschwerlich sind und das Leben in ihrem Örtchen wie eine Kerze langsam erlischt.

Gasthof.

Orte und Daten

Die Topografie des Schrumpfens

In unseren Städten tickt eine Zeitbombe

Der Blick auf eine herkömmliche Landkarte verrät uns nichts über den Wandel, der sich in Deutschland vollzieht. Wir sehen Straßen, Gebirge, Seen, Flüsse und Meere. Dicke oder winzige Punkte zeigen uns Städte und Dörfer. Aber wir erkennen weder die Vitalität noch die Sterblichkeit von Regionen, Städten und Dörfern. Wir sehen nicht, wie hoch bereits heute der Anteil der Alten und wie gering die Zahl der Jungen ist, wie hoch die Abwanderungsraten sind und wie gering das wirtschaftliche Potenzial ist. Diese Topografie des Schrumpfens und Wachsens sowie die Richtungen der Wanderungsbewegungen bleiben uns verborgen.

Dabei schaut jeder, der so eine herkömmliche Deutschlandkarte vor Augen hat, auf eine Vielzahl schrumpfender oder ums Überleben kämpfender Städte und Regionen. In einigen Amtsstuben wird das Thema nach wie vor hartnäckig ignoriert. Doch die meisten Verwaltungen, Verbände, Landesregierungen und Forschungsinstitute haben mit der Bestandsaufnahme begonnen. Dabei kommen sie hin und wieder zu unterschiedlichen Ergebnissen. Häufig sind differierende Berechnungszeiträume die Ursache für die Abweichungen in den Statistiken. Offensichtliche Widersprüche in Form gegenläufiger Prognosen tauchen in den Expertisen jedoch nur selten auf, da die Datenbasis zur Ermittlung der tendenziellen Entwicklung der Bevölkerungszahlen in den meisten Fällen eindeutig ist.

Auffallend ist jedoch, dass die Länder, Regionen und Kommunen, wenn sie denn selbst den Blick in die eigene Zukunft wagen, oftmals zu weitaus kritischeren Resultaten kommen als die kommunalen Verbände oder freie Forschungsinstitute. Auf der Grundlage einer Umfrage, die der Deutsche Städtetag in den Rathäusern der Republik durchführen ließ, hat das Wiesbadener Statistikamt im Jahr 2005 eine Liste der wachsenden, stagnierenden und der schrumpfenden Städte erstellt (siehe Grafik Seite 211). Heraus kam, dass in der Zeit von 2004 bis 2020 nur noch neun größere deutsche Städte mit signifikant wachsenden Bevölkerungszahlen rechnen können, nämlich Potsdam (plus 13,4 Prozent), Oldenburg in Niedersachsen (plus 8,0 Prozent), Heidelberg (plus 6,8 Prozent), Leipzig (plus 5,3 Prozent), Augsburg (plus 5,0) Prozent, Hamburg (plus 4,9 Prozent), Bonn (plus 4,3 Prozent), Esslingen (plus 4,2 Prozent) und Landshut (plus 3,2 Prozent). Ich will an dieser Stelle schon einmal andeuten, dass es etwa für Leipzig und Osnabrück auch Prognosen gibt, die den Städten eine Schrumpfung vorhersagen. Aber dazu später mehr.

Insgesamt 16 Städte stagnieren laut der in Wiesbaden erstellten Statistik, wobei die Bevölkerungsentwicklung von plus 2,8 Prozent in Nürnberg bis minus 2,3 Prozent in Münster reicht. Die weiteren Städtenamen dieses Mittelfeldes sind Mannheim, Osnabrück und Dresden mit jeweils plus 2,0 Prozent Stagnation. Wiesbaden stagniert bei plus 1,9 Prozent, Flensburg bei 0,8 Prozent, Freiburg bei 0,7 Prozent, Köln bei 0,5 Prozent und Frankfurt am Main hält die heutige Bevölkerungszahl. Mit einem Minus von 0,2

Prozent muss Bremen leben, Berlin steht mit minus 0,8 Prozent in der Liste, Dortmund mit minus 1,1 Prozent, Kiel mit minus 1,3 Prozent, Heilbronn mit minus 1,9 Prozent und Karlsruhe mit minus 2,2 Prozent.

Kommen wir nun zur größten Gruppe, den 21 Verlierern. Die stärksten Rückgänge sehen die hessischen Statistiker bis zum Jahr 2020 bei vier ostdeutschen Städten. Der größte Verlierer ist in ihren Augen Halle. Dort wird die Einwohnerzahl dramatisch um 18,5 Prozent sinken. Es folgt Chemnitz mit 16,2 Prozent Schrumpfung, Magdeburg mit 13,6 Prozent, Schwerin mit 12,8 Prozent, Essen mit 10,8 Prozent, Rostock mit 10,2 Prozent, Gelsenkirchen mit 9,9 Prozent, Koblenz mit 9,1 Prozent, Mülheim/Ruhr mit 8,9 Prozent, Erfurt mit 8,5 Prozent und Wuppertal schrumpft um 8,0 Prozent. Bielefeld verliert 7,7 Prozent, Bochum 7,1 Prozent, Duisburg 7,0 Prozent, Trier 6,4 Prozent, Kassel 5,3 Prozent, Stuttgart 5,0 Prozent, Solingen 4,4 Prozent, Mönchengladbach 4,3 Prozent, Braunschweig 3,5 Prozent und Düsseldorf 3,1 Prozent.

Überrascht hat den Deutschen Städtetag, aber auch Bürgermeister und Landespolitiker die große Zahl westdeutscher Städte unter den Absteigern, von denen wiederum die meisten in Nordrhein-Westfalen liegen. Bislang hatten alle angenommen, in erster Linie die ostdeutschen Großstädte litten unter der Abwanderung und Überalterung ihrer Bevölkerung. Daran hat sich auch nichts geändert. Aber Westdeutschland darf sich nicht länger in falscher Sicherheit wiegen. Es wächst nur noch dort, wo es hungrig, und neugierig geblieben ist, wo sich die Menschen bereits gestern für morgen entschieden haben.

Mit dem Anbruch des postindustriellen Zeitalters verloren sämtliche Städte an Rhein und Ruhr, die es durch Kohleförderung und Stahlproduktion zu Größe und Wohlstand

gebracht hatten, sukzessive ihre Wirtschafts- und Existenzgrundlage. Doch die Einsicht in den notwendigen Wandel
kam oftmals erst spät. Während etwa die Bayern rund um
München in den vergangenen Jahrzehnten Unternehmen
aus Hochtechnologiebranchen angesiedelt und damit Arbeitsplätze geschaffen hatten, gelang es dem zuweilen halbherzig agierenden Ruhrgebiet nicht, ausreichend moderne
Arbeitsplätze zu schaffen, mit denen die weggefallenen
Jobs in den alten Industrien ersetzt werden konnten.

Die Liste der Unternehmen, die nach Bayern gegangen
sind, ist schon beeindruckend. Zuerst kam Siemens, dann
der Flugzeughersteller Bölkow, der inzwischen in dem
europäischen Luft- und Raumfahrtkonzern EADS aufge-
gangen ist. Nach dem Boom der Mikroelektronik Mitte
der Siebzigerjahre vervierfachte sich die Zahl der Hoch-
technologiebetriebe im bis dahin immer noch landwirtschaftlich geprägten Bayern. Heute haben etwa zwölf
Prozent aller deutschen Software-Firmen ihren Unterneh-
menssitz im Großraum München. Die Rüstungsindustrie
produziert Panzer und Kampfflugzeuge, Funk- und Radar-
systeme in Bayern. Mit dieser rasanten Entwicklung stieg
die Zahl der Arbeitsplätze in den vergangenen drei Jahrzehnten allein durch die genannten Branchen um elf Prozent. Bayern selbst stieg vom »Entwicklungsland« zu einem
hoch entwickelten Industriestandort mit überdurch-
schnittlicher Lebensqualität auf.

Im Gegensatz zu Bayern wurde der Strukturwandel im
Ruhrgebiet eher halbherzig betrieben und war immer wieder von Rückschlägen geprägt. Jüngstes Beispiel ist die in
den vergangenen Jahrzehnten angesiedelten Elektroindus-
trie. Ein Blaupunkt-Werk in Herne wurde geschlossen, ein
Siemens-Betrieb in Witten 1999 verkauft. Seit auch die
Automobilindustrie zu den krisengeschüttelten Branchen

gehört, ist das Opel-Werk in Bochum keine sichere Bank mehr. Im Sommer 2001 fürchteten die 4000 Beschäftigten gar, der Mutterkonzern General Motors wolle das gesamte Werk schließen. Das Opel-Werk ist Teil der Ende der Fünfzigerjahre eingeleiteten Restrukturierung, zu der weitere Ansiedlungen in den Bereichen Fahrzeug- und Maschinenbau, Feinmechanik und in der Nahrungs- und Genussmittelindustrie gehörten. Allein, die geschaffenen Stellen konnten die Verluste in den alten Industrien nicht ausgleichen. Die stärksten Impulse für den Arbeitsmarkt lieferte noch das Dienstleistungsgewerbe. Seit Beginn der Neunzigerjahre sind bereits über 50 Prozent der Beschäftigten des Ruhrgebiets dort angestellt.

Trotz alledem mussten in der jüngeren Vergangenheit immer mehr Menschen aus Duisburg, Gelsenkirchen oder Herne auf der Suche nach qualifizierten Jobs ihre Heimat verlassen. Eine Entwicklung, die in der Kombination mit sinkenden Geburtenraten und einer immer älter werdenden Bevölkerung gravierende Folgen für die kommenden Jahrzehnte nach sich zieht. Insgesamt wird Nordrhein-Westfalen bis zum Jahr 2040 rund zwei Millionen Menschen verlieren, ermittelte das Statistische Landesamt. Dann wird dort jeder Dritte über 60 Jahre alt sein. Im Kern bestätigt die Bevölkerungsvorausberechnung des Landesamtes die Statistik aus Wiesbaden. Für einige Städte aber sind ihre Annahmen sogar noch problematischer. Die Bevölkerungswissenschaftler prognostizieren den großen Städten des Landes dramatische Veränderungsraten. Sie sehen Hagen um 16,3 Prozent schrumpfen, Wuppertal um 14,3 Prozent und Gelsenkirchen um 13,2 Prozent. Krefeld verliert demnach 11,4 Prozent Einwohner, Essen 10,8 Prozent und Duisburg 10,2 Prozent.

Nordrhein-Westfalens Bauminister Michael Vesper rea-

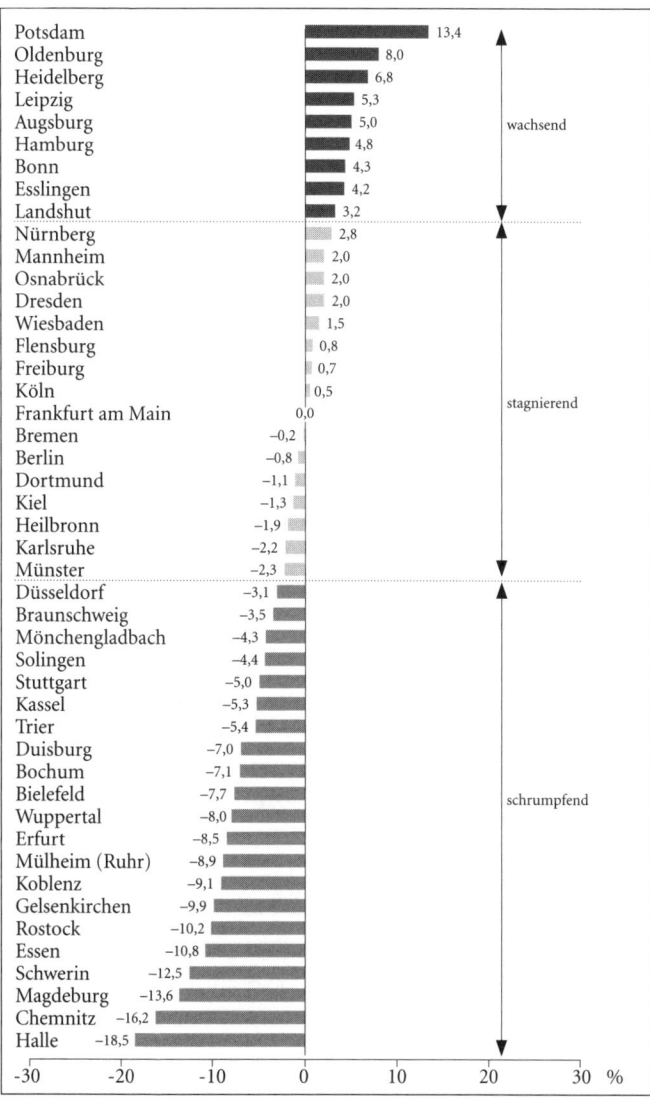

Stadt	Wert	Kategorie
Potsdam	13,4	wachsend
Oldenburg	8,0	
Heidelberg	6,8	
Leipzig	5,3	
Augsburg	5,0	
Hamburg	4,8	
Bonn	4,3	
Esslingen	4,2	
Landshut	3,2	
Nürnberg	2,8	stagnierend
Mannheim	2,0	
Osnabrück	2,0	
Dresden	2,0	
Wiesbaden	1,5	
Flensburg	0,8	
Freiburg	0,7	
Köln	0,5	
Frankfurt am Main	0,0	
Bremen	−0,2	
Berlin	−0,8	
Dortmund	−1,1	
Kiel	−1,3	
Heilbronn	−1,9	
Karlsruhe	−2,2	
Münster	−2,3	
Düsseldorf	−3,1	schrumpfend
Braunschweig	−3,5	
Mönchengladbach	−4,3	
Solingen	−4,4	
Stuttgart	−5,0	
Kassel	−5,3	
Trier	−5,4	
Duisburg	−7,0	
Bochum	−7,1	
Bielefeld	−7,7	
Wuppertal	−8,0	
Erfurt	−8,5	
Mülheim (Ruhr)	−8,9	
Koblenz	−9,1	
Gelsenkirchen	−9,9	
Rostock	−10,2	
Essen	−10,8	
Schwerin	−12,5	
Magdeburg	−13,6	
Chemnitz	−16,2	
Halle	−18,5	

Perspektiven deutscher Großstädte 2004 bis 2020

Quelle: Stadt Wiesbaden, Amt für Wahlen, Statistik und Stadtforschung

gierte bei der Bekanntgabe der Zahlen durch die Landesstatistiker im Jahr 2003 sichtlich bestürzt. Sein Kommentar
war knapp, aber höchst aussagekräftig. In den alten Indus-
triestädten des Landes ticke »eine Zeitbombe«, sagte der
Grünen-Politiker. Nun drohe ihnen eine »Spirale nach
unten«, so Vesper. Für diese Bewertung musste er viel Kri-
tik einstecken. Sowohl SPD als auch CDU und FDP hielten seine Aussagen für überzogen.

Davon kann jedoch keine Rede sein. In bundesweiten
Statistiken über jene Großstädte, die in den kommenden
Jahrzehnten am meisten Einwohner und Wirtschaftskraft
verlieren werden, rangieren die alten Industriezentren des
bevölkerungsreichsten Bundeslandes Nordrhein-Westfalen
zwar noch hinter den Verlierern aus Ostdeutschland. Aber
sie stellen die mit Abstand größte Gruppe. In ihrem »Wegweiser Demografie« machte die Bertelsmann-Stiftung 19
solcher schrumpfender »Großstädte mit heute mehr als
100 000 Einwohnern im postindustriellen Strukturwandel«
aus. Allein 14 Städte davon liegen in Nordrhein-Westfalen.
Zu dieser Kategorie zählt die Stiftung ebenso wie das Statistische Landesamt Nordrhein-Westfalen neben Mönchengladbach und Wuppertal eigentlich das gesamte Ruhrgebiet mit den Städten Krefeld, Duisburg, Oberhausen,
Mülheim, Bottrop, Essen, Gelsenkirchen, Dortmund,
Recklinghausen, Bochum, Witten und Hagen.

Weitere Belege für die negative Entwicklung des Ruhrgebiets liefert eine Analyse des Referats für Stadtentwicklung
der Stadt Braunschweig für die Fachkommission Stadtent-
wicklungsplanung des Deutschen Städtetages vom April
2005. Danach verliert Hagen bis zum Jahr 2020 unglaubliche 16,2 Prozent seiner Bevölkerung (zum Vergleich: Bertelsmann gibt für Hagen minus 11 Prozent an) dicht gefolgt
von Wuppertal mit 16,1 Prozent (Bertelsmann-Stiftung:

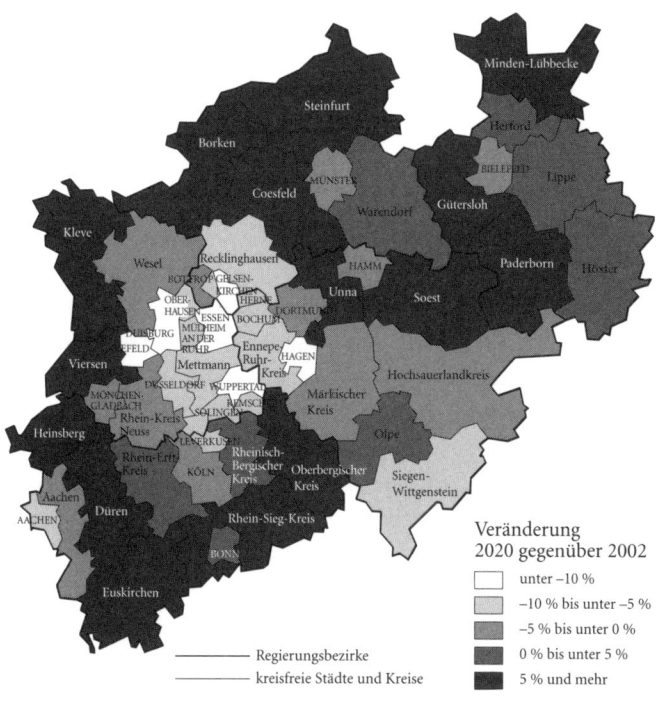

Bevölkerung in Nordrhein-Westfalen.
Veränderung 2020 gegenüber 2002
Quelle: Landesregierung Nordrhein-Westfalen

minus 8,1 Prozent). Gelsenkirchen schrumpft um 15,1 Prozent (Bertelsmann-Stiftung: 11,7 Prozent), Duisburg verliert 13,6 Prozent Einwohner (Bertelsmann-Stiftung: minus 9,8 Prozent), Dortmund 12,6 Prozent (Bertelsmann-Stiftung: minus 2,3 Prozent), Essen 11,9 Prozent (Bertelsmann-Stiftung: minus 6,3 Prozent) und Krefeld 10,8 Prozent (Bertelsmann-Stiftung: minus 6,8 Prozent).

Noch beeindruckender sind diese Verluste in absoluten Zahlen. So schrumpft Dortmund nach Angaben des Braunschweiger Statistikamtes in nur 20 Jahren – von 2000 bis 2020 – um 74 094 Einwohner. Die Einwohnerzahl Essens sinkt demzufolge im selben Zeitraum um 71 043 Einwohner. Duisburg verliert 69 815 Einwohner, Wuppertal 58 834, Gelsenkirchen 42 195 und Hagen 32 851. Das macht zusammen 348 832 Einwohner und somit etwa die heutige Einwohnerzahl Wuppertals. Ohne also all die Orte mit einzubeziehen, die weniger als zehn Prozent ihrer Einwohner einbüßen, verliert Nordrhein-Westfalen bis zum Jahr 2020 die Einwohnerzahl einer veritablen Großstadt. Das ist so, als wären Wuppertal oder Bochum auf einmal nicht mehr da.

Unter den Städten mit heute mehr als 500 000 Einwohnern wird nur noch die Freie Hansestadt Bremen bis 2020 überdurchschnittlich viele Einwohner einbüßen. Sie verliert laut dieser Statistik, die damit deutlich von anderen abweicht, 8,9 Prozent oder 48 003 Einwohner. Wie schon erwähnt, prognostiziert der Deutsche Städtetag lediglich einen Rückgang um 0,2 Prozent, die Bertelsmann-Stiftung erwartet ein Minus von 0,7 Prozent.

Weitere westdeutsche Städte der Größenordnung 200 000 bis 500 000 Einwohner mit signifikanten Verlusten knapp unterhalb der Zehn-Prozent-Marke sind in der Braunschweiger Auflistung Bochum mit 8,0 Prozent (Bertelsmann-Stiftung: minus 6,1 Prozent), Mönchengladbach mit 8,8 Prozent (Bertelsmann-Stiftung: minus 3,4 Prozent) und Bielefeld mit 7,8 Prozent. Wie schon bei Bremen gehen auch für die westfälische Stadt die Angaben weit auseinander. Während die Bertelsmann-Stiftung gar einen Bevölkerungszuwachs um 3,6 Prozent erwartet, weicht die Prognose des Städtetags um nur einen Zehntel-Prozentpunkt von der Braunschweiger Studie ab.

Für den Osten war angesichts der nach der Wiedervereinigung einsetzenden Bevölkerungsflucht Richtung Westdeutschland eigentlich nichts anderes als ein bislang einmaliger Schrumpfungsprozess beobachtet worden. Obwohl Städteplaner, Bevölkerungswissenschaftler und Politiker dort das Problem seit nunmehr schon über einem Jahrzehnt diskutieren, gibt es gleichwohl über die in Zukunft zu erwartende Intensität der Entvölkerung der Städte dort immer noch unterschiedliche Annahmen. Treffen die Vorhersagen aus Braunschweig ein, dann wird Chemnitz den bundesweit stärksten Bevölkerungsrückgang unter den Städten, die heute über 200 000 Einwohner haben, verkraften müssen. Denn danach verliert die einstige ostdeutsche Industriemetropole 23,5 Prozent oder 59 303 Einwohner bis zum Jahr 2020. Laut den Berechnungen des Städtetages sind es allerdings »nur« minus 16,2 Prozent, nach denen der Bertelsmann-Stiftung 16,7 Prozent. Gleichwohl sind auch diese gegenüber der Statistik aus Braunschweig weit geringeren Bevölkerungsverluste für eine Kommune, die schon im Zeitraum von 1990 bis heute trotz zahlreicher Eingemeindungen über 20 Prozent ihrer Bevölkerung eingebüßt hat, eine schwere Bürde. Wie düster die demografische Perspektive der Stadt ist, veranschaulicht eine andere statistische Größe vielleicht noch besser. Der Anteil Jugendlicher unter 15 Jahren an der Gesamtbevölkerung von Chemnitz ist nämlich mit nur 10,1 Prozent der niedrigste in ganz Deutschland.

Neben Chemnitz müssen den Braunschweiger Stadtforschern zufolge nur noch Rostock und Leipzig in vergleichbarem Maße schrumpfen. Die Hafenstadt an der Ostsee verliert demnach noch einmal 14,1 Prozent oder 28 308 Einwohner. Leipzig werden 9,1 Prozent Bevölkerungsverlust vorhergesagt. Möglicherweise aber ist die Lage in Rostock nicht ganz so dramatisch, da der Städtetag für Rostock schlimmstenfalls 6,2 Prozent Verlust annimmt und die Bertelsmann-Stiftung 6 Prozent. Für Leipzig gehen die Erwartungen sogar diametral auseinander. Statt kräftiger Verluste sagt der Städtetag deutliche Einwohnerzuwächse in Höhe von 4,5 Prozent voraus, die Bertelsmann-Stiftung immerhin noch ein Plus von 1,8 Prozent. Das sächsische Wirtschaftsministerium hingegen erwartet einen Rückgang um rund 1 Prozent.

Uneins sind sich die Forscher über die Zukunft der sächsischen Landeshauptstadt Dresden. Die unmittelbare Konkurrenz zu Leipzig muss bei den Braunschweigern mit 2,8 Prozent ein wenn auch leichtes Minus, aber eben doch einen Negativsaldo hinnehmen. Die beiden anderen Quellen sehen Dresden indes mit 2,9 Prozent bzw. mit 3,1 Prozent (Bertelsmann) im Aufwind. Das sächsische Wirtschaftsministerium wiederum befürchtet Verluste in Höhe von 1,6 Prozent .

Unter den Städten zwischen 100 000 und 200 000 Einwohnern scheint es bundesweit einen klaren Minusrekord zu geben. Den fährt nach Angaben der Bertelsmann-Stiftung Gera ein. Von den heute 106 365 Einwohnern verliert die ostdeutsche Stadt demnach 21,6 Prozent. Darauf folgt das unweit der polnischen Grenze gelegene Cottbus mit 18,4 Prozent Einwohnerverlust.

Was aus Osnabrück wird, steht offenbar noch in den Sternen. Das Statistische Landesamt meldet für die zweitgrößte Stadt Niedersachsens zwar eine für das Land eher niedrige Geburtenrate von 1,1, was bedeutet, dass in Osnabrück 1100 Geburten auf 1000 Frauen kommen. Weil aber die Wanderungsgewinne deutlich höher ausfielen als das Defizit aus Geburten und Sterbefällen, so die Statistiker, sei bis zum Jahr 2021 immerhin noch mit einem Bevölkerungszuwachs von 1,9 Prozent zu rechnen. Der Landkreis stagniert demnach bei 0,4 Prozent.

Geht es hingegen nach den Statistikern in Braunschweig, dann dürfte es um Osnabrücks Zukunft ähnlich schlecht wie um die von Cottbus bestellt sein. Denn die Braunschweiger sind sich sicher, dass Osnabrück im Jahr 2020 mit 16,9 Prozent oder genau 27 701 weniger Bürger auskommen muss. Obwohl die Braunschweiger Studie für den Städtetag bestimmt war, glaubt dieser offenbar eher dem Statistischen Landesamt. Jedenfalls verbucht er für Osnabrück ein auf zwei Prozent gerundetes leichtes Wachstum. Und die Bertelsmann-Stiftung wiederum erwartet einen Einwohnerverlust von minus 2,5 Prozent.

So ist das manchmal mit Statistiken. Bremerhaven würde sich wohl ein etwas diffuseres Zukunftsbild wünschen, aus dem sich vielleicht gar noch etwas Hoffnung ableiten ließ. Doch die Unterschiede in den Prognosen halten sich in Grenzen und bestätigen in jedem Fall die negativen Aussichten. Noch heute laboriert Bremerhaven an den Folgen der Werftenkrise der Siebziger- und Achtzigerjahre des vergangenen Jahrhunderts. Massenhafte Arbeitsplatzverluste führten zu Abwanderungen und sozialer Not. Rund 6600 Kinder leben dort unter der Armutsgrenze. Angesichts solcher Rahmenbedingungen sagt das Berlin-Institut der Stadt mit dem wichtigsten deutschen Seehafen weitere Bevölkerungsverluste über 15 Prozent voraus, die Bertelsmann-Stiftung spricht von 11,6 Prozent.

Eine weitere Hafenstadt mit wenig rosigen Prognosen ist Wilhelmshaven. Heute zählt die Stadt am Jadebusen etwa 83 000 Einwohner. Während die Bertelsmann-Stiftung sie als »stark schrumpfende Kommune« mit 8,9 Prozent Bevölkerungsrückgang einordnet, prophezeit eine Studie der Fachhochschule Ludwigshafen am Rhein einen dramatischen Einwohnerverlust von bis zu 20 Prozent. Noch erschreckender ist die in dieser Studie vorhergesagte Altersstruktur der kreisfreien Stadt. Im Jahr 2020 wird demnach ein Drittel der Wilhelmshavener älter als 65 Jahre sein.

Was das für das Stadtbild bedeutet, ist kaum vorstellbar. Hoffnungslos ist die Lage in Wilhelmshaven indes heute nicht mehr. Dort ist etwas gelungen, was vielen anderen Städten mit ähnlich schlechtem demografischen Profil zu wünschen wäre. Wilhelmshaven wird dank massiver Unterstützung durch das Land Niedersachsen und den Bund zu einem der wichtigsten Containerhäfen Europas ausgebaut. Dazu gehört auch, dass die Anbindung an das Schienen- und Straßennetz erneuert und erweitert wird. So verbessert die Stadt ihre Voraussetzungen für eine ökonomische Gesundung erheblich und gewinnt an Attraktivität als Lebensraum zurück.

Leider ist dies nur ein Einzelfall. Als die im Auftrag des Deutschen Städtetages arbeitenden Wiesbadener Statistiker all ihre Informationen gesammelt und ausgewertet hatten, zogen sie eine düstere Bilanz. In den meisten deutschen Kommunen, da waren sie sich sicher, sei ein generelles Umdenken dringend geboten. Unmissverständlich forderten sie von den betroffenen Städten eine »Abkehr von der Wachstumsplanung«. Was die Experten in Wiesbaden formulierten, stellt eine historische Zäsur dar. Erstmals seit den Aufbaujahren nach dem Zweiten Weltkrieg müssen Politik und Verwaltungen das Schrumpfen ihrer Kommune, den Rückbau des öffentlichen Lebens planen.

Davon aber sind die meisten noch weit entfernt. Im Jahr 2005 fragte die Bertelsmann-Stiftung alle Bürgermeister von Kommunen mit mehr als 10 000 Einwohnern, wie sie die Demografie einschätzten. Rund 70 Prozent antworteten, sie hielten dies für ein besonders wichtiges Thema. Aber nur ein Drittel der Befragten hatte sich damit tatsächlich schon einmal gründlicher beschäftigt.

Beim Deutschen Städtetag wurde das Bekenntnis der Bürgermeister mit großer Sorge aufgenommen. »Viele westdeutsche Kommunen verschließen offenbar ihre Augen davor, dass ihre Entwicklung zurzeit größtenteils aufgrund der Ost-West-Wanderung und der Umlandwanderung aus den großen Ballungszentren noch relativ stabil aussieht«, heißt es in einem Arbeitspapier des Verbandes nach der Umfrage. »Der Blick auf die Entwicklung der Einwohnerzahl allein reicht heute allerdings nicht mehr aus. Wichtig ist, sich einen Überblick über die sich bereits vollziehenden und unmittelbar bevorstehenden strukturellen Veränderungen in der Stadtbevölkerung zu verschaffen. Vor diesem Hintergrund ist es ein alarmierendes Signal, wenn rund ein Fünftel der befragten deutschen Großstädte (11 von 59) noch keine Bevölkerungsprognose für den relativ nahen Zeithorizont 2020 haben … Wenn man bedenkt, dass zwei Drittel der Großstädte bis 2020 mit einem Einwohnerrückgang rechnen, besteht ganz offensichtlich bereits in der Bereitstellung der Informationsgrundlagen noch weiterer Handlungsbedarf für die Kommunalpolitik.«

Der Norden

Überalterung in Schleswig-Holstein

Mit Wilhelmshaven wären wir nun also bei der Liste der kleineren Städte und Gemeinden mit deutlich unter 100 000 Einwohnern angekommen. An ihnen zeigt sich am deutlichsten, wie heterogen Deutschlands Kommunen von der demografischen Katastrophe erfasst werden. Während die Städte über die Jahrzehnte in der ihnen eigenen Anonymität schrumpfen, werden die Folgen von Abwanderung, wirtschaftlichem Niedergang und Überalterung sofort sichtbar. Wo das Leben noch überschaubar ist, wo auch heute noch jeder jeden kennt und die Familiengeschichten, das tägliche Auf und Ab ebenso wie mögliche Schicksalsschläge einen höheren Nachrichtenwert haben als irgendetwas anderes auf der Welt, wird jede Veränderung nicht nur rational behandelt, sondern oft genug zum emotionalen Gemeinschaftserlebnis. Wenn in einem Dorf mehr als drei Häuser leer stehen, verstehen die Einwohner das als sicheres Indiz dafür, dass irgendetwas nicht mehr stimmt in ihrer Lebenswelt.

In ihrem »Wegweiser Demografie« ermittelte die Bertelsmann-Stiftung unter den Kommunen der Größenordnung zwischen 5000 und 100 000 Einwohnern insgesamt 352 »schrumpfende und alternde Städte und Gemeinden

mit hoher Abwanderung«. Diese Wertung geht eindeutig
zulasten Ostdeutschlands. Von insgesamt 473 ostdeutschen
Kommunen zählen 332 zu dieser Kategorie. Mit anderen
Worten schrumpfen und überaltern rund 70 Prozent aller
ostdeutschen Städte und Gemeinden unter 100 000 Einwohnern. Obwohl Milliarden in den Aufbau einer modernen Infrastruktur investiert wurden, um, wie Altkanzler
Helmut Kohl damals sagte, »blühende Landschaften« zu
schaffen, war diese Entwicklung abzusehen. Es ist zu keinem Zeitpunkt gelungen, die Flucht gen Westen zu stoppen. Ausnahmen sind aufwendig sanierte Städte wie Erfurt
oder Weimar. Aber der Reichtum an Kulturgütern allein ist
nicht ausschlaggebend für die Attraktivität einer Stadt.
Bestes Beispiel hierfür ist das fast 1000 Jahre alte Görlitz
in Sachsen. An die 4000 Baudenkmäler gibt es dort, roma-
nische und gotische Bauten, repräsentative Handelshäuser
stehen neben Handwerkshäusern aus der Frühzeit der
Stadt. Görlitz hatte das Glück, den Zweiten Weltkrieg und
den Sozialismus nahezu unbeeinträchtigt zu überstehen.
Ausgerechnet jetzt droht der Niedergang, weil es die Menschen fortzieht in die Metropolen.

In den sogenannten alten Ländern fanden die Bertelsmann-Forscher noch einmal 20 ebenso stark schrumpfende und alternde Städte und Gemeinden wie die in Ostdeutschland und kamen somit auf die Zahl 352. Räumliche
Schwerpunkte im Westen sind das Ruhrgebiet, das Hochsauerland sowie in Niedersachsen der Harz, das Wendland
um Lüchow-Dannenberg und Wilhelmshaven.

Beginnen wir im hohen Norden. Dort drängt alles nach
Hamburg. Mit ihrer wirtschaftlichen und kulturellen
Attraktivität entfaltet die Metropole eine immer größere
Sogwirkung. Auf diese Weise wird die Bevölkerung in den
Hamburger Randkreisen Herzogtum Lauenburg, Pinne-

Der Norden

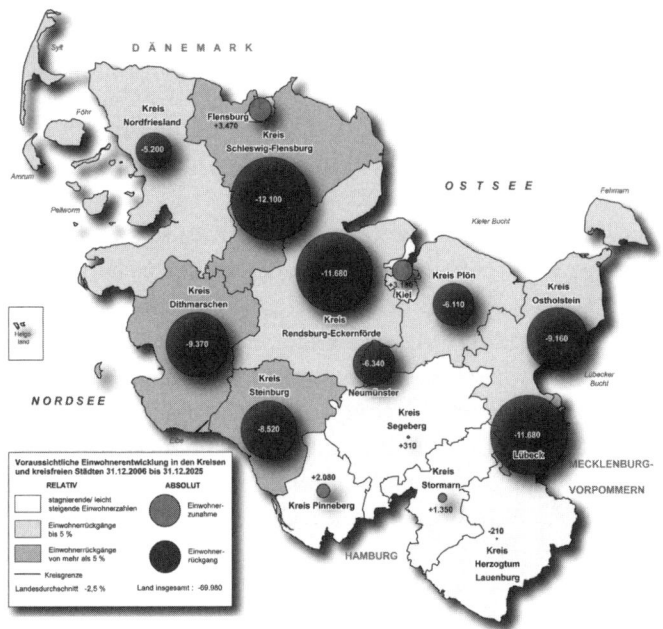

Schleswig-Holstein: Voraussichtliche Einwohnerentwicklung bis 2025

Quelle: Innenministerium Schleswig-Holstein, Abteilung Landesplanung

berg, Segeberg und Stormarn weiterhin wachsen, mindestens aber stagnieren, ermittelte das Statistische Amt für Hamburg und Schleswig-Holstein in seiner Vorausberechnung vom 30. März 2005. Wer allerdings glaubt, damit sei diese Region aus dem Schneider, hat sich getäuscht. Denn all jene, die in diese Kreise zuwandern, haben ihre Jugend längst hinter sich. »Der Alterungsprozess wird in den kommenden Jahren vor allem ein Thema für die Hamburg-Randkreise und die Kreise im Umland von Kiel, Lübeck und Flensburg«, warnt der für Demografie und Raumord-

222

nung zuständige schleswig-holsteinische Innenminister Ralf Stegner. Dort werde die Zahl der Menschen, die das 75. Lebensjahr bereits überschritten haben, am stärksten ansteigen, sagt der SPD-Politiker. Im Kreis Segeberg werde es 2020 sogar doppelt so viele Menschen über 75 geben wie heute.

Im Herzogtum Lauenburg erwarten die Landesstatistiker einen leichten Rückgang der Einwohnerzahl bis 2025 um 0,1 Prozent (zum Vergleich: die Bertelsmann-Stiftung erwartet bis 2020 plus 2,9 Prozent), in Segeberg wächst die Bevölkerung laut Landesstatistik bis 2025 um 0,1 Prozent (Bertelsmann-Stiftung bis 2020 um 4,8 Prozent), im Landkreis Stormarn um 0,6 Prozent (Bertelsmann-Stiftung 3,2 Prozent) und in Pinneberg um 0,7 Prozent (Bertelsmann-Stiftung 2,9 Prozent). Aber auch der Landeshauptstadt Kiel und der nördlichsten Stadt Flensburg werden Bevölkerungszuwächse vorhergesagt. Kiel gewinnt 1,4 Prozent (Bertelsmann-Stiftung minus 1,9 Prozent), Flensburg sogar 4 Prozent (Bertelsmann-Stiftung plus 0,4 Prozent). Dagegen wird die Bevölkerung im Kreis Dithmarschen sowie in den kreisfreien Städten Lübeck und Neumünster kontinuierlich schrumpfen. In Dithmarschen sinkt die Einwohnerzahl um 6,8 Prozent (Bertelsmann-Stiftung minus 1,5 Prozent), in Lübeck um 5,5 Prozent (Bertelsmann-Stiftung minus 2,7 Prozent) und in Neumünster um 8,1 Prozent (Bertelsmann-Stiftung minus 6,7 Prozent). Im Rest des Landes mögen die Bevölkerungszahlen teilweise zunächst noch steigen, doch unterm Strich sinken sie auch dort. Am Ende verbucht der Kreis Ostholstein ein Minus von 4,4 Prozent (Bertelsmann-Stiftung plus 2,6 Prozent). Nordfriesland verliert 3,1 Prozent (Bertelsmann-Stiftung plus 0,7 Prozent), Plön schrumpft um 4,5 Prozent (Bertelsmann-Stiftung plus 3,2 Prozent), Rendsburg-Eckernförde verliert 4,3 Prozent (Bertelsmann-Stiftung plus 1,5 Prozent), Schleswig-Flensburg büßt 6,1 Prozent der heutigen Einwohnerzahl ein (Bertelsmann-Stiftung plus 1,8 Prozent) und Steinburg verliert 6,3 Prozent (Bertelsmann-Stiftung minus 0,4 Prozent).

Starke Verluste werden von der Bertelsmann-Stiftung für Büchen (minus 10,3 Prozent), Tangstedt (minus 5,1 Prozent), Altenholz (minus 12,3), Schleswig (minus 9,1) und Rendsburg (minus 9 Prozent) vorhergesagt. Obwohl sie allesamt mit einer positiven Einwohnerentwicklung aufwarten können, klassifiziert die Bertelsmann-Stiftung Grömitz (plus 6,3 Prozent), Heiligenhafen (plus 3,6 Prozent) und Glücksburg (plus 0,2 Prozent) als »schrumpfende und alternde Städte mit hoher Abwanderung«.

Der Harz vergreist

Wie bereits erwähnt, kriselt es im benachbarten Niedersachsen vor allem im südlichen Landesteil. Allerdings tun sich die Forschungsinstitute schwer, einheitliche Aussagen über das Ausmaß des zu erwartenden Bevölkerungsschwundes herzustellen. Einigen Forschern etwa ist die altehrwürdige Stadt Osterode im Harz inzwischen ein Symbol des Niedergangs. Für die Kreisstadt sagt die Fachhochschule Ludwigshafen einen Bevölkerungsschwund um 25 Prozent voraus. Der »Wegweiser Demografie« der Bertelsmann-Stiftung gibt erstens den Rückgang mit minus 13,4 Prozent an und stuft den Ort zweitens dennoch als »stabile Mittelstadt und regionales Zentrum mit geringem Familienanteil« ein.

Weitaus kritischer sieht das Statistische Landesamt die Lage im Harz. Es erwartet im Landkreis Osterode erdrutschartige Bevölkerungswegbrüche in Höhe von 17,28 Prozent. Bertelsmann errechnete Verluste von 10,2 Prozent. Das Berlin-Institut für Bevölkerung und Entwicklung erklärt Osterode und Goslar zu den »am stärksten überalterten Landkreisen Deutschlands«. Elf Prozent der Einwohner seien über 75 Jahre alt. Damit liege schon heute der Altersquerschnitt so hoch, dass »die Sterbefallüberschüsse den Schwund beschleunigen«.

Das wenige Kilometer von Osterode entfernte Walkenried (minus 14,2 Prozent) ist unumstritten ein von der Auszehrung bedrohter Ort. Für Herzberg (minus 14,3 Prozent), Bad Lauterberg (minus 12,1 Prozent), Bad Sachsa (minus 9,7 Prozent), Braunlage (minus 9,9 Prozent) und Bad Harzburg (minus 3,6 Prozent) gilt das Gleiche.

In den Landkreisen ist die Lage nicht anders. Kräftige Einwohnerverluste drohen Holzminden (minus 11,5 Prozent), Northeim (minus 9,4 Prozent) und Goslar (minus 7,8 Prozent). Ein Stückchen weiter nördlich im Landkreis Northeim werden Einbeck (minus 12,1 Prozent) und Bad Pyrmont (minus 5 Prozent bei der Bertelsmann-Stiftung, minus 10 Prozent beim Berlin-Institut) unter die Verlierer eingestuft. Das Statistische Landesamt gibt für den Kreis Hameln-Pyrmont Verluste in Höhe von 9,1 Prozent an. Aber auch Stadtoldendorf (minus 16 Prozent) und Alfeld (minus 13,9 Prozent) müssen laut Bertelsmann-Stiftung zweistellige Einwohnerverluste hinnehmen. Im ehemaligen Grenz-Landkreis Helmstedt trägt Schöningen mit minus 18,1 Prozent die rote Laterne. Der Kreis selbst verliert nach Angaben des Statistikamtes 10,1 Prozent.

Im restlichen Niedersachsen drohen Clenze (Bertelsmann-Stiftung: minus 4,6 Prozent), Dannenberg (minus 4,5 Prozent), Lüchow (minus 4,8 Prozent), Hitzacker (minus 2 Prozent) und Norden (minus 1,3 Prozent) rückläu-

Der Norden

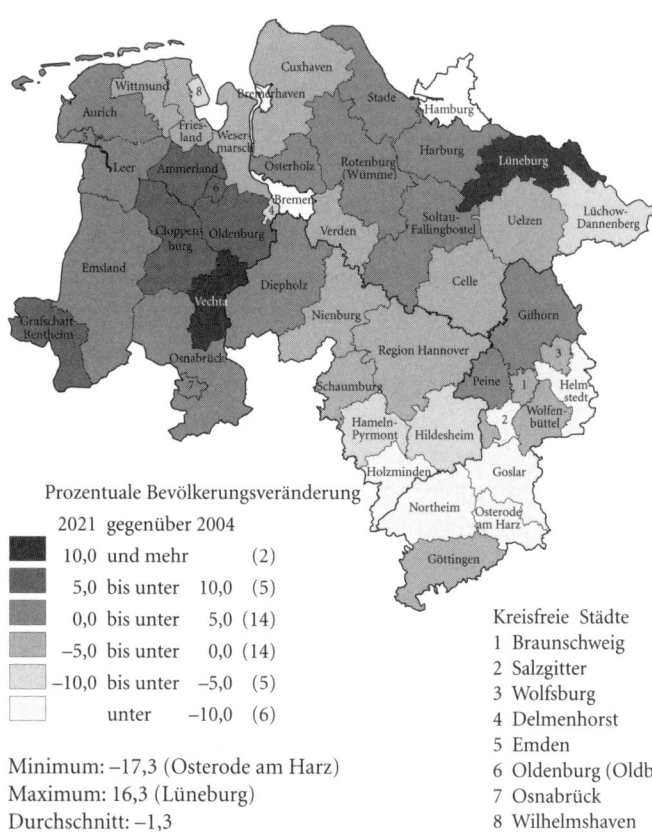

Prozentuale Bevölkerungsveränderung
2021 gegenüber 2004

10,0 und mehr	(2)
5,0 bis unter	10,0	(5)
0,0 bis unter	5,0	(14)
−5,0 bis unter	0,0	(14)
−10,0 bis unter	−5,0	(5)
unter	−10,0	(6)

Minimum: −17,3 (Osterode am Harz)
Maximum: 16,3 (Lüneburg)
Durchschnitt: −1,3

Kreisfreie Städte
1 Braunschweig
2 Salzgitter
3 Wolfsburg
4 Delmenhorst
5 Emden
6 Oldenburg (Oldb)
7 Osnabrück
8 Wilhelmshaven

Niedersachsen: Veränderung der Bevölkerungszahlen während des Vorausschätzungszeitraumes bis 2021. Kreisfreie Städte und Landkreise
Quelle: Niedersächsisches Landesamt für Statistik

fige Einwohnerzahlen. Eine unübersehbare demografische Schwäche haben aber auch Georgsmarienhütte (minus 8,3 Prozent), Wagenfeld (minus 8,5 Prozent), Stolzenau (minus 7,2 Prozent), Celle (minus 7,6 Prozent), Bergen (minus

8 Prozent), Salzgitter (minus 11 Prozent), das Amt Neu-
haus (minus 9 Prozent), Cuxhaven (minus 8,7 Prozent),
Nordkehdingen (minus 12,9 Prozent), Nordenham (minus
8,8 Prozent), Delmenhorst (minus 7,1 Prozent) und Lingen
(minus 8,6 Prozent). Für Salzgitter und Cuxhaven gibt das
Statistische Landesamt deutlich abweichende Werte an.
Danach reduziert sich die Zahl der Einwohner Salzgitters
um 15,0 Prozent, Cuxhaven hingegen käme mit einem
Minus von 2,3 Prozent davon.

Überraschend ist die negative Prognose der Bertelsmann-Stiftung für Lingen, die zudem vom Statistischen
Landesamt in Hannover bestätigt wird. Schließlich ist die
Stadt eines von wenigen regionalen Zentren mitten im
prosperierenden und ansonsten durch überproportional
hohe Geburtenzahlen auffallenden Emsland. Als Wohn-
standort hat Lingen in den vergangenen Jahrzehnten
jedoch den Konkurrenzkampf mit den umliegenden Dörfern verloren. Inzwischen sind zahlreiche Wohngegenden
Lingens von einer Überalterung gekennzeichnet. Nach
Berechnungen des Statistischen Landesamtes sinkt die
Bevölkerungszahl Lingens bis zum Jahr 2021 um insgesamt
8,5 Prozent (Bertelsmann-Stiftung minus 8,6 Prozent). Bis
zum Jahr 2050 wird die Bevölkerungszahl in Niedersachsen
von rund 8 Millionen Einwohnern im Jahr 2005 auf rund
7,4 Millionen im Jahr 2050 sinken. Die Zahl der Kinder
und Jugendlichen unter zwanzig Jahren geht im gleichen
Zeitraum von gut 1,7 Millionen im Jahr 2005 auf vermutlich 1,2 Millionen zurück. »Das wäre ein Minus von fast
30 Prozent. Gleichzeitig wird die Zahl der Älteren von
heute rund zwei Mio. auf 2,7 Millionen steigen. Das heißt:
Der Anteil der Personen über 60 Jahren an der Gesamtbevölkerung wird sich von heute rund 25 Prozent auf gut 36
Prozent erhöhen«, bilanziert die niedersächsische Landes-

regierung in einer Stellungnahme zur demografischen Lage. Innerhalb des Landes zeichne sich eine klare West-Süd-Aufteilung ab: »Jung im Nord-Westen – Alt im Süd-Osten.« Und alles deute darauf hin, dass sich dieser Prozess fortsetzen werde.

Vor diesem Hintergrund sagt die Regierung in Hannover einen »massiven Wettbewerb« voraus: »Das ist der Wettbewerb um junge Familien, der Wettbewerb um gut qualifizierte Menschen, der Wettbewerb um gute kommunale Infrastruktur.«

Verlustregionen in NRW und Hessen

Betrachten wir nun die Regionen Nordrhein-Westfalens. Unerwartet hoch ist auch dort die Zahl der von einem Bevölkerungsrückgang betroffenen Orte. In Extertal (minus 13,9 Prozent), Werdohl (minus 18 Prozent) und Altena (minus 20,4 Prozent) kann man schon von einer demografischen Auszehrung sprechen. Nicht ganz so dramatisch, wohl aber ernst stellt sich die Lage in folgenden Orten dar: Herne (minus 7 Prozent), Datteln (minus 8,1 Prozent), Marl (minus 9,9 Prozent) sowie in Mülheim (minus 7,7 Prozent), Wetter (minus 9,3 Prozent), Hattingen (minus 8,3 Prozent), Plettenberg (minus 9,8 Prozent), Sundern (minus 9,6 Prozent), Meschede (minus 8,8 Prozent), Arnsberg (minus 7,4 Prozent), Warstein (minus 7,9 Prozent), Bestwig (minus 8,7 Prozent), Olsberg (minus 10,2 Prozent), Winterberg (minus 10,1 Prozent), Erndtebrück (minus 11,7 Prozent), Kreuztal (minus 7,2 Prozent) und Hellenthal (minus 8,7 Prozent). Von den Landkreisen zählt nur der Hochsauerlandkreis mit einem Bevölkerungsverlust von minus 8 Prozent zu den Schwundregionen.

In Hessen bewerteten die Bertelsmann-Forscher nur Bad Sooden-Allendorf (minus 10,3 Prozent) als »schrumpfende und alternde Stadt mit hoher Abwanderung«, obwohl Großalmerode (minus 14,4 Prozent), Wehretal (minus 12,6 Prozent), Sontra (minus 15,1 Prozent), Heringen (minus 15 Prozent) und Rabenau (minus 16,7 Prozent) teilweise noch stärker schrumpfen. Als Kreise sind der Werra-Meißner-Kreis (minus 10,1 Prozent) und Hersfeld-Rotenburg (minus 8,7 Prozent) betroffen.

Die hessische Landesregierung unter Ministerpräsident Roland Koch war eine der ersten in Westdeutschland, die den regionalen Ausprägungen des demografischen Wandels offensiv begegnet ist. »Die demografische Herausforderung mit ihren eng verflochtenen Wirkungszusammenhängen macht es erforderlich, die Aktivitäten des Landes in Bezug auf einzelne politische Handlungsfelder zu koordinieren und zu vernetzen«, erkannte Koch und wies sein Kabinett an, die »demografische Wende in Hessen« als Querschnittsaufgabe zu organisieren. »Der demografische Wandel ist ein Ergebnis menschlichen Handelns bzw. Nicht-Handelns und darum nicht schicksalhaft, sondern beeinflussbar von uns allen. Die Hessische Landesregierung will daher alle Anstrengungen unternehmen, um jungen Menschen ein Ja zum Kind in den unterschiedlichsten Lebenssituationen zu ermöglichen«, beschloss das Kabinett am 12. Dezember 2005. Es war sich jedoch bewusst, dass das ein auf einen langen Zeitraum hin angelegter Prozess sein muss, »weil schon heute klar ist, in welchen Jahrgängen Kinder fehlen, weil sie einfach nicht geboren wurden«.

Der Süden

Sogar in Bayern gibt's Verlierer

Mit Arzberg (minus 19,1 Prozent) und Selb (minus 17,5 Prozent) tauchen zwei ostbayerische Orte mit gigantischen Einwohnerverlusten in dieser Liste auf. Beide liegen im Landkreis Wunsiedel, der mit minus 12,2 Prozent in der Liste der Verlierer auftaucht. Schon in den Jahren 1995 bis 2005 verlor Wunsiedel 8,6 Prozent seiner Bevölkerung. Für Bayern ist das eine untypische Entwicklung, die außer in Wunsiedel nur noch in den Kreisen Hof und Kronach eintrat. Hof verlor in den vergangenen zehn Jahren gut fünf Prozent, Kronach etwa vier Prozent Einwohner. Zudem überaltern die Kreise. Zu Hof und Wunsiedel schreibt das Berlin-Institut für Bevölkerung und Entwicklung: »In beiden Kreisen leben mittlerweile weniger 35-Jährige als in der Altersresidenz Starnberg. Dafür ist jeder Zehnte älter als 75 Jahre.«

Bezogen auf ganz Bayern nahm die Bevölkerung in Folge der deutschen Einheit durch Zuwanderung aus den ostdeutschen Ländern hingegen kontinuierlich zu. Allerdings konnten die ländlichen Regionen insgesamt von dieser Zunahme kaum profitieren. Zum einen liegt es daran, dass die Ostdeutschen vor allem in die bayerischen Städte gezogen sind, zum anderen gibt es im Freistaat selbst Wanderungen zulasten des ländlichen Raumes. Auch das ist sicher eine Folge des Wandels vom reinen Agrarland hin zum Standort für Unternehmen der Hochtechnologie.

Aufgrund der demografischen Entwicklung wird Bayern insgesamt bis zum Jahr 2050 über eine Million Einwohner verlieren, errechnete das Statistische Landesamt des Freistaates. Auch diesen Verlust müssen die ländlichen Regionen größtenteils allein verkraften. »Vor allem in peripheren Räumen dürfte es zu erheblichen Bevölkerungsrückgängen kommen«, stellte das Wirtschaftsministerium des Freistaates schon 2003 fest.

Wunsiedel ist Teil dieser gefährdeten peripheren Räume. Wie die niedersächsischen Kreise Northeim, Osterode und Goslar liegt er im ehemaligen Zonenrandgebiet. Nach dem Auslaufen der früheren Zonenrandförderung haben viele Kommunen dort, die vornehmlich von der Textil-, Glas- und Keramikindustrie lebten, noch immer große Schwierigkeiten, ohne die immerhin vier Jahrzehnte lang großzügig geflossenen Subventionen des Steuerzahlers auszukommen. Nach der Wiedervereinigung gerieten unter anderen die renommierten Porzellanmanufakturen Arzberg und Hutschenreuther aus Selb in Schwierigkeiten. Ein Jahrhundert lang waren sie Arbeitsplatzgaranten und Aushängeschilder dieser abgelegenen Region. Nun wurden Fusionen nötig, um die Traditionsmarken zu retten. In der Summe brachen laut Berlin-Institut für Bevölkerung und Entwicklung zwischen Hof, Kulmbach und Bayreuth »seit 1991 mehr als 43 000 Arbeitsplätze im produzierenden Gewerbe weg«. Von 1997 bis 2003 sank die Zahl der Erwerbstätigen in Ost-Oberfranken um fast fünf Prozent. Bis heute konnte dieser Trend nicht gestoppt werden. Auch diese Entwicklungen haben das Vertrauen der Menschen in die Region nicht gerade gestärkt.

Der Osten

Menschenleere Landstriche

So weit wie in Mecklenburg-Vorpommern reicht der Blick ansonsten nur auf offener See. Endlos scheinende Weite breitet sich vor dem Betrachter aus, Wiesen, Felder und Wald, Natur pur, wohin das Auge auch blickt. Die Regionen, die im Norden an die Ostsee und im Osten an Polen grenzen, waren immer schon Agrarland, eher dünn besiedelt. Ausnahmen waren die Hafenstädte im Norden und Schwerin natürlich. In den kommenden Jahrzehnten aber werden weitere Abwanderung und hohe Sterberaten die Bevölkerung so weit ausdünnen, dass die Frage gestellt werden muss, was in den Jahren 2020 oder 2050 übrig bleibt vom heutigen Mecklenburg-Vorpommern.

Nach den Ergebnissen der 3. Landesprognose wird die Einwohnerzahl des Landes in den kommenden Jahrzehnten kontinuierlich abnehmen. Bezogen auf den 31. 12. 2002 sei von einem Rückgang bis zum Jahr 2020 um rund 238 000 Einwohner auf rund 1,51 Millionen Einwohner auszugehen, schrieb die Landesregierung im Dezember 2005 zur Bevölkerungsentwicklung. Das entspricht einem Minus von 13,6 Prozent. Da aber auch in dem Nordland der Schwund regional mit großen Unterschieden verläuft, sind für einige Regionen lebensbedrohliche Szenarien denkbar.

Der Osten

Für den Uecker-Randow-Kreis sagt die Prognose der Landesregierung mit einem Rückgang von 34,4 Prozent bereits die Entvölkerung dieser Region voraus. Das gilt auch für Demmin, wo ein Minus von 30,6 Prozent erwartet wird. Deprimierende Vorhersagen gibt es zudem für die Kreise Neubrandenburg (minus 24 Prozent), Parchim (minus 23,6 Prozent), Nordvorpommern (minus 23,5 Prozent), Ostvorpommern (minus 21,2 Prozent) und Mecklenburg-Strelitz (minus 20,3 Prozent). Vorpommern dürfte um 20 Prozent schrumpfen. Sogar touristisch beliebte Gegenden stecken anscheinend unrettbar im Abwärtsstrudel. Rund um die Mecklenburgische Seenplatte etwa, einem der landschaftlich reizvollsten Gebiete in ganz Ostdeutschland, rechnet die Schweriner Landesregierung mit einem Bevölkerungsrückgang bis zum Jahr 2020 um 21,3 Prozent. Rügen verliert 19,1 Prozent seiner Einwohner. Auf marginale Zuwächse dürfen nur die Universitätsstadt Greifswald (plus 1,5 Prozent) und Bad Doberan mit dem mondänen Seebad Heiligendamm (plus 1,9 Prozent) rechnen.

Hauptursachen für den Bevölkerungsrückgang in Mecklenburg-Vorpommern sind die sich weiter öffnende Schere zwischen der Geburten- und der Sterberate. »Durch das Hereinwachsen der bevölkerungsstarken Nachkriegsgenerationen in das Rentenalter und den Rückgang der Geburten entsteht der hohe Sterbeüberschuss, der letztendlich zum Rückgang der Bevölkerung entscheidend beiträgt«, bilanziert die Landesregierung. Zu dem Geburtendefizit von fast 210 000 Menschen kommt ein negativer Wanderungssaldo, also die Differenz zwischen Zu- und Fortzügen aus Mecklenburg-Vorpommern. Unterm Strich verliert das Land auf diese Weise 30 000 Menschen. Fast 90 Prozent des Bevölkerungsrückgangs resultieren demnach aus dem Geburtendefizit.

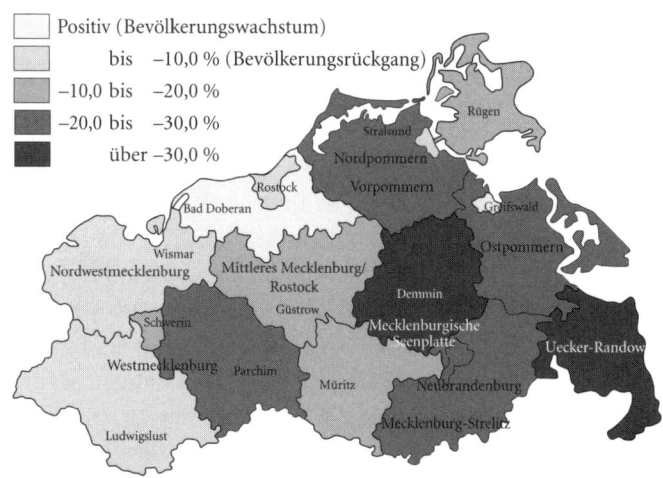

**Mecklenburg-Vorpommern: Voraussichtliche Bevölkerungsent-
wicklung 2002–2020**
Quelle: Ministerium für Arbeit, Bau und Landesentwicklung Mecklenburg-Vorpommern

Das Land vergreist. Im Jahr 2020 wird es weitaus weniger junge Menschen haben als heute. Gleichzeitig steigt die
Zahl derjenigen über 65 Jahre um ein Vielfaches. Dazu
stellt die Landesregierung fest: »Die Brüche in der Bevölkerungsentwicklung in Mecklenburg-Vorpommern sind
Ergebnis gravierender gesamtgesellschaftlicher politischer,
wirtschaftlicher oder sozialer Veränderungen und somit
nicht allein durch das Land zu beeinflussen.« Die Leidtra-
genden dieser Entwicklung sind all jene, die, zumeist
schon im fortgeschrittenen Alter, in der Weite des Landes
zurückbleiben. In Teilen ist Mecklenburg-Vorpommern
heute schon so dünn besiedelt, dass einige Regionen men-
schenleer erscheinen. Teilweise leben weniger als 50 Menschen auf einem Quadratkilometer, stellten die Technische

Universität Dresden, das Wirtschaftsforschungsinstitut
Halle und das ifo-Institut in ihrem Forschungsauftrag
»Demografische Entwicklung in Ostdeutschland« für das
Bundeswirtschaftsministerium fest. In den kommenden
Jahrzehnten werden es noch weniger sein. Und unter den
verbleibenden Landbewohnern steigt wie überall die Zahl
der Alten.

Ihnen gilt das besondere Augenmerk der Landesregierung: »Um eine angemessene Infrastrukturversorgung
der Bevölkerung im ländlichen Raum gewährleisten zu
können, ist es erforderlich, ein tragfähiges Infrastrukturnetz mit belastungsfähigen ›Knotenpunkten‹ zu erhalten
bzw. zu schaffen. Dabei müssen die zentralen Orte ein
weitmaschigeres Infrastrukturnetz als heute zusammen-
halten, was ihnen wiederum eine höhere Belastungsfähig-
keit abfordert.«

Dramatischer Wandel in Brandenburg

Auch wenn Brandenburg Bevölkerungsrückgänge über 30
Prozent wie Mecklenburg-Vorpommern erspart bleiben,
steht das Bundesland nicht viel besser da. Die offizielle
Bevölkerungsprognose der Landesregierung erwartet etwa
im Landkreis Prignitz einen Einbruch der Einwohnerzahl
bis zum Jahr 2030 um 25,8 Prozent. Mit minus 25,2 Prozent
ist auch der Kreis Spree-Neiße nicht weit entfernt von den
mecklenburg-vorpommerschen Horrorzahlen. Weitere
Abstiegskandidaten sind die Uckermark (minus 24,6 Prozent), Ostprignitz-Ruppin (minus 21,9 Prozent) sowie die
kreisfreien Städte Brandenburg/Havel (minus 21,2 Prozent), Frankfurt/Oder (minus 21,4 Prozent) und Cottbus
(minus 21 Prozent).

In der Summe geht die Bevölkerungszahl im Land Brandenburg bis zum Jahr 2030 gegenüber dem Jahr 2004 um rund 332 000 Menschen oder 13 Prozent zurück, errechnete das Statistische Landesamt Berlin/Brandenburg. Im Jahr 2030 werden dann 2,235 Millionen Menschen in Brandenburg leben. »Der Rückgang übersteigt die derzeitige Bevölkerungszahl der Planungsregion Uckermark-Barnim«, teilen die Statistiker der Landesregierung mit. Zudem verlaufe der jährliche Bevölkerungsverlust von durchschnittlich knapp 12 800 Einwohnern nicht gleichmäßig. »Der Verlust beschleunigt sich in der vorangegangenen Generation bei gleichzeitigem Anstieg der Sterbefälle deutlich und umfasst im letzten Jahr der Prognose bereits 20 600 Personen«, heißt es in der Bevölkerungsprognose der Landesregierung. Der Vorgang der Entvölkerung ist also ein dynamischer Prozess. Wie ein Wirbelsturm baut er sich langsam auf, um dann mit maximaler zerstörerischer Kraft über das Land herzufallen. Wenn er vorüber ist, wird vieles in Trümmern liegen. Obwohl die Lebenserwartung steige und sogar mit einem leichten Aufwärtstrend der Geburtenrate zu rechnen sei, nähmen die jährlichen Sterbeüberschüsse (Geburten minus Sterbefälle) landesweit zu, schreibt die Landesregierung. »Liegt der natürliche Bevölkerungsverlust im Land derzeit noch bei annähernd 8000 Personen pro Jahr, so wird er sich bis 2030 mehr als verdreifachen auf knapp 27 000 Personen.« Das würde bedeuten, dass im gesamten Prognosezeitraum fast eine halbe Million Menschen im Land mehr sterben als durch Geburten ersetzt werden können.

Bevölkerungsverluste in dieser Größenordnung konnten wir uns bislang nur durch Kriege oder Seuchen vorstellen. »Tatsächlich ist die demografische Zukunft in ihren vielfältigen Facetten längst angebrochen«, schrieb Bran-

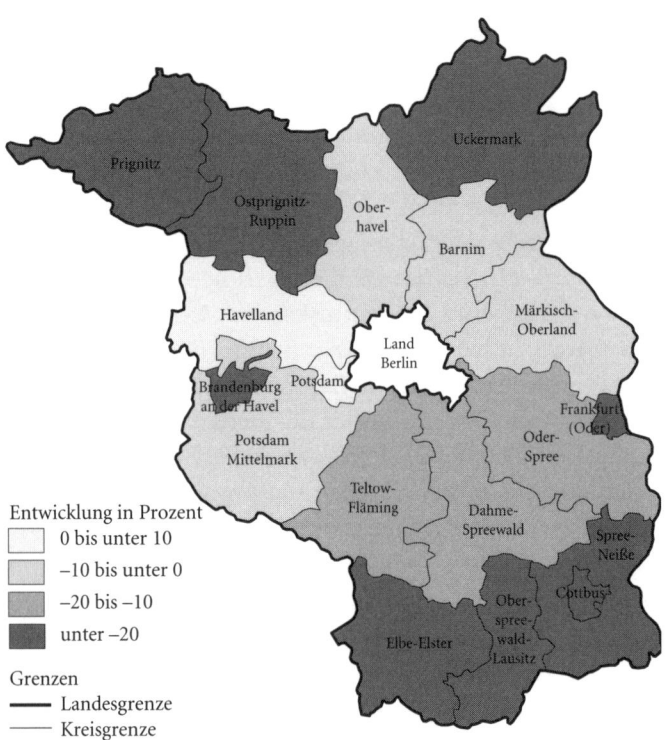

Brandenburg: Bevölkerungsentwicklung der Kreise 2005–2030

Quelle: Statistisches Landesamt Brandenburg

denburgs Ministerpräsident Matthias Platzeck schon im April 2005 für »Perspektive 21«. In den kommenden Jahren würden sich gerade vor Ostdeutschland demografische Herausforderungen türmen, »für die sich in der Geschichte keine Beispiele finden. Abwanderung und zunehmender Wohnungsleerstand, die Schließung von Schulen, Bibliotheken und Schwimmbädern, ländliche Regionen mit immer weniger jungen Menschen und Dörfer ohne Kinder – das alles ist bereits heute Wirklichkeit.«

Leider wüssten die Deutschen noch viel zu wenig über die »unausweichlich bevorstehenden Prozesse der Schrumpfung und Alterung« der Gesellschaft. Brandenburg habe sich entschlossen, »den verhängnisvollen Kreislauf aus Verdrängung und Unkenntnis endlich zu durchbrechen«. Und als einer der Ersten verwies Brandenburgs Ministerpräsident darauf, dass sich auch Politiker im Westen schon bald mit diesem Phänomen auseinandersetzen müssten. »Beileibe nicht nur in Ostdeutschland leben die Menschen schon heute inmitten des dramatischen Wandels«, so Platzeck. Was heute schon im Osten geschehe, stehe dem Westen noch »in voller Wucht« bevor. Die Berechnungen für Niedersachsen und Nordrhein-Westfalen belegen diese düstere Prophezeiung.

Schrumpflabor Sachsen-Anhalt

In den Sechzigerjahren des vergangenen Jahrhunderts lebten in Sachsen-Anhalt 3,3 Millionen Menschen. Heute zählt das Statistische Landesamt noch rund 2,5 Millionen Einwohner. Und in den kommenden 20 Jahren wird das Land weitere zwanzig Prozent seiner Bevölkerung verlieren. Von den 2,5 Millionen Einwohnern des Jahres 2005 bleiben also im Jahr 2025 gerade mal 1,9 Millionen übrig. Das ist für ein Land, in dem schon heute viele Orte verwaist erscheinen, ein unter Umständen gerade noch zu verkraftender Aderlass. Wer aber dann die Vorausberechnungen bis 2050 liest, dem dürfte angst und bange werden. Denn bis zum Jahr 2050 könnte sogar die 1,5-Millionen-Grenze unterschritten sein, schreibt Sachsen-Anhalts Finanzminister Jens Bullerjahn in seinem Strategiepapier »Einsichten und Perspektiven – Sachsen-Anhalt 2020«.

Sachsen-Anhalt, so viel scheint sicher, wird neben Mecklenburg-Vorpommern und Brandenburg zum Schrumpflabor der Bundesrepublik. Dort wird sich zuerst zeigen, ob es gelingen kann, in weitgehend verlassenen und abgelegenen Dörfern die Qualität der öffentlichen Verwaltung, die Versorgung mit Bildungs- und Erziehungseinrichtungen, mit den Gütern des täglichen Bedarfs und die medizinische Betreuung der Alten und Kranken so weit aufrechtzuerhalten, dass auch dort eine im Vergleich zum Bundesdurchschnitt adäquate Lebensqualität gewährleistet ist.

Stärker vielleicht als alle anderen ostdeutschen Bundesländer litt Sachsen-Anhalt nach der deutschen Einheit unter dem Niedergang seiner Industrien. Die alten DDR-Betriebe waren auf dem freien Markt nicht konkurrenzfähig. Als die Werkstore für immer geschlossen wurden, verlor das Land Tausende Arbeitsplätze. Damit setzte dann eine in diesem Ausmaß unerwartete Flucht der Menschen nach Westen ein. In den Jahren von 1990 bis 2002 kehrten 586 000 Sachsen-Anhalter ihrem Heimatland für immer den Rücken, darunter etwa 130 000 Frauen. Gerade ihre Flucht trägt maßgeblich zur Entvölkerung des Ostens bei. Bis 1994 ging die Zahl der Geburten auf nur noch 39,8 Prozent des Niveaus von 1989 zurück. Mitte der Neunzigerjahre bekam jede ostdeutsche Frau statistisch gesehen 0,8 Kinder. Eine so niedrige Geburtenrate gab es wohl nirgendwo sonst auf der Welt.

Zwei Theorien dominierten Anfang der Neunzigerjahre die Fachliteratur. Die erste beschrieb die Flucht nach Westdeutschland als ein »zeitweiliges Krisenphänomen«. Die andere sah die Flucht als »Einleitung eines längeren Transformationsprozesses, der letztlich zu einer Anpassung des ostdeutschen Geburtenniveaus sowie des Alters der Erstgebärenden an westdeutsche Muster« führen würde.

In ihrem Aufsatz »Zum Wandel vom Kinderwunsch und Familiengründung in den neuen Bundesländern« für die Berliner Humboldt-Universität schrieb die Bevölkerungswissenschaftlerin Karin Richter 1996: »In Bezug auf den drastischen Geburtenrückgang in Ostdeutschland besonders seit 1991 ist unbestritten, dass es sich hier vor allem um eine unmittelbare Reaktion der Frauen und ihrer Partner auf ihre von heute auf morgen veränderten Existenzbedingungen in der Welt von Arbeit und Familie handelt. Inwieweit diese abrupte Verhaltensänderung jedoch auch von einem Wandlungsprozess der internen Orientierungen und Lebensentwürfe getragen wird, ist derzeit weniger aufgehellt.«

Tatsächlich versiegte weder der Abwanderungsstrom, noch erreichte die Geburtenrate in den ostdeutschen Ländern das westdeutsche Niveau. Stattdessen wurde mehr und mehr deutlich, dass die Wiedervereinigung als herausragendes singuläres Ereignis nicht mehr als Auslöser der anhaltenden Abwanderung betrachtet werden konnte. Es musste also noch andere Ursachen geben. Diesen gingen Christiane Dienel und Antje Gerloff im »Gender-Report Sachsen-Anhalt 2003« nach: »Die Auswirkungen der Wende, so meinte man, würden über die Jahre hin verschwinden. Die Zahlen bis 1996 schienen diese Erwartungen auch zu bestätigen. Ab 1997 zeigte sich jedoch eine deutliche Verstärkung der Abwanderungsneigung junger Menschen, die sich nicht mehr direkt aus den Transformationsprozessen erklären lässt, sondern offenbar längerfristige Prozesse spiegelt und ohne politische Gegenmaßnahmen möglicherweise andauern wird.«

Schrumpfende und verödende Regionen verlieren gerade für junge Menschen an Attraktivität. Kein junger Mensch möchte in einer nahezu ausschließlich von Alten

Voraussichtliche Bevölkerungsabnahme
der Kreisfreien Städte und Landkreise
2005 bis 2025

Bevölkerungsrückgang
in Prozent
Landesdurchschnitt 20,0

unter 13

13 bis unter 20

20 bis unter 27

27 und mehr

Sachsen-Anhalt: Bevölkerungsrückgang in den Jahren 2005 bis 2025

Quelle: Statistisches Landesamt Sachsen-Anhalt

dominierten Umgebung leben. Vielmehr ist er bestrebt, sich von dieser dominierten Umgebung habituell abzusetzen, die weder seine kulturellen, sozialen oder hedonistischen Bedürfnisse befriedigen kann.

Schon die durch die Wiedervereinigung bedingten Wanderungsverluste haben zu größeren Verwerfungen bei der Bevölkerungsverteilung im gesamten Land geführt. So leben heute in der Region Halle 3,5-mal so viele Menschen wie in der Altmark, wo nach dem Absinken der Einwohnerzahl Stendals auf rund 37 000 keine Stadt mehr auf über 40 000 Einwohner kommt. »Der mobile Teil der Bevölkerung ist bereits weg«, sagt die in Magdeburg lehrende Professorin für Europäische Politik und Gesellschaft Christiane Dienel. Ein Problem sei, dass nicht die Arbeitslosen gingen, sondern diejenigen, die Arbeit hätten. Vor allem aber verließen die jungen Leute Sachsen-Anhalt.

Am stärksten betroffen von den zu erwartenden Bevölkerungsverlusten in den kommenden 20 Jahren ist der Kreis Mansfeld/Südharz. Ihm sagt das Statistische Landesamt Verluste in Höhe von 29,3 Prozent voraus. Mit geringem Abstand folgen der Kreis Wittenberg und die Region Anhalt-Bitterfeld, die nach der Wende durch ein bislang ungekanntes Ausmaß an Umweltzerstörung durch die Chemie-Industrie der ehemaligen DDR eine traurige Bekanntheit erlangte. Ihr Ruf ist damit wohl auf Dauer beschädigt worden. Wittenberg verliert demnach 28,5 Prozent Einwohner, Anhalt-Bitterfeld schrumpft um weitere 28,4 Prozent. Es folgen Salzland mit minus 27,4 Prozent, das Burgenland mit minus 26,8 Prozent, das Jerichower Land mit minus 21,5 Prozent und der Altmarkkreis Salzwedel mit minus 18,2 Prozent. Die weiteren Werte: Börde minus 15,7 Prozent, Harz minus 15,5 Prozent, Stadt Dessau-Roßlau minus 14,8 Prozent, Halle (Saale) minus 13,1 Prozent, Saale-Kreis minus 11,2 Prozent, und Magdeburg minus 9,1 Prozent.

Der Osten

Thüringen: Ein Aufsteiger kämpft gegen den Abstieg

Thüringen gilt neben Sachsen wirtschaftlich zu den Musterknaben des Ostens. Entlang der Autobahn A 4 liegen mit Jena, Weimar, Erfurt und Eisenach jene Städte, die dem Land Stabilität verleihen. Jena kann sogar mit einem Superlativ werben: Gemessen am Altersdurchschnitt ihrer Einwohner ist sie die jüngste Stadt aller ostdeutschen Länder. Die anderen Landesteile jedoch, und damit der Großteil Thüringens, befinden sich in einer ähnlich schwierigen Lage wie die Regionen in Sachsen-Anhalt oder Brandenburg. Spätestens nach dem von Infrastrukturminister Andreas Trautvetter in Auftrag gegebenen umfassenden Demografie-Gutachen besteht kein Zweifel mehr daran, dass auch Thüringen durch einen nachhaltigen Bevölkerungsschwund gravierende strukturelle Probleme bekommen wird.

»Der demografische Wandel wird nicht nur eine die Zukunft Thüringens prägende Entwicklung sein, er ist in unserem Land bereits Realität. Die natürliche Bevölkerungsentwicklung wird aufgrund des Geburtenmangels in Zukunft durch einen deutlich negativen Trend gekennzeichnet sein. Die steigende Lebenserwartung und die gleichzeitig niedrige Geburtenhäufigkeit führen zu strukturellen Veränderungen im Altersaufbau. Der Anteil der älteren Menschen wird zunehmen, während der der Jungen immer kleiner wird. Diese Entwicklung wird das Alltagsleben in Thüringen gravierend verändern«, stellte Trautvetter nach der Lektüre des Gutachtens vom Juni 2006 fest. Betroffen seien unter anderen Kindergärten, Schulen, der Wohnungsmarkt, aber auch die sozialen Sicherungssysteme. Und wie seine Kollegen in den anderen

Bundesländern musste auch Trautvetter erkennen: »Die gesellschaftlichen und ökonomischen Auswirkungen des demografischen Wandels werden dabei räumlich sehr differenziert sein.«

Bis zum Jahr 2020 wird die Einwohnerzahl des Landes um rund 10 Prozent abnehmen. Leichte Gewinne bis zu 5 Prozent werden für die Städte Eisenach, Weimar, Jena und Hildburghausen erwartet. Mit Verlusten müssen dagegen die Städte Altenburg, Greiz und Rudolstadt rechnen. Für die Landkreise Nordhausen, Kyffhäuserkreis, Altenburger Land, Greiz, Saale-Orla-Kreis und Saalfeld-Rudolstadt prognostizieren die Wissenschaftler um bis zu 20 Prozent sinkende Einwohnerzahlen. »Bis auf den Saale-Orla-Kreis sind die Ursachen hierfür wohl in der augenblicklich eher schwach ausgeprägten Wirtschaftskraft dieser Kreise zu suchen«, schreiben die Gutachter.

Nicht ganz so negativ dürfte die Entwicklung in den Kreisen Weimarer-Land, Gotha, Ilm-Kreis, Saale-Holzland-Kreis, Hildburghausen und im Eichsfeld verlaufen, wo maximal 10 Prozent Bevölkerungsverlust angenommen werden. Die Bertelsmann-Stiftung prognostiziert für die Regionen um Suhl einen Rückgang der Einwohnerzahl um 25,8 Prozent und Gera um 21,6 Prozent. Das Altenburger Land verliert danach 16,1 Prozent.

»Neben den geringen Geburtenzahlen kommt in den neuen Ländern verschärfend hinzu, dass vor allem junge Menschen und hierbei insbesondere junge Frauen abwandern«, sagt Trautvetter. Der Umgang mit diesen Veränderungen und die Gestaltung des demografischen Wandels seien zentrale Herausforderungen für Gesellschaft und Politik in Thüringen, »für die es historisch kein Vorbild gibt«.

245

Der Osten

Ablauf und Folgen des Schrumpfens am Beispiel Thüringens

Wir haben jetzt unendlich viele Zahlen gelesen und erfahren, in welchem Maße Deutschland in den kommenden Jahrzehnten schrumpfen wird. Wie dieser Prozess sich im Detail vollzieht, lässt sich beispielhaft an der Demografie-Studie der thüringischen Landesregierung nachvollziehen.

Obwohl in Thüringen bereits heute die Zahl der Frauen im Alter zwischen 18 und 34 Jahren rückläufig ist, wird erst ab dem Jahr 2016 mit sinkenden Geburtenzahlen gerechnet. Folglich gibt es dann weniger Kinder im Vorschulalter. Es werden nicht mehr so viele Hort- und Kindergartenplätze benötigt. Die Zahl der Berufsanfänger, Auszubildenden und Studenten, die in den Vorjahren um jeweils 20 000 zurückgegangen ist, steigt wieder leicht an. Während es 10 Prozent weniger Erwerbstätige gibt, steigt die Zahl der Rentner um diese Größe an. »Dieser Zeitraum von 2016–2020 ist geprägt von einem schnellen Anstieg der Zahl der Ruheständler und einer damit einhergehenden wesentlichen Verschlechterung der Altersstruktur der Bevölkerung«, resümieren die Gutachter. Und weiter schreiben sie: »Eine sinkende Zahl potenzieller Mütter wird auch weiterhin immer weniger Kinder zur Folge haben.« Um 2013 erreicht die Altersgruppe der Vorschüler noch ein Maximum von gut 125 000 Kindern. Aber schon die Prognose bis 2030 erwartet ein Absinken um ein Drittel auf knapp 83 000 Kinder. Nach einem kurzfristigen leichten Wiederanstieg wird sich die Zahl der Vorschulkinder dann ab dem Jahr 2050 endgültig auf dem Niveau von 2030 einpendeln. Zeitversetzt sinken in diesem Umfang zunächst die Zahl der Schüler, später die der Berufsanfänger. Was das für die Struktur der Gesellschaft und das

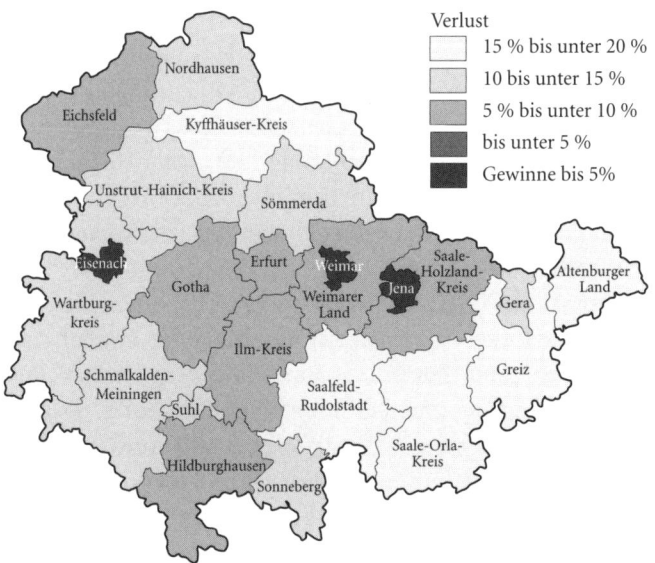

Thüringen

Quelle: Thüringer Landesamt für Statistik

Zusammenleben der Menschen bedeutet, ist heute nur schwer vorstellbar. Die Frage aber, ob eine solch überalterte Gesellschaft in einer globalisierten Welt überhaupt konkurrenzfähig ist und wie stark ihr ökonomisches Potenzial ist, hängt unter anderen Faktoren zunächst einmal von der Zahl ihrer Menschen im erwerbsfähigen Alter ab.

Die Studie gibt dazu folgenden Hinweis: »In seiner Kontinuität sehr bedenklich ist der Entwicklungsprozess in der Altersgruppe der 26- bis 65-Jährigen, also der Menschen in der Haupterwerbsphase. Waren in dieser Altersgruppe im Jahr 2004 noch 1,327 Millionen Personen vorzufinden, so werden es 2020 nur noch 1,157 Millionen und 2050 gar nur noch 774 000 Personen sein, was einer Verlustrate von 42 Prozent entspricht.« Diesen Erwerbstätigen steht dann eine fast gleich große Gruppe an Ruheständlern gegenüber. In der Zeit von 2033 bis 2037 zählen die Gutachter in Thüringen gut 616 000 Rentner. Man muss kein Experte sein, um zu erkennen, dass der Generationenvertrag, auf dem die gesetzliche Rentenversicherung fußt, unter solchen Bedingungen nicht mehr funktionieren kann. Ab etwa 2045 wird die Zahl der Ruheständler auf 548 000 sinken und dort verharren.

Was bedeutet nun all das für die Handlungsfähigkeit des Staates bzw. der Landesregierung? Zunächst einmal lässt sich ein direkter Zusammenhang zwischen der Bevölkerungsentwicklung und den Einnahmen des Landes feststellen. »Je ungünstiger sich die demografische Entwicklung in der weiteren Zukunft entwickelt, umso merklicher wird dieser Einflussfaktor auf die gesamte Einnahmeentwicklung des Landes«, erläutert das Demografie-Gutachten. »Es kann unterstellt werden, dass sich der demografische Faktor auch in den nächsten 15 Jahren auf die Einnahmeentwicklung des Landes in Höhe von rund 40 Millionen Euro pro Jahr auswirken wird. Dies bedeutet, dass der Landeshaushalt 2020 gegenüber 2005 aus demografischen Gründen geringere Einnahmen in Höhe von 600 Millionen Euro haben wird.«

Das sind enorme Einnahmenausfälle, die nur durch eine steigende Wirtschaftskraft ausgeglichen werden könnten. Aber wie soll das bei einer alternden und schrumpfenden Gesellschaft und Erwerbsbevölkerung gehen? Noch hat niemand eine schlüssige Antwort auf diese Frage. Finanzpolitiker empfehlen daher zu Recht, die drohenden Lasten schon heute in die Planung zukünftiger Haushalte mit einzubeziehen.

Aber nicht nur die Einnahmen sind betroffen. Schrumpfende und alternde Gesellschaften verursachen auch Kosten bzw. Ausgaben des Staates, die es vorher in dieser Form nicht gegeben hat. Das können zusätzliche Aufwendungen für die Versorgung von Alten und Kranken ebenso sein wie der Abriss von Wohngebäuden oder anderen öffentlichen Einrichtungen. Die Thüringer Gutachter erklären das so: »Bestehende Kapazitäten werden im Zuge eines Rückgangs der Bevölkerung nicht mehr in ihrem bisherigen Umfang benötigt. Anpassungen der Infrastrukturkapazitäten – einschließlich der Unterhaltungsaufwendungen – sind häufig nur schwer durchsetzbar oder technisch nicht ohne zusätzlichen Aufwand zu bewältigen …« Als Beispiel wird der Rückbau von Ver- und Entsorgungssystemen in Großwohnsiedlungen mit hohem Wohnungsleerstand genannt. »Im Infrastrukturbereich ist allgemein zu beachten, dass Kapazitätsanpassungen häufig nur durch technische Änderungen möglich sind«, schreiben die Gutachter. Diese wiederum setzten in der Regel »erhebliche Umbaumaßnahmen und damit zusätzlichen Investitionsaufwand« voraus.

Experten sagen voraus, dass die schrumpfenden Dörfer schon bald Probleme mit der Wasserversorgung bekommen werden. Oftmals wurden die Abwasseranlagen überdimensioniert. Gebaut im Wachstumsglauben sind diese Anlagen mit dramatisch gesunkenen Einwohnerzahlen einfach unbezahlbar. Eigentlich müssten neue, kleinere gebaut werden. Aber auch dafür fehlt das Geld. »Insgesamt sind im ländlichen Raum Anpassungsstrategien insbesondere hinsichtlich der schulischen Versorgung, der medizinischen Versorgung, der Grundversorgung und der Mobilitätsinfrastruktur dringend erforderlich«, warnen die Gutachter die Regierung. Kosten über Kosten, die da auf die ohnehin eher unterfinanzierten Kommunen zukommen.

Durch diese aufgrund geänderter demografischer Rahmenbedingungen notwendige Investition wird sowohl das

249

Ausgabenvolumen als auch die Ausgabenstruktur beeinflusst. Für herkömmliche Leistungen des Staates muss
der einzelne Bürger plötzlich mehr Geld ausgeben. Das
liegt daran, dass ein Land oder eine Kommune bestimmte
Leistungen unabhängig von der Zahl der Einwohner er-
bringen muss. Dazu zählt als vornehmste Aufgabe des
Staates die Garantie der inneren Sicherheit, dazu gehören
aber auch Aufgaben wie der Bau und die Unterhaltung
von öffentlichen Gebäuden wie Schulen oder Krankenhäusern, die Erhebung und Verwaltung von Einwohnerdaten,
die Unterhaltung von Straßen und vieles mehr. Ein großer
Teil der hierfür anfallenden Ausgaben sind sogenannte Fixkosten, die in ihrer Höhe nicht oder nur marginal zu
beeinflussen sind.

Grundsätzlich steigt bei sinkenden Einwohnerzahlen
daher der Pro-Kopf-Anteil an diesen Ausgaben der staatli-
chen Leistungserbringung. Oder anders gesagt: Weil weniger Menschen nun dieselbe Ausgabensumme finanzieren
müssen, erhöht sich der Abgabenanteil jedes Bürgers.

Obwohl es in Thüringen nach der Wiedervereinigung
wirtschaftlich bergauf ging, konnten nicht alle Regionen
an diesem Wachstum partizipieren. So sind strukturelle
Defizite geblieben, die Unterschiede im Entwicklungsstand
vielleicht eher noch größer geworden. Wie in anderen ostdeutschen Ländern auch, leidet darunter vor allem die
finanzielle Ausstattung der Kommunen. In einigen Orten
ist es sogar so schlecht um die kommunalen Finanzen
bestellt, dass EU-, Bundes- oder Landeszuschüsse nicht in
Anspruch genommen werden können, weil das Geld für
die Ko-Finanzierung, also der erforderliche Eigenanteil,
fehlt. »Der demografische Wandel wird diese Situation
weiter verschärfen, die finanziellen Belastungen erhöhen,
aber auch die Tragfähigkeit von Infrastrukturen gefähr-

den«, warnt das Gutachten der thüringischen Landesregierung. Die veränderten Rahmenbedingungen in der Land- und Forstwirtschaft, die geringere Bevölkerungsdichte sowie die schon bestehenden Defizite in der Versorgung mit ausreichender sozialer und technischer Infrastruktur stellen die Gemeinden im ländlichen Raum bereits jetzt vor erhebliche Probleme. Das Fazit, das die Gutachter ziehen, liest sich fast schon wie ein Abgesang auf rückständige Dörfer: »Viele Gemeinden, insbesondere in den strukturschwachen ländlichen Räumen, werden zukünftig vor dem Problem stehen, ein quantitativ und qualitativ angemessenes Mindestangebot an sozialer und technischer Infrastruktur überhaupt noch aufrecht erhalten zu können. Zudem ist ein Mindestmaß an privaten und öffentlichen Dienstleistungen erforderlich, um eine angemessene Grundversorgung der Bevölkerung sicherzustellen. Infolge des Bevölkerungsrückgangs und des fortschreitenden Konzentrationsprozesses ist im Bereich des Einzelhandels mit einer weiteren Ausdünnung der Angebotsstruktur zu rechnen.« Übersetzt heißt das: Vor Ort wird es vermutlich keine Verwaltungsdienststelle, keinen Post- und Bankschalter und möglicherweise nicht einmal mehr einen Supermarkt geben. Wer mag unter solchen Bedingungen dann überhaupt noch auf dem Land leben?

Ein Patentrezept dafür, wie die schrumpfenden Dörfer mit diesem Wandel fertig werden, scheint es nicht zu geben. Jedenfalls haben auch die Experten der Landesregierung keine »einheitliche Handlungsoption« für den ländlichen Raum Thüringens gefunden. Sie empfehlen für die »einzelnen Teilräume individuelle Strategien, die auf den bei der laufenden Raumbeobachtung ermittelten spezifischen raumstrukturellen Potenzialen und Defiziten beruhen«. Zudem regt das Gutachten die »Vernetzung von Entwicklungsinitiativen« an mit dem Ziel, auf diese Weise »wichtige Synergieeffekte« freizusetzen. Mit solchen Worten verschleiern sie das, was auch Politiker nur ungern aussprechen. Wenn sich die ländlichen Regionen nicht selbst helfen können, dann kann ihnen niemand mehr helfen. Gewiss werden die Kommunen öffentliche Einrichtungen wie Schulen und Krankenhäuser schließen und zusammenlegen. Konzentration ist das Zauberwort. Damit aber zieht sich das öffentliche Leben Stück für Stück aus der Fläche zurück. Es wird ein langsamer, aber vielerorts offenbar unaufhaltsamer Auszehrungsprozess sein, bis die Regionen sterben.

Sachsen im Abwärtsstrudel

Sachsen ist ein Land der Gegensätze. Zwar besitzt es mit Dresden und Leipzig zwei der städtebaulich attraktivsten Großstädte Ostdeutschlands, in den ländlichen Regionen aber kämpft Sachsen mit den gleichen Schwierigkeiten wie alle anderen ostdeutschen Länder auch. Zwar kann Sachsen beachtliche wirtschaftliche Erfolge vorweisen, gesellschaftspolitisch aber steckt das Land voller Probleme. In keinem anderen Bundesland sind rechtsextreme Gruppierungen so erfolgreich wie in Sachsen. Und diesen Erfolg verdanken die Rechtsextremen vielleicht vor allem sozialen Disparitäten, Arbeitslosigkeit und Perspektivlosigkeit in der ländlichen Bevölkerung.

In seinem Bericht für das Jahr 2006 schreibt das Landesamt für Verfassungsschutz, »vor dem Hintergrund einschneidender gesellschaftlicher und ökonomischer Herausforderungen« wende sich die NPD »noch stärker als in der Vergangenheit« sozialen Themen zu. »Hierbei setzte die

NPD vor allem im Wahlkampf auf eine allgemeine Unzu-
friedenheit in Teilen der Bevölkerung, die angesichts der
komplexen gesellschaftlichen Herausforderungen für po-
pulistische Lösungsansätze empfänglich sind«, heißt es im
Verfassungsschutzbericht. »Darüber hinaus hoffte sie auch
auf die Zustimmung der bürgerlichen Mittelschicht, da
diese sich in Teilen ebenfalls von Änderungen ihres bisherigen Status bedroht sieht.« In den wirtschaftlich rückständi-
gen und von großen Bevölkerungsverlusten bedrohten
ländlichen Regionen sind die sogenannten Kameradschaften der rechtsextremen Szene fest verankert. Als feste Bas-
tionen der Kameradschaften gelten die Sächsische Schweiz
und die Oberlausitz. Dort versuchen sie, die Bevölkerungsverluste und das damit verbundene Schrumpfen der Städte
und Dörfer zu ihrem Thema zu machen. Wie viele Menschen sie damit ansprechen, lassen die Zahlen des Statistischen Landesamtes über den zu erwartenden Bevölkerungsrückgang in Sachsen erahnen.

In insgesamt 150 Gemeinden werden die Einwohnerzahlen bis zum Jahr 2020 einbrechen. Zulegen werden hingegen nur acht Gemeinden. Unterm Strich wird die gesamte
Einwohnerzahl Sachsens 2020 um bis zu 15,2 Prozent
geschrumpft sein.

Auch in Sachsen, das seit dem Jahr 1991 bereits 8,2 Prozent seiner Bevölkerung verloren hat, lässt sich also der
Abwärtstrend nicht stoppen.

Einwohnerverluste mit über zwanzig Prozent müssen
unter den kreisangehörigen Gemeinden über 5000 Einwohnern Großschönau (minus 20 Prozent), Olbersdorf
(minus 20,3 Prozent), Oderwitz (minus 20,5 Prozent), Seb-
nitz-Stadt (minus 20,7 Prozent) und Weißwasser-Stadt
(minus 29,6 Prozent) hinnehmen. Unter den Landkreisen
und kreisfreien Städten verliert Hoyerswerda mit 32, 1 Pro-

Der Osten

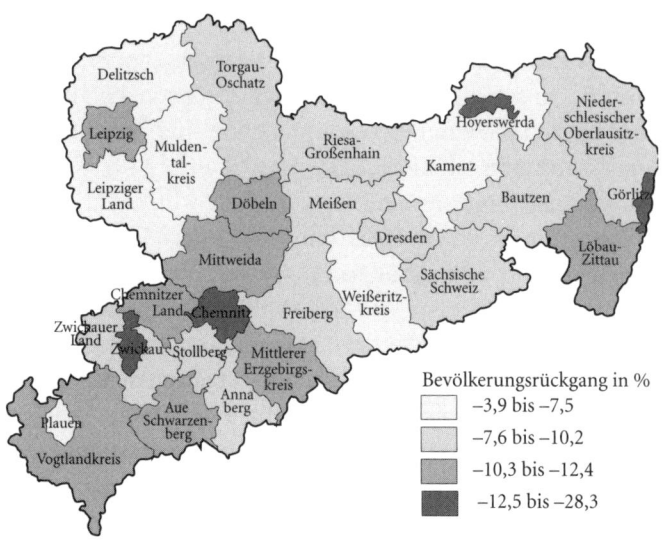

Sachsen: Regionale Bevölkerungsentwicklung bis 2015

Quelle: Sächsisches Staatsministerium für Wirtschaft

zent am meisten. Weitere hohe Verluste werden für Löbau-Zittau (minus 18,3 Prozent), den niederschlesischen Oberlausitzkreis (minus 17,7 Prozent) und Döbeln (minus 16,9 Prozent) erwartet. Von den insgesamt 29 Kreisen und kreisfreien Städten verlieren 23 in zweistelliger Höhe. Die beiden einzigen Gewinner sind Dresden (plus 5 Prozent) und Leipzig (plus 1 Prozent).

In dem genannten Zeitraum wird sich auch das Durchschnittsalter der Bevölkerung noch einmal signifikant erhöhen. Schon im Jahr 2002 lag es mit 44,2 Jahren in Sachsen erheblich über dem Durchschnitt der westlichen Bundesländer mit 41,9 Jahren. In seinem Bericht »Demografischer Wandel« aus dem Jahr 2004 für die sächsische Landesregierung sagt Helmut Seitz von der Technischen

Universität Dresden voraus: »Bis zum Jahr 2020 wird sich sowohl das Durchschnittsalter in Sachsen, als auch der Abstand zu den alten Ländern weiter erhöhen.« In Sachsen ergibt sich dann laut Seitz ein erschreckender Altersdurchschnitt von 49,2 Jahren, für die westdeutschen Länder insgesamt ein Schnitt von 44,2 Jahren.

Im Laufe dieses Prozesses werden alle Altersgruppen erhebliche Verluste hinnehmen müssen. Doch stehen die Verluste der mittleren und älteren Generation in keinem Verhältnis zum Wegbrechen der jungen Generation. Die Altersgruppe der 16- bis 28-Jährigen wird nach den Berechnungen von Seitz bis zum Jahr 2020 um über 40 Prozent abnehmen und sich damit fast halbieren. »In dieser Altersgruppe sind die extrem schwachen Nachwendejahrgänge enthalten, und ferner ist diese Altersgruppe auch überdurchschnittlich abwanderungsintensiv«, erläutert Seitz den folgenschweren Verlust.

Am anderen Ende der Alterspyramide zeichnet sich eine starke Zunahme der älteren Menschen über 67 Jahre ab. Ihre Zahl wird sich bis 2020 um nahezu 28 Prozent erhöhen. Gleichzeitig steigt ihr Bevölkerungsanteil von derzeit 17,2 Prozent auf 25,5 Prozent.

Grundsätzlich lässt dieser Alterungsprozess keine Region des Freistaats aus. Wie schon in den anderen Ländern, vollzieht er sich in den einzelnen Kreisen und Städten sehr unterschiedlich. Das Statistische Landesamt Sachsen schreibt dazu in seiner vierten regionalisierten Bevölkerungsprognose bis 2020: »Während das Durchschnittsalter in Dresden und Leipzig nur um 2 Jahre steigt und diese kreisfreien Städte dann mit 45,1 bzw. 46,0 Jahren das niedrigste Durchschnittsalter aufweisen, steigt im Niederschlesischen Oberlausitzkreis bzw. in der kreisfreien Stadt Hoyerswerda das Durchschnittsalter um 6 bzw. 7 Jahre.

Insgesamt sechs Landkreise und eine kreisfreie Stadt werden 2020 ein Durchschnittsalter von über 50 Jahren aufweisen.« Da kann sich jeder leicht ausrechnen, wie es in diesen Orten noch einmal dreißig Jahre später aussehen wird. Wer mag der Vermutung widersprechen, dass es einige dieser Orte dann wohl nicht mehr geben wird?

Mit dem steigenden Altersdurchschnitt wird in Sachsen zugleich das Potenzial an Arbeitskräften deutlich sinken. Gab es im Jahr 2002 noch 2,82 Millionen Menschen im erwerbsfähigen Alter von 18 bis 67 Jahren, so werden es 2020 nur noch 2,17 Millionen sein. Das ist ein Rückgang um mehr als 23 Prozent. »Diese Entwicklung kommt zustande, weil der Zugang junger Menschen in das Erwerbsleben deutlich hinter dem Abgang älterer Menschen aus der Erwerbstätigkeit zurückbleibt. Da sich diese beiden Größen ab ca. 2010 sogar zunehmend auseinanderentwickeln, wird sich der Prozess des Rückgangs des Erwerbspersonenpotenzials in der zweiten Dekade spürbar beschleunigen«, schreibt das Statistische Landesamt. Einen gewissen Einfluss auf diese Entwicklung könnten Faktoren wie eine weitere Verlängerung der Lebensarbeitszeit, Zuwanderungen aus anderen Regionen oder aus dem Ausland haben. Sicherlich seien aber bestenfalls marginale Veränderungen zu erwarten.

Der Dresdener Wissenschaftler Helmut Reitz zieht daraus für die Landesregierung die bittere Erkenntnis: »Insgesamt gesehen ist davon auszugehen, dass keine finanzierbare Politik diese Entwicklungen spürbar abschwächen, geschweige denn im Trend umkehren kann! Daher ist es erforderlich, sich diesen Entwicklungen anzupassen.«

Wie das geschehen kann und welche Folgerungen die Politik aus all dem ziehen muss, das prüft die sächsische Landesregierung derzeit. Ministerpräsident Georg Milbradt hat gemeinsam mit seinem hessischen Amtskollegen Roland Koch unter dem Titel »Den demografischen Wandel gestalten – Zukunftschancen sichern« gemeinsame »Leitvorstellungen« aufgeschrieben. Da es der erste politische ost-westdeutsche Ansatz ist, der das Schrumpfen von Städten und Gemeinden problematisiert, will ich auf dessen Kernpunkte im Folgenden kurz eingehen.

Das Koch-Milbradt-Papier gegen das Schrumpfen

Überraschen sollte es eigentlich niemanden, dass zwei ausgewiesen konservative Christdemokraten wie Hessens Ministerpräsident Roland Koch und Sachsens Regierungschef Georg Milbradt das Schrumpfen deutscher Städte und Gemeinden in der Folge des demografischen Wandels thematisieren. Vielmehr muss das Thema zwangsläufig konservativen Politikern auf den Nägeln brennen, da die Überalterung der Gesellschaft untrennbar mit der Weigerung junger Menschen verbunden ist, familiäre Bindungen einzugehen und Kinder zu bekommen. Denn die demografische Katastrophe ist letztlich auch das Produkt eines gesellschaftlichen Wandels, der gegen Ende der Sechzigerjahre des vergangenen Jahrhunderts beschleunigt wurde durch die Ablehnung traditioneller Lebensweisen und die Abkehr von christlichen Wertvorstellungen, zu denen neben Ehe und Familie auch der Gemeinsinn und die Eigenverantwortung zählen und die zusammengenommen in den Jahren nach dem Zweiten Weltkrieg das Fundament der Menschen für eine optimistische Zukunftshaltung waren. Genau genommen ist das Ausmaß des demografischen Wandels also auch das Resultat einer schweren gesellschaftspolitischen Niederlage der konservativ-christlichen Parteien in Deutschland, denen es nicht einmal in ihrer Regierungszeit gelang, ihr aus dem christlichen Glauben abgeleitetes Menschenbild und die daraus resultierenden Lebensvorstellungen in Deutschland wieder mehrheitsfähig zu machen. Stattdessen schritt die Individualisierung der Lebensverhältnisse und mit ihr die Vereinzelung des Menschen voran und trug erheblich zu den sich für die kommenden Jahrzehnte abzeichnenden gravierenden Schrumpfungsprozessen von Städten und Gemeinden bis hin zum Aussterben einiger Orte bei.

Eine gesellschaftspolitische Selbstreflexion, also eine grundsätzliche Auseinandersetzung mit dem Thema, bieten Koch und Milbradt indes nicht. Sie gliedern ihre Handlungsanweisungen in drei Bereiche: Bevölkerungspolitik, Wirtschafts-, Bildungs- und Sozialpolitik und Gesellschaftspolitik. Letztere beschränkt sich allerdings auf ein »selbstverständliches Miteinander der Generationen« sowie die aktive Bürgergesellschaft. So heißt es dort an einer Stelle: »In unserer Gesellschaft sollten nicht Generationen trennende Lebensvorstellungen und Erfahrungen in den Vordergrund gerückt werden, sondern es soll ein wechselseitiges, aktives Miteinander der Generationen zur Leitvorstellung werden.« In diesem Sinne wird der Bau von Mehrgenerationenhäusern ebenso angeregt wie der Bau von »multifunktionalen Infrastruktureinrichtungen«. Damit meinen die beiden etwa Kindergärten, die auch als Seniorentreff genutzt werden können. »Die frühzeitige Begegnung der Erfahrungen der Älteren und der Dynamik der Jungen ist eine Chance für uns alle!«, schreiben Koch und Milbradt.

Die aktive Bürgergesellschaft sehen sie in der »sozialen und ehrenamtlichen Selbstorganisation zur Lösung verschiedenster Probleme«. Als Beispiele nennen sie auch hier Kinder- und Altenbetreuung sowie die Förderung bildungsferner Schichten.

Ganz am Anfang ihrer beider Überlegungen aber steht die Bevölkerungspolitik. Was Koch und Milbradt da schreiben, könnte in Teilen auch aus der Feder von Sozialdemokraten stammen. Ausdrücklich begrüßen sie das 2007 eingeführte Elterngeld – und überraschen mit der Ankündigung, sie sähen »in einer Erweiterung des bisherigen Ehegattensplittings hin zu einem Familiensplitting ein geeignetes Konzept«, die Geburtenrate in Deutschland zu erhöhen. Ob Ehe und Familie für die Christdemokraten dabei noch untrennbar miteinander verbunden sein sollten oder ob Familie nun auch für die CDU in Anlehnung an die sozialdemokratische Formulierung dort ist, wo Eltern und Kinder miteinander leben, lassen Koch und Milbradt offen.

Dafür sorgen sie sich um die materielle Absicherung der Kindererziehung: »Unsicherheit und Zukunftsängste führen zu einem Aufschub des Kinderwunsches bis hin zum gänzlichen Verzicht auf Kinder. Eltern sind sowohl im Hinblick auf die persönliche materielle Sicherheit als auch im Hinblick auf die Vereinbarkeit von Familie und Beruf in besonderem Maße auf verlässliche Rahmenbedingungen angewiesen.« Diese Sicherheit können nur eine starke Wirtschaft und ein funktionierender Arbeitsmarkt bieten. Eine bessere Vereinbarkeit von Familie und Beruf erhoffen sie sich durch »lokale Netzwerke«, die helfen, »familienfreundliche Arbeitsbedingungen zu schaffen und so die Beschäftigung von Vätern und Müttern zu erhöhen«. Offen bleibt, wie solche Netzwerke ausschauen könnten. Der Gedanke liegt nahe, dass es sich dabei am ehesten um Hilfe durch Selbsthilfe von Eltern handeln soll.

Weitere Punkte des Papiers sind der Appell zur Stärkung

259

der Wachstumskräfte. Eine bevölkerungspolitisch ausge-
richtete Wirtschaftspolitik müsse »darauf zielen, den Verlust an Sicherheiten durch einen Gewinn an neuen Möglichkeiten wettzumachen«. Alle Anstrengungen würden
vermutlich ins Leere laufen, wenn es nicht gelänge, ein auf
ein lebenslanges Lernen ausgerichtetes Bildungswesen zu
schaffen. »Bildung schafft Vertrauen in die eigenen Fähigkeiten, stiftet Selbstsicherheit, soziale Anerkennung und
Zuversicht. Nicht nur subjektiv, sondern auch objektiv gibt
Bildung dem Einzelnen die Chance, Probleme und Herausforderungen zu bewältigen«, schreiben Koch und Milbradt.

Interessant ist die Passage, in der die beiden Minister-
präsidenten darstellen, wie sie die Schrumpfungsprozesse
vor Ort steuern wollen. Im Wesentlichen läuft es darauf
hinaus, dass nicht mehr jede Kommune alles anbieten soll.
Durch Kooperationen und mehr »lokale Autonomie bei
der Gestaltung öffentlicher Dienstleistungen« wollen die
beiden die Ausgaben des »schrumpfungs- und altenge-
rechten Stadtumbaus« in den Griff bekommen.

Ohne Perspektive

Gewiss ist die Demografie ein wichtiger Faktor für die Ent-
wicklungsperspektive einer Region. Aber sie ist nur eine
von mehreren Größen. Daneben gibt es weitere Kennzif-
fern, nach denen die Zukunftschancen ermittelt werden.
Einige Institute bewerten die aktuelle Standortstärke einer
Stadt oder Region, sie betrachten ihre sozialen Verhältnisse
und den Wohlstand der Bürger ebenso wie die Wirtschaftskraft. Auch das Schweizer Unternehmen Prognos arbeitet
so. Es nimmt die Arbeitsmarktdaten ebenso mit auf wie
die Faktoren Wettbewerb und Innovation. Dabei ergeben

sich dann für die einzelnen Regionen und Städte durchaus unterschiedliche Gesamtergebnisse. So wird etwa der sächsische Kreis Löbau-Zittau, in dem die Bevölkerungszahl sehr stark zurückgeht, »nur« als Region mit »hohen Zukunftsrisiken« eingestuft. Regionen mit »sehr hohen Zukunftsrisiken« sind hingegen der brandenburgische Landkreis Spree-Neiße, der Elbe-Elster-Kreis und die Uckermark. In Sachsen-Anhalt ist es das Mansfelder Land, in Mecklenburg-Vorpommern sind es die Kreise Mecklenburg-Strelitz, Uecker-Randow und Demmin. Und sogar Thüringen ist mit zwei Kreisen vertreten, nämlich dem Kyffhäuserkreis und dem Unstrut-Hainich-Kreis.

Etwas Ähnliches hat die Initiative Neue Soziale Marktwirtschaft (INSM) gemacht. Sie ließ 435 Kreise und kreisfreie Städte in der Bundesrepublik wissenschaftlich untersuchen und erstellte anhand der Ergebnisse ein bundesweites Regional-Ranking. Die INSM-Studie berücksichtigt dabei insgesamt knapp 50 ökonomische und strukturelle Indikatoren wie Altersstruktur, Ausbildungsplatzdichte, Arbeitseinkommen oder Produktivität.

Da die wirtschaftlichen und räumlichen Strukturen in Westdeutschland über Jahrzehnte wachsen konnten, sind sie gefestigter als die in Ostdeutschland. Das macht auch die prekären Regionen dort widerstandsfähiger als vergleichbare Gebiete im Osten. Zwar wachsen auch im Westen die Problemzonen mit Zukunftsrisiken. In die Kategorie »hohe« oder gar »sehr hohe Zukunftsrisiken« stufen die Zukunftsforscher und Bevölkerungswissenschaftler diese Räume mit einer Ausnahme jedoch noch nicht ein.

Diese Ausnahme ist der südniedersächsische Landkreis Holzminden. Ihm werden von Prognos hohe Zukunftsrisiken attestiert. Dort schrumpft nicht nur die Bevölkerung in beängstigendem Ausmaß, auch die wirtschaftlichen

Der Osten

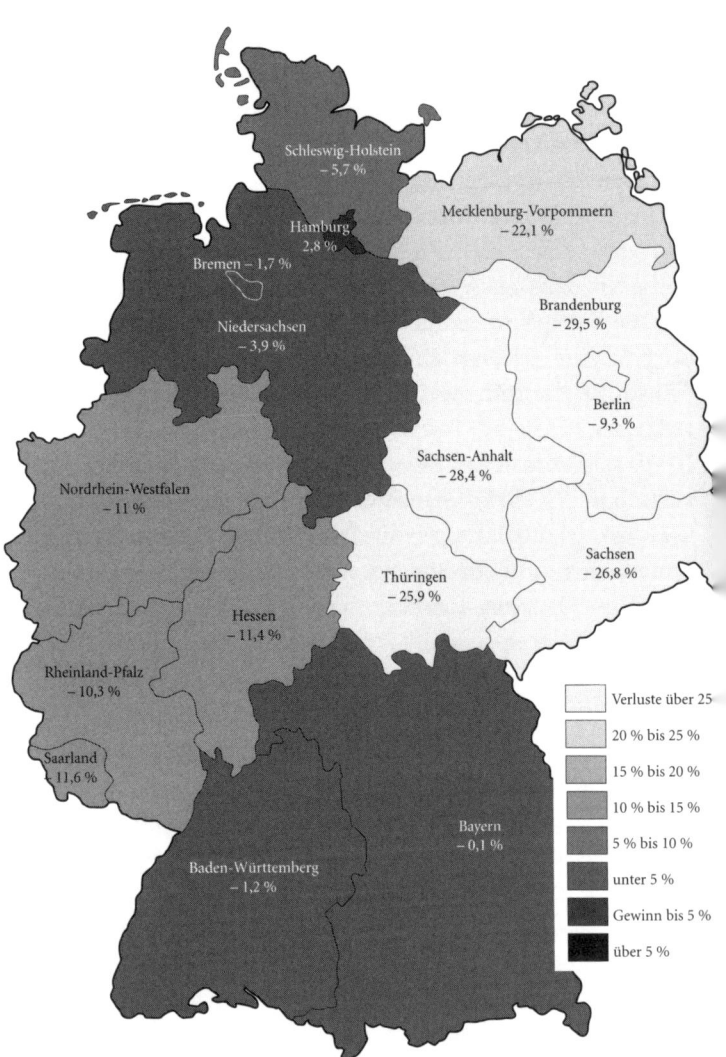

Verluste über 25
20 % bis 25 %
15 % bis 20 %
10 % bis 15 %
5 % bis 10 %
unter 5 %
Gewinn bis 5 %
über 5 %

Schleswig-Holstein
− 5,7 %

Mecklenburg-Vorpommern
− 22,1 %

Hamburg
2,8 %

Bremen − 1,7 %

Brandenburg
− 29,5 %

Niedersachsen
− 3,9 %

Berlin
− 9,3 %

Nordrhein-Westfalen
− 11 %

Sachsen-Anhalt
− 28,4 %

Sachsen
− 26,8 %

Thüringen
− 25,9 %

Hessen
− 11,4 %

Rheinland-Pfalz
− 10,3 %

Saarland
11,6 %

Bayern
− 0,1 %

Baden-Württemberg
− 1,2 %

**Deutschland: Bevölkerungsprognose für den Zeitraum
von 2004 bis 2050**

Quelle: Statistisches Bundesamt

und sozialen Perspektiven der Region scheinen wenig zukunftstauglich. In seiner Deutschland-Analyse bezeichnet das Berlin-Institut für Bevölkerung und Entwicklung Holzminden schon jetzt als einen eindeutigen Verlierer im Wettbewerb der Regionen.

Sorglos können die anderen westdeutschen Regionen dennoch nicht sein. In vielen Landkreisen fehlt nicht mehr viel, bis auch dort Zukunftsalarm ausgelöst wird. Fangen wir mal im Süden an. Im ansonsten prosperierenden Bayern sind gleich drei Kreise gefährdet, nämlich Cham, Regen und Freyung-Grafenau. Sie liegen allesamt an der Grenze zu Tschechien. Interessant ist, dass der Landkreis Wunsiedel, der in den vergangenen Jahren mit großen wirtschaftlichen Schwierigkeiten zu kämpfen hatte und dem für die kommenden Jahrzehnte ein dramatischer Bevölkerungsschwund prophezeit wird, anders als Cham, Regen und Freyung-Grafenau immer noch einen ausgeglichenen Chancen-Risiko-Mix aufweist. Wesentlich dazu beigetragen haben laut dem INSM-Regional-Ranking drei Faktoren. Da ist zum einen die schlanke Verwaltung mit 1,32 Staatsdienern je 100 Einwohner. Zum anderen liegt der Saldo der Gewerbean- und -abmeldungen knapp über dem Bundesdurchschnitt; und etwas höher als im Durchschnitt liegt auch der Anteil der Gemeinde an der Einkommensteuer. »Mit einer Einkommensteuerkraft von 238 Euro je Einwohner im Jahr 2004 erreicht der Kreis Wunsiedel im Fichtelgebirge Rang 208«, schreibt die Initiative Neue Soziale Marktwirtschaft. Im bundesweiten Vergleich habe der Gemeindeanteil an der Einkommensteuer bei 216 Euro je Einwohner gelegen.

Anders ist die Lage in den am westlichen Rand der Republik gelegenen Landkreisen Birkenfeld und Altenkirchen. Beide Regionen in Rheinland-Pfalz verstanden es bislang nicht, die negative demografische Perspektive durch andere Faktoren auszugleichen. Birkenfeld und Altenkirchen im Westerwald sind Kreise mit Zukunftsrisiken. Das Gleiche gilt für den Vogelsbergkreis, für Waldeck-Frankenberg und den Werra-Meißner-Kreis in Hessen. Gefährlich wird es allerdings auch für Hersfeld-Rotenburg. Erstens drohen der Region Abwanderung und Überalterung, gleichzeitig geschieht zu wenig, die wirtschaftliche und soziale Attraktivität zu steigern, um den Negativtrend umkehren zu können. Noch zählt der Kreis erstaunlicherweise nicht zu jenen mit hohen Zukunftsrisiken. Wenn jedoch nicht schnellstens Gegenmaßnahmen eingeleitet werden, dann dürfte Hersfeld-Rotenburg schon bald einen Platz auf der Liste der potenziellen Verlierer sicher haben.

Gemessen an der Ausbildungsplatzdichte landete der Kreis im Regional-Ranking der INSM bundesweit auf dem letzten Platz. Statistisch gesehen stehen dort 100 nachfragenden Jugendlichen lediglich 80,6 Ausbildungsplätze zur Verfügung. Unter den letzten 30 lag der Kreis auch bei der Quote der Altersbeschäftigung. Nur 24 Prozent der Erwerbsfähigen im Alter von 55 bis 65 Jahren sind in Hersfeld-Rotenburg tatsächlich erwerbstätig. Das macht Platz 409 im INSM-Ranking. Auch ist die Neigung gering, in diesem Kreis ein Gewerbe anzumelden.

Wirklich kritisch ist die Lage in den niedersächsischen Kreisen Osterode und Northeim. Dort geht es vor allem demografisch bergab. Beide sind Regionen mit Zukunftsrisiken. Dennoch hat Northeim die deutlich schlechteren Aussichten, obwohl die demografische Komponente eigentlich Osterode benachteiligt. Nach Ansicht der INSM-Experten ist der Kreis demografisch gesehen sogar Schlusslicht in Niedersachsen. Da sind seine Wirtschaftsdaten umso erstaunlicher. Die Produktivität der Arbeitnehmer in Osterode liegt über dem Bundesniveau. »Ein Erwerbstätiger erbrachte hier im Jahr 2004 eine Wirtschaftsleistung von 55 319 Euro«, heißt es in der INSM-Studie. Der Deutschland-Schnitt beträgt 53 331 Euro. Damit belegt Osterode bundesweit Rang 159 und Platz 8 unter 46 Kreisen und kreisfreien Städten in Niedersachsen.

In Northeim dagegen ist die Produktivität gering. Jeder Beschäftigte erwirtschaftete dort im Berechnungszeitraum nur 45 551 Euro. Es gibt zu wenig öffentliche Investitionen und zu wenig Firmenneugründungen.

Goslar ist auf dem besten Wege, ebenfalls in den Abstiegssog zu geraten. Zusätzlich zum Bevölkerungsrückgang leidet der Kreis unter Lehrstellenmangel und einer zu geringen öffentlichen Investitionsquote. Überhaupt ist Niedersachsen von allen westdeutschen Ländern am stärksten betroffen. Denn neben den bereits genannten zählen auch die Landkreise Nienburg/Weser und die Wesermarsch zur Riege der Abstiegskandidaten.

Weiter westlich, am Dollart, wähnte sich eine Hafenstadt lange auf der sicheren Seite. Emden lag bei Prognos immer im oberen Mittelfeld. Doch bei der letzten Untersuchung stürzte die Stadt von Rang 89 auf Rang 348 ab und wurde so zum großen Verlierer. Bestätigt wird das katastrophale Abschneiden der Hafenstadt durch die Ergebnisse der INSM-Studie. Darin bemängeln die Ökonomen im Wesentlichen vier Punkte. In Emden sei das Interesse, ein Unternehmen zu gründen, so gut wie gar nicht vorhanden. Bei dem errechneten Saldo der Gewerbean- und -abmeldungen landete Emden auf dem vorletzten Platz in Niedersachsen und auf Platz 426 im Bundesvergleich. Kritisch sind auch die Ausgaben für die öffentliche Verwaltung. Auf 100 Einwohner kommen in Emden statistisch 2,92 öffentlich Beschäftigte. Der Bundesdurchschnitt liegt aber bei nur 1,5 Staatsdienern pro 100 Einwohner. Der Emder Wert reicht bundesweit nur für Rang 419. Vergleichsweise hoch sind auch die Arbeitskosten. Sie lagen im Jahr 2004 bei 38 214 Euro. Laut INSM kostete ein Arbeitnehmer sein Unternehmen im Bundesdurchschnitt 30 561 Euro. Wieder landet Emden auf einem der untersten Ränge. Diesmal ist es Platz 416. Schlechte Noten gab es auch für die Berufstätigkeit älterer Menschen. »Nur 25,9 Prozent aller Einwohner zwischen 55 und 65 Jahren gingen 2005 einer Arbeit nach. Der Bundesdurchschnitt betrug 29,4 Prozent. Damit belegt die kreisfreie Stadt bei der Altersbeschäftigungsquote nur den Rang 382«, heißt es im INSM-Regional-Ranking.

Auch wenn die Bevölkerungsstatistiken für Nordrhein-Westfalen insgesamt nichts Gutes vorhersagen, fällt das Urteil der Prognos-Studie vergleichsweise positiv aus. Herne ist die einzige Stadt, der sie Zukunftsrisiken bescheinigt. Starken Anteil an dieser Bewertung hatten die Lage auf dem örtlichen Arbeitsmarkt sowie die Bereiche Wettbewerb und Innovation. Ganz ähnlich schnitt Herne bei der INSM ab. In nur sieben anderen Regionen sind weniger ältere Menschen im erwerbsfähigen Alter noch berufstätig. Nur 21,5 Prozent der 55- bis 65-Jährigen hatten dort 2005 einen sozialversicherungspflichtigen Job. Mit dieser Altersbeschäftigungsquote ist Herne in Nordrhein-Westfalen Schlusslicht. Ungünstig ist der Saldo der Gewerbean- und -abmeldungen, desaströs jedoch ist die kommunale Investitionsquote in Herne. Sie reicht nur für Platz 411, da der Anteil der kommunalen Investitionen an den Gesamtausgaben in der Stadt im Durchschnitt des Jahres 2005 bei nur 4,8 Prozent lag. Bundesweit waren es nämlich 13,2 Prozent. Noch schlechter schneidet Herne bei der Vermittlung von Langzeitarbeitslosen ab. Dort finden 47,1 Prozent dieser Gruppe nie wieder einen Job. In ganz Deutschland liegt dieser Wert durchschnittlich bei 35,4 Prozent. Damit liegt Herne in dieser Kategorie abgeschlagen auf Platz 417 der INSM-Studie.

Damit wären wir auch schon in Ostdeutschland, wo das Gros der Regionen mit hohen und sehr hohen Zukunftsrisiken zu finden ist. In Thüringen zählen der Unstrut-Hainich-Kreis und der Kyffhäuser-Kreis zu den Gebieten mit dem höchsten Zukunftsrisiko. Dabei gibt es dort durchaus positive Merkmale. So hat im Unstrut-Hainich-Kreis fast jeder Schulabgänger die Chance, einen Ausbildungsplatz zu finden. Die Investitionsquote des Kreises liegt mit 18,3 Prozent weit über dem Bundesdurchschnitt, die Wirtschaftsleistung von 41186 Euro je Erwerbstätigem jedoch deutlich darunter. Eine niedrige Kaufkraft und eine geringe Beschäftigungsquote von nur 54,1 Prozent tun ein Übriges. All diese Schwachpunkte gelten mehr oder weniger auch für den Kyffhäuser-Kreis. Hinzu kommen dort jedoch noch gravierende Arbeitsmarktprobleme. Im Jahresdurchschnitt 2006 lag die Arbeitslosenquote bei 25,2 Prozent. Erschreckend hoch ist mit 45,8 der Anteil der Langzeitarbeitslosen.

Schlusslicht in Sachsen-Anhalt ist unter allen 24 Landkreisen das Mansfelder Land. Dort haben laut INSM-Ranking nur 47,9 Prozent der Einwohner im erwerbsfähigen Alter einen Arbeitsplatz. Immerhin liegt der Bundesdurchschnitt über 59 Prozent. Und mit 48,2 Prozent ist der Anteil der Langzeitarbeitslosen in der Statistik der Arbeitsagentur noch höher als im Kyffhäuser-Kreis. Weit abgeschlagen auf den letzten Plätzen der Prognos-Studien landet der brandenburgische Elbe-Elster-Kreis. Einzig die soziale Lage und der relative Wohlstand der Einwohner konnten die Schweizer Wissenschaftler halbwegs zufriedenstellen. Zu geringe Kaufkraft, zu wenig Ausbildungsplätze und mit 24,6 Prozent eine zu hohe Arbeitslosenquote, urteilte auch die INSM-Initiative. In der Uckermark vermissen die Ökonomen ebenfalls Ausbildungsplätze und Kaufkraft. Außerdem bemängeln sie, dass 14,6 Prozent der Einwohner von Hartz IV leben. Im Bundesdurchschnitt sind es 6 Prozent. Obwohl der Spree-Neiße-Kreis insgesamt kaum eine bessere Figur macht als der Elbe-Elster-Kreis, überrascht er durch eine gute Produktivität. Sie lag mit 53 320 Euro je Erwerbstätigen nur knapp unter dem Bundesdurchschnitt. Ansonsten aber gibt es nur schlechte Noten für zu wenig Ausbildungsplätze, katastrophale Demografiewerte und eine viel zu geringe Beschäftigtenquote in schnell wachsenden Branchen.

Sachsen ist mit nur einem Ort in der Liste der Orte mit höchstem Zukunftsalarm vertreten. Hoyerswerda ist insgesamt zu alt, und wer über 50 Jahre alt ist, besitzt oftmals keinen Arbeitsplatz. Außerdem fehlt der Stadt unternehmerischer Gründeroptimismus.

Bleiben noch die drei Abstiegslandkreise Mecklenburg-Strelitz, Demmin und Uecker-Randow in Mecklenburg-Vorpommern. Demmin kämpft mit niedrigen Arbeitskosten und einer hohen kommunalen Investitionsquote von 18,6 Prozent gegen einen Anteil von 49,9 Prozent Langzeitarbcitslosen. Auch gibt es trotz der vielen negativen Standortfaktoren (geringe Kaufkraft, niedrige Erwerbsquote) durchaus Betriebsgründungen. Schwieriger ist die Lage in Uecker-Randow. Auch wenn die Arbeitskosten niedrig sind und es 2006 einige Firmengründungen gab, überwiegen die Standortnachteile. Über 15 Prozent der Bevölkerung lebt von Hartz IV. Entsprechend gering ist das Einkommensteueraufkommen. Im Gegenzug ist die Altersarbeitslosigkeit hoch. Das Gleiche gilt für Mecklenburg-Strelitz.

Orte für Millionen

Boom der Metropol-Regionen

Orte der Hoffnung und der Prosperität

Wenn ganze Landstriche entvölkert werden, weil die einen wegsterben und die anderen aus Angst vor dem Niedergang, wegen ihrer Hoffnungslosigkeit und Zukunftsverdrossenheit flüchten, muss es zwangsläufig jene Orte der Hoffnung und Prosperität geben, die Heerscharen von Hoffnungssuchenden anziehen und aufsaugen wie ein sich unentwegt ausdehnender riesiger Schwamm. Metropolen bislang ungekannter Größe müssen entstehen, Weltstädte eines neuen Urbanismus, Zentren wirtschaftlicher Macht und des Fortschritts, die zugleich Schmelztiegel postindustrieller kultur-gesellschaftlicher Entwicklungen sind und einem neuen Kosmopolitismus huldigen.

Seit 2007 leben zum ersten Mal in der Geschichte der Menschheit mehr Menschen in den Städten als auf dem Land. Auch in Deutschland erlebt die Stadt eine Renaissance. Die großen Metropol-Regionen um Berlin, Hamburg, Frankfurt, München und Stuttgart sind die Gewinner der Wanderungsbewegungen. Sie wachsen, obwohl die Geburtenzahlen sinken. Deutschland schrumpft und sammelt sich in einigen wenigen großen Zentren. In den kommenden 15 Jahren wird der Druck der Wanderung in

Richtung dieser Regionen noch zunehmen. Wie werden wir in Zukunft leben? Wie werden wir dort wohnen?

Hamburg hat klare Vorstellungen davon, wie seine Zukunft aussehen soll. Schon heute zählt die Hafenmetropole zu den Städten mit dem höchsten Bruttoinlandsprodukt. Und sie wächst in rasantem Tempo. Die Bürger sind in hohem Maße zufrieden mit dem wirtschaftlichen, kulturellen und sozialen Angebot der Stadt. Doch Hamburg will sich darauf nicht ausruhen. Es will wachsen und hat sich auf Vorschlag der Unternehmensberatung McKinsey selbst das Leitmotiv »Wachsende Stadt« auferlegt.

Doch anders als in der Nachkriegszeit, wo sich das Wachstum an den neuen Container-Terminals des Hafens, an Produktionsanlagen und Schiffstaufen, am sozialen Wohnungsbau und den Villen an der Elbchaussee ablesen ließ, wo die städtebaulichen Veränderungen Folgen des wirtschaftlichen Zugewinns waren, suchen die Hanseaten nun einen ganzheitlichen Ansatz, bei dem sie Wachstum von der Wertschöpfung bis hin zur gestalterischen Umsetzung planen wollen. Ihre weiter zunehmende ökonomische Potenz soll ihren künstlerischen Ausdruck in einer neuen Architektur finden. Wirtschaftliche Entwicklung und Städtebau sollen ineinandergreifen. McKinsey sieht die Stadt nicht mehr nur als Lebensraum, sondern als eine Art riesiges Wirtschaftsunternehmen, das mit den anderen »Wirtschaftsunternehmen Stadt« wie London, Paris oder Tokyo in Konkurrenz steht.

Wie und wo Hamburg wachsen will, dazu hat die Stadt umfangreiche Papiere anfertigen lassen. Vieles ist schon klar umrissen. Der Ort des größten städtebaulichen Projekts in Europa steht fest: 800 Meter vom Rathaus entfernt soll auf ehemaligen Hafenflächen, die seit 40 Jahren brachliegen, die Hafencity entstehen. Geplant sind 12 000 Wohnungen und 40 000 Arbeitsplätze. Hamburg will den Puls-schlag an Urbanität noch einmal erhöhen, an dem sich andere Städte messen lassen müssen. Es will in direkte Konkurrenz treten zu London und Paris.

Manche mögen sich an die Docklands erinnert fühlen, ein ähnlich ambitioniertes Projekt im London der That-cher-Ära. Auch dort wurde brachliegendes Hafengelände in eine Mischnutzung aus Dienstleistung und hochwerti-gem Wohnen transformiert. Doch während die Docklands in staatlichem Auftrag gebaut wurden, beschränkt sich die Hansestadt darauf, die Flächen zur freien Verfügung zu stellen und deren Gestaltung durch einen »Masterplan« zu umreißen.

Nach Aussage der Vereinten Nationen werden im Jahr 2050 mehr als drei Viertel der Weltbevölkerung in Städten wohnen. Vor ein paar Jahren waren es 48 Prozent. Noch 1950 lebten nicht einmal eine Milliarde Menschen in Städ-ten. Heute sind es bereits 3,3 Milliarden. Und diese Zahl wird jährlich um 1,8 Prozent wachsen.

Während die Gesellschaften Europas aufgrund sinken-der Geburtenraten schrumpfen, explodieren die Bevölke-rungszahlen in Afrika und Asien. Die UN geht davon aus, dass Städte zu riesigen Konglomeraten verschmelzen, in denen 30 bis 40 Millionen Menschen miteinander leben.

Auch wenn sie nicht annähernd so viele Einwohner er-reichen dürften, wollen in dieser Liga auch die deutschen Metropol-Regionen München und die Rhein-Main-Region um Frankfurt mitspielen. Wie Hamburg wollen sie die Zukunft auf dem Fundament der erfolgreichen Historie gestalten. Doch während Hamburg seinen Akzent auf die Architektur setzt, betont das Rhein-Main-Gebiet neben seiner ökonomischen Potenz die »reizvolle Landschaft« sowie »Kultur und Behaglichkeit«. Als Leitmotiv hat sich die Region den Erhalt der Vielfalt der Städte und Gemeinden, kurz des Polyzentrischen gesetzt. Ziel ist es, besonders viele junge, gut ausgebildete Arbeitskräfte anzuziehen.

München strotzt vor ökonomischer Vitalität. Die Wirtschaftsleistung der Region wuchs in den vergangenen Jahren um durchschnittlich 4,1 Prozent. Die gesamtwirtschaftliche Produktivität stieg um 12,6 Prozent. Die Arbeitslosigkeit ist gering, die Kaufkraft hoch.

Aber was wird am Ende im Wettbewerb mit anderen Metropolen entscheidend sein? Ökonomischer Erfolg, sagen die Stadtplaner heute, ist davon abhängig, inwieweit sich die kreative Klasse ansiedelt. Nicht mehr Autobahnen und Wirtschaftsförderung, mit denen das Ruhrgebiet einst seinen Aufstieg beschleunigte, sind ausschlaggebend. Heute zählt die Intelligenz. Glaubt man den Architekten, dann wohnt die Wissensgesellschaft von morgen in mobilen Loftcontainern, die man überall aufstellen kann. In den Niederlanden boomt der Bau von schwimmenden Häusern, die sich äußerlich kaum noch von herkömmlichen Häusern unterscheiden. Auch sie bieten dem Bewohner ein Höchstmaß an Mobilität. Dort wo Platz kostbar und knapp ist, lassen sich die Architekten ganz neue Bauweisen einfallen. Ebenfalls in den Niederlanden, in Hengelo, entsteht das 40 Meter hohe Appartementhaus »De Boom«. Wie Äste ragen Gärten, die die Größe von Reihenhausgärten haben, aus den oberen Stockwerken heraus. Futurismus ist Gegenwart, Gegenwart ist Futurismus. Städtebaulich hat die Zukunft begonnen. Aber können die deutschen Metropol-Regionen da mithalten?

Erstmals hat die deutsche Ministerkonferenz für Raumordnung 1995 mit ihrem Beschluss zum »raumordnungspolitischen Handlungsrahmen« die Bedeutung der Metropol-Regionen in Deutschland unterstrichen. Das Bundesamt

für Raumordnung stellte fest: »Als Motoren der gesellschaftlichen, wirtschaftlichen, sozialen und kulturellen Entwicklung sollen sie die Leistungs- und Konkurrenzfähigkeit
Deutschlands und Europas erhalten.« Von den Ministern
wurden sechs Regionen als Metropol-Regionen anerkannt.
Dazu zählten Hamburg, Berlin-Brandenburg, Rhein-Ruhr,
Rhein-Main, Stuttgart und München. Zwei Jahre später
kam auch das sogenannte Sachsendreieck dazu.

Was muss eine Region mitbringen, damit sie den internationalen Ansprüchen einer Metropol-Region genügt?
Die Ansammlung von Millionen Menschen allein genügt
nicht, stellte schon 1986 John Friedmann von der Univer-
sity of California fest. Seine damals veröffentliche Schrift
»The World City Hypothesis« setzte bis heute unwiderlegte
Maßstäbe. Er weist den Metropol-Regionen gar eine globale Kontroll- oder Führungsfunktion zu, die er von der
Struktur und Dynamik ihrer Produktion und Beschäftigung abhängig macht. Weltstädte sind nach Friedmann
Orte, an denen sich internationales Kapital sammelt und
akkumuliert. Sie sind Anziehungs- und Fluchtpunkte welt-
weiter Migration. In ihnen fokussieren sich die Konflikte
des industriellen Kapitalismus zwischen den unterschiedlichen Gesellschaftsschichten. Friedmann sagt zudem, dass
Mega-Städte soziale Kosten in einer Höhe verursachen,
die sogar die fiskalische Leistungsfähigkeit eines Staates
übersteigen. Der massive Zuwachs an Wohlstandsflücht-
lingen aus armen Regionen stelle das Gesundheitswesen,
den Wohnungsmarkt, Bildung und Wohlfahrt vor kaum
vorstellbare Herausforderungen.

Ökonomen und Stadtplaner schreiben den Metropol-
Regionen der Zukunft Führungsaufgaben in einer globali-
sierten Welt zu. Die Rolle des Nationalstaates rückt ihrer
Meinung nach mehr und mehr in den Hintergrund. Was

ist das für eine Vision? Mega-Städte, wie riesige Ameisen-hügel über den Globus verteilt, organisieren die Welt und schaffen einen weltpolitischen Ordnungsrahmen? Oder trifft vielleicht genau das Gegenteil zu, dass die Mega-Citys von morgen selbst unregierbar sind?

Zum einen wird die Wirtschaftskraft einiger weniger Metropol-Regionen künftig nahezu identisch sein mit dem Bruttoinlandsprodukt von Nationalstaaten. Die Finanzkraft der Wirtschaftsakteure dürfte jene der staatli-chen Institutionen bei Weitem übersteigen. Sie müssen die Millionen Menschen, die in ihnen leben, nicht nur vor Kri-minalität, sondern auch vor kriegerischen Gefahren und dem Terrorismus schützen. Innere Sicherheit wird zur Aufgabe einer Metropole.

Außerdem zeigen die Beispiele vor allem, dass die Natio-nalökonomie als konkreter Handlungsrahmen wirtschaft-licher Entwicklung abgedankt hat. Der Wettbewerb der Volkswirtschaften wird ersetzt durch einen Wettbewerb der Metropol-Regionen. Welche Rolle der Nationalstaat künftig auch immer spielen mag, sie wird auf jeden Fall deutlich reduziert sein.

Unregierbar werden nicht die technisch hoch entwickel-ten und aufgrund ihres Kreativpotenzials innovativen Metropol-Regionen, sondern sehr wahrscheinlich die durch ein rasantes Wachstum gekennzeichneten Mega-Citys in den heutigen Entwicklungsländern. Schon im Jahr 2015 werden Mumbai, Lagos, Dhaka und São Paulo vier der fünf weltgrößten Metropolen stellen. Jede dieser Städte wird mehr als 20 Millionen Einwohner haben. Das Wachs-tum überfordert die Behörden und die Politik in diesen Ländern. Es kann weder gezügelt noch gestaltet werden. So entstehen rechtsfreie, unkontrollierbare Räume, Zent-ren von Kriminalität, Ausgrenzung und bitterster Armut.

Boom der Metropol-Regionen

Diese Metropolen kranken zudem an gravierenden Versorgungsmängeln. Von Müllbergen breiten sich Ungeziefer und Infektionskrankheiten aus. Strom und Wärme sind nur in ausgesuchten, von Wohlhabenden bewohnten Stadtteilen zu haben. Die Ent- und Versorgung zählt im Übrigen zu den unverzichtbaren und aufwendigsten Aufgaben von Mega-Städten. Angesichts der Klimakatastrophe ist klar, dass die Metropol-Regionen der Zukunft dabei nachhaltig arbeiten müssen. Es werden bereits Stadtteile geplant, die sich autonom mit Energie versorgen, die ausschließlich aus Sonnenstrahlung, Wasserkraft und Wind gewonnen wird. Zu besichtigen ist dies in einem ehemaligen Hafengebiet von Malmö. Metropolen der Zukunft sind ohne ein solches Wirtschaften gar nicht denkbar. Denn wenn alle Menschen so viel Energie verbrauchen würden wie die heutigen Städter, dann müsste die Erde dreimal so viele Ressourcen hergeben. Aber Experten sagen, die hohe Wohndichte macht den Einsatz energiesparender Maßnahmen erst effizient und damit rentabler als in Vororten, Kleinstädten und Dörfern.

Noch tun sich die deutschen Metropol-Regionen schwer, dem internationalen Wettstreit standzuhalten. Im Rhein-Ruhr-Gebiet etwa haben die Städte in den vergangenen Jahrzehnten viel Geld verloren bei den unzähligen Versuchen, sich gegeneinander zu profilieren. Langsam wächst die Einsicht, dass Gemeinsamkeit stark macht. Ein erster Schritt ist vielleicht mit der Präsentation des Ruhrgebietes als Kulturhauptstadt Europas 2010 getan. Gleichwohl fehlt es weiterhin an einer Strategie für die Darstellung als Weltmetropole Ruhr. Würde sie sich als solche präsentieren, wäre sie mit 11,5 Millionen Einwohnern eine der größten Städte der Welt.

Ein Herzstück dieser Metropol-Region könnte dann der

für Duisburg vom britischen Designer Sir Norman Foster entworfene Masterplan der inneren City sein. Denn Architektur bekommt im Wettbewerb der Metropolen wieder einen zentralen Stellenwert. Die Metropole braucht ein Gesicht, sie braucht Identifikationsmomente und Symbole – wie sie einst der Kölner Dom oder der Eiffelturm in Paris waren. So etwas stärkt den Wiedererkennungswert und trägt dazu bei, dass sie international wahrgenommen wird.

Schlussbemerkung

Wir leben an einer Zeitenwende. Die deutsche Bevölkerung insgesamt schrumpft und sammelt sich in neuen Zentren, in denen die Menschen auf wirtschaftlichen Erfolg und soziale Sicherheit hoffen. Obwohl die Bürgermeister der Kleinstädte und die Landräte in zahlreichen Studien auf die drohenden Veränderungen hingewiesen wurden, stehen viele dem Wandel weiterhin ratlos gegenüber. Gerade auf kommunaler Ebene fehlen häufig Konzepte und Ideen, um auf das Überaltern der Einwohner, den Verlust von Arbeitsplätzen und die Abwanderung der jungen Menschen zu reagieren. Schon heute ist abzusehen, dass diese Orte die Verlierer sein werden in einem immer härter werdenden Wettbewerb untereinander und dem gewaltigen Sog der Metropol-Regionen. Sie werden den demografischen und ökonomischen Niedergang nicht aufhalten können.

Zu lange sind die Kommunen von einem unbefristeten Wachstum ausgegangen. Kommunalpolitik bestand vor allem darin, dem Drängen der Bürger nach Fußgängerampeln, Geschwindigkeitsbegrenzungen und der Ausweisung von Wohngebieten gerecht zu werden. Niemand kam auf die Idee, dass die Nachfrage nach Bauplätzen einmal abreißen, dass bestehende Wohngebiete einmal vergreisen und später unbrauchbar würden, weil niemand die Eigenheime haben möchte und sie unveräußerbar dem Verfall ausgeliefert sind.

Jahrzehntelang profitierten die ländlichen Kommunen von der gestiegenen Mobilität, davon, dass die Haushalte sich immer mehr Autos anschafften und so ihren Wohnort weit entfernt vom Arbeitsort wählen konnten. Sie nahmen es hin, einfach nur die Schlafstadt der Metropole XY zu sein.

Diese Zeit ist endgültig vorbei. Die Kommunalpolitik in Deutschland steht vor einem Paradigmenwechsel. Unter radikal veränderten Rahmenbedingungen kommt ihr die Aufgabe zu, mit weniger Steuereinnahmen, mit sinkenden Einwohnerzahlen und mit einer in starkem Maße alternden Bevölkerung Lebensqualität zu erhalten, Traditionen und Brauchtum zu bewahren.

Städte und Gemeinden ohne Arbeitsplätze, ohne Kinderbetreuung und Bildungsangebote werden sich im Werben um Neubürger nur Absagen einhandeln. Sie alle müssen jetzt ihre Zukunft planen, sie müssen ihren Bürgern und all jenen, die sie gerne als solche hätten, ein Angebot machen. Mehr denn je sollten sich die Verwaltungen von Städten und Gemeinden als Dienstleister verstehen, die notfalls gemeinsam mit den Bürgern Projekte anstoßen, die das Leben in der Gemeinde bereichern. Der Betrieb von Nachbarschafts- oder Dorfläden ist ein erfolgreiches Beispiel.

Aber auch die Menschen selbst müssen wieder enger zusammenrücken. Zivilgesellschaftliches Engagement wird in der Zukunft eine weitaus größere Rolle spielen als heute. Alten-Fahrdienste, Kinderbetreuung und Vereinsarbeit dürften bald unverzichtbare Bestandteile des dörflichen Lebens werden. Dieses Miteinander kann ein Gewinn sein. Vielleicht kann sogar nur diese besondere Form des Gemeinsinns, die schließlich vor Jahrzehnten einmal das Leben auf dem Land lebenswert gemacht hat, Menschen zum Umdenken bewegen und sie für ein Leben auf dem Land gewinnen.

Bildnachweis

Der Verlag hat sich bemüht, sämtliche Abdruckgenehmigungen für die genannten Grafiken zu erhalten. In einigen Fällen ist es uns leider nicht gelungen, die Rechteinhaber zu ermitteln. Für Hinweise sind wir dankbar. Wir bedanken uns bei allen Rechtegebern für Ihre Mitarbeit.

Andreas Buck: Seite 27 ▪ Ingo Kuzia/Intro: Seite 205 ▪ Quelle: Landeshauptstadt Wiesbaden, Amt für Wahlen, Statistik und Stadtforschung: Seite 211 ▪ Quelle: Landesamt für Datenverarbeitung und Statistik Nordrhein-Westfalen: Seite 213 ▪ Quelle: Innenministerium Schleswig-Holstein, Abteilung Landesplanung und Vermessungswesen: Seite 222 ▪ Quelle: Niedersächsisches Landesamt für Statistik: Seite 226 ▪ Quelle: Ministerium für Arbeit, Bau und Landesentwicklung Mecklenburg-Vorpommern: Seite 235 ▪ Quelle: Landesamt für Bauen und Verkehr und Amt für Statistik Berlin-Brandenburg: Seite 238 ▪ Quelle: Statistisches Landesamt Sachsen-Anhalt: Seite 242 ▪ Quelle: Thüringer Landesamt für Statistik: Seite 247 ▪ Quelle: Sächsisches Staatsministerium für Wirtschaft: Seite 254 ▪ Quelle: Statistisches Bundesamt: Seite 262 ▪ Anja Lehmann/Ostkreuz: Seite 271

PIPER

Günther Lachmann
Tödliche Toleranz

Die Muslime und unsere offene Gesellschaft. 304 Seiten.
Serie Piper

Die Deutschen und ihre muslimischen Mitbürger leben nicht
miteinander, sondern nebeneinander – und immer öfter gegeneinander. Durch die Abwehrhaltung der einheimischen Bevölkerung und die mangelnde Integrationsbereitschaft der
Muslime leben viele von diesen in einer Parallelwelt, geradezu
in Ghettos: Dort werden oft die Werte der westlichen Gesellschaft nicht anerkannt, Werte wie Toleranz, Meinungs-
und Glaubensfreiheit. Statt dessen werden Ausgrenzung,
Unterdrückung der Frauen und Haß gegen »Ungläubige« und
Juden gepredigt. Günther Lachmann analysiert die Situation nüchtern, ohne Rücksicht auf »political correctness«
oder liebgewordene Denkgewohnheiten. Abgekoppelt vom
Westen, der sie nicht akzeptiert, sind, so sein Befund nach intensiver Recherche, zunehmend mehr Muslime gerade in
Deutschland offen für die Botschaft der radikalen Islamisten.
Und das bedeutet eine tödliche Bedrohung – für beide Sei-
ten.

01/1466/02/R

PIPER

Gabor Steingart
Weltkrieg um Wohlstand

Wie Macht und Reichtum neu verteilt werden. 400 Seiten mit
24 schwarz-weiß und farbigen Abbildungen. Gebunden

Für die reichen Länder des Westens beginnt die Globalisie-
rungsbilanz zu kippen: Asien trumpft auf, während
Europa und Amerika im Weltkrieg um Wohlstand zurückfal-
len. Die Methoden der Angreiferstaaten sind gleicherma-
ßen brutal wie erfolgreich: Sie ertragen im Land bittere Armut, verursachen Umweltzerstörungen in nie gekanntem
Ausmaß, um ihre Kräfte in den Exportindustrien zu konzentrieren. Der Westen wird bei Löhnen und Sozialstandards
unterboten, sein in Jahrzehnten erworbenes Wissen oftmals
gezielt abgesaugt. Die Folgen spüren wir täglich: Wander-
ten zuerst die einfachen Industriearbeitsplätze aus, gilt die
neueste Angriffswelle dem Mittelstand und den High-Tech-
Jobs. Das Zeitalter westlicher Dominanz geht zu Ende. Der
Westen besitzt eine Vorahnung, aber keine ernstzuneh-
mende Analyse der Bedrohung, sagt Gabor Steingart. Sein
Buch liefert sie: schonungslos und realistisch.

01/1623/01/L

PIPER

Wolfgang Herles
Neurose D

Eine andere Geschichte Deutschlands. 304 Seiten. Gebunden

Vom Wirtschaftswunder zur Wiedervereinigung: Die deutsche
Nachkriegsgeschichte ist eine einzige Erfolgsstory. So sagt
es die Geschichtsschreibung. Nur: Es stimmt nicht, sagt Wolfgang Herles. Seine Darstellung ist bewusst gegen den Strich
gebürstet, darauf gerichtet, zu erklären, wo unsere Geschichte
geschönt wird – bis heute. Herles zeigt, wieso seit Ade-
nauer der Sozialstaat aus dem Ruder läuft. Wie der Staat
immer mehr zur Beute der Parteien geworden ist. Was die
Wiedervereinigung alles zerstört hat. Warum den meisten
Deutschen Sicherheit immer wichtiger war als Freiheit.
Warum wir bis heute – außer bei Fußball-Weltmeisterschaften
– kein vernünftiges Verhältnis zur Nation hinkriegen.

01/1708/01/R

PIPER

Michael Sauga

Wer arbeitet, ist der Dumme

Die Ausbeutung der Mittelschicht. 240 Seiten. Gebunden

Haben Sie dieses Jahr wieder nicht mehr Geld im Portemonnaie? Dann sind Sie keine Ausnahme, denn seit Jahren sinken die Realeinkommen der deutschen Beschäftigten. Michael Sauga, Wirtschaftsredakteur beim »Spiegel«, sagt, warum das so ist und was getan werden muss. Er fordert nichts weniger als einen Komplettumbau des bisherigen Sozialstaats. Kein europäischer Staat beutet seine Arbeitnehmer so aus wie der deutsche. Bei jeder »Reform« – Gesundheit, Steuer, Pflege – wird der Faktor Arbeit am stärksten belastet. Die Zeche zahlen stets die Arbeitnehmer. Deshalb ist unser Sozialstaat aus der Balance geraten, deshalb gibt es die »Drei-Drittel-Gesellschaft«. Und bleibt es bei der bisherigen Politik, wird sich diese Entwicklung fortsetzen.
Willkommen im Prekariat!

01/1701/01/L

PIPER

Rolf Hosfeld, Hermann Pölking

Die Deutschen 1815 bis 1918
Fürstenherrlichkeit und Bürgerwelten

Die Deutschen 1918 bis 1945
Leben zwischen Revolution und Katastrophe

Die Deutschen 1945 bis 1972
Leben im doppelten Wirtschaftswunderland

Die Deutschen 1972 bis heute
Auf dem Weg zu Einheit und Freiheit

Als ob Sie dabei gewesen wären: Auf dieser Piper Zeitreise erleben Sie deutsche Geschichte neu – in einer multimedialen Form, die einmalig ist.

Die Bücher bieten auf rund 500 Seiten spannend und informativ aufbereitete Lektüre. Hochwertig ausgestattete Bände, durchgehend farbig bebildert mit rund 450 teils noch nie zuvor veröffentlichten Fotos, anschaulichen Grafiken und Karten. Buch und DVDs im mattierten Folienschuber. Die drei DVDs zu jedem Buch enthalten Filmmaterial, das bislang so noch nicht zu sehen war: Bilder des alltäglichen Lebens aus allen Regionen Deutschlands. Aufnahmen, die in mehr als zwanzig Jahren intensiver Recherche eigens für dieses Projekt zusammengetragen, ausgewertet, restauriert, geschnitten und vertont wurden. Die Sprecher sind bekannte Schauspieler wie Gudrun Landgrebe, Hanns Zischler und Peter Kaempfe.

01/1707/01/R